KB016810

Night of the
Assassins
암살자의 밤

루스벨트, 처칠, 스탈린을
암살하고자 했던
히틀러의 극비 작전

하워드 블룸 지음 ┃ 정지현 옮김

암살자의 밤
Night of the Assassins

타인의사유

나의 좋은 친구들,
수전과 데이비드 리치에게

용의 이빨을 심은 남자는 누구였는가,

우화 속의 혹은 상상 속의 지도자

이 어두운 지하의 킹스 채플 교회 아래

혈통을 위해 나쁜 씨앗을 심은 자 누구인가?

- 로버트 로웰, "인디언 암살자의 무덤에서"

독일 지도자들은 독일이 패배했다는 것을 알고 있지만,

다른 이들은 히틀러가 소련과의 합의 같은

기적을 만들어 내기를 여전히 바라고 있다.

- 미국전략사무국 공문, 1943년 11월, 베른

목차

The New York Times

스탈린,
암살 음모를 밝히다

대통령은 소련 대사관으로
거처 옮기며 만약에 대비해

The New York Times 독점 기사

워싱턴, 12월 17일. 루스벨트 대통령은 지난 테헤란 회담에서 그의 목숨을 위협하는 음모를 소련으로부터 입수했고, 그에 따라 미국 공사관에서 소련 대사관으로 거처를 옮겼었다고 뒤늦게 밝혔다.

기자 회견에서 보안의 필요성을 강조하던 중에 그 일을 언급한 루스벨트 대통령은 그 음모가 테헤란에서 만난 세 정상을 모두 겨냥한 것이었는지는 구체적으로 밝히지 않았다.

대통령은 테헤란에서의 첫날을 미국 공사관에서 보냈는데, 스탈린 총리가 음모에 대해 알리며 영국 대사관과 같은 단지 내에 위치한 소련 대사관으로 거처를 옮길 것을 강력히 요청해 왔다고 말했다. 또한 암살 음모 자체에 대해서는 그리 심각하게 받아들이지 않았지만, 요청대로 다음 날 소련 대사관으로 거처를 옮겼고, 그 이후에는 모든 것이 순조로웠다고 덧붙였다. 세 정상이 같은 단지 내에 머물렀기에 차량을 이용해 거리를 이동할 필요가 없었다. 미국 공사관은 소련 대사관에서 몇 킬로미터 이상 떨어져 있다.

루스벨트 대통령은 테헤란 같은 곳에는 수백 명의 독일 스파이들이 도처에 있을 거라며, 세 정상이 자동차로 도심을 이동했다면 그들에게 꽤 좋은 수확의 기회가 되었을 것이라고 말했다.●

1부

운명의 이해할 수 없는 이치

1943년 6월의 첫날, 맑고 상쾌한 아침이 밝아오자 흐트러짐 없는 파란 하늘이 비행기가 뜨기에 더없이 완벽한 날씨임을 알렸다. 스파이는 리스본 외곽의 포르텔라 공항 여객 터미널에서 임무를 수행하며 전화를 걸 순간이 오기만을 기다렸다. 그 전화는 사실상 사형 집행 영장이 될 터였다.

그가 자리를 잡고 지켜보는 곳은 뒤쪽 벽으로 바짝 당겨 놓은 나무 벤치였다. 감시 전문가의 매서운 시선으로, 그는 눈앞에서 분주하게 펼쳐지는 풍경을 살폈다. 아침 6시밖에 안 된 이른 시간인데도 터미널은 인산인해였고, 사람들의 시끄러운 목소리가 거센 폭풍처럼 천장 높은 실내를 휩쓸었다. 이곳이 유난히 소란스러운 이유는 절박함 때문이었다. 남녀노소 할 것 없이 아침 7시 30분에 출발하는 영국해외항공[영국항공의 전신-역주]의 휘트처치행 비행기표를 손에 넣기 위해 상자 같은 공간을 꾸역꾸역 밀고 들어왔다. 그 비행기는 빠르게 가라앉는 난파선 같은 유럽을 탈출할 수 있는 확실한 구명보트였다.

대격변의 지난 3년 동안 나치 독일은 유럽 국가들의 목을 점점 더 팽팽하게 조여 왔다. 그동안 포르투갈은 단호하게 중립국의 위치를 고수했는데, 그 결과 거위걸음[군인이 상체를 꼿꼿이 세운 채 무릎을 굽히지 않고 다리를 높이 들어 올리는 걸음걸이 제식을 말한다-역주]으로 진격해 오는 나치 독일을 피해서, 유대인, 예술가, 공산주의자 등 나치를 적으로 둔 수만 명의 난민이 우르르 포르투갈로 몰려왔다. 포르투갈은 언제 사라질지 모르는 위태로운 오아시스와 같았다. 그렇다고 포르투갈이 난민들을 두 팔 벌려 환영한 건 아니었다. 정식 사증을 갖춘 난민이라도 겨우 30일의 체류 기간이 주어질 뿐이었으니까. 그래도 여태까지는 경찰들이 규정을 적당히 봐주고 대충대충 넘어갈 때가 많았는데 이제는 상황이 달라졌다.

앞으로도 포르투갈이 중립을 고수할 것이라는 사실이 이제는 공포로 다가오고 있었다. 중립은 위험한 국가 전략이었다. 빈 계약서 종이한 장만큼의 가치도 없었다. 나치에 우호적인 팔랑헤 스페인과 비시 프랑스에서 언제 전쟁의 바람이 휘몰아칠지 모르는 일이었다. 포르투갈은 유럽 대륙의 맨 끄트머리에 자리하므로, 만약 나치가 쳐들어오면 더 이상 도망칠 곳이 없었다. 뒤에서는 광활한 대서양이 요동치고 앞에서는 게슈타포가 총구를 겨누면 꼼짝없이 독 안에 갇힌 쥐가 되는 것이다.

그런 그들에게 탈출구가 하나 있었으니, 바로 포르투갈 리스본에서 영국 브리스틀 외곽의 휘트처치 공항으로 매주 4회 운항하는 쌍 프로펠러식 상용 여객기 DC-3기였다. 그 비행기만 타면 살인마 나치의 손아귀에서 벗어날 수 있었다. 영국은 안전한 도피처가 되어 줄 게 분명했고, 일단 영국으로 가기만 하면 어떻게든 미국으로 떠날 방도를 찾아 새로운 삶을 꾸릴 수도 있었다. 그 가능성이 사람들의 꿈에 거센 불을 지폈다.

하지만 리스본을 빠져나가게 해 줄 그 비행기표를 손에 넣기 위해서는 뚫어야 할 장벽이 어마어마했다. 첫 번째 장애물은 통과 사증을 발급받는 것이었다. 그래도 그쪽은 방법이 아예 없는 건 아니었다. 재빠르게 손을 쓴다거나 왕의 몸값에 해당하는 수준으로 거금을 들인다거나 하면 되니까. 하지만 두 번째 장애물은 불변의 수학 법칙이라 대충 넘기는 것이 불가능했는데, 그건 DC-3기의 승객석이 13개뿐이라는 사실이었다. 확실히 사는 쪽보다 파는 쪽이 유리한 시장이었고, 매일 열띤 가격 흥정이 속사포처럼 이어졌다.

임무를 위해 현장에 파견된 요원이라면 으레 그러하듯, 스파이는 나름대로 감시의 법칙을 터득했다. 그는 터미널에 쉬지 않고 휘몰아치는 크고 작은 소동에는 슬쩍 눈길만 주는 대신, 사람들의 얼굴만큼은 하나하나 날카롭게 살폈다. 그러다 매번 그의 시선은 활주로로 돌아갔다.

그가 앉아서 감시하고 있는 벤치는 완벽한 시야를 제공했다. 바로 정면에 터미널 전체가 펼쳐지는 데다 문짝만큼 널찍하고 높은 창문 3개가 일렬로 늘어선 덕에 활주로도 훤히 내다보였기 때문이다. 활주로에는 스포트라이트처럼 내리쬐는 이른 아침의 햇빛을 받으며, 승객들의 탑승을 기다리는 비행기가 한 대 놓여 있었다. 적군의 눈에 잘 띄지 않도록 위장 효과를 노려서 칠한 동체. 조종석 창문 아래쪽에 필기체로 쓴 '아이 비스'라는 글자(고대부터 존재한 길쭉한 새, 따오기를 뜻한다). 영국해 외항공을 상징하는 꼬리의 빨간색과 하얀색, 파란색 줄무늬.

스파이는 기다리고 또 기다렸다. 베를린에서 명령이 떨어지자마자 공항에서 살다시피 한 게 벌써 수일째. 오늘도 어제와 똑같다. 어제는 그제와 똑같았다. 하지만 그에겐 전쟁 경험이 있는 직업군인이라면 누구나 그렇듯, 혹독한 대가를 치르고 깨우친 강철 같은 인내심이 있었다. 감시는 시간이 오래 걸리는 게임이었다. 성실함에 보상이 따르지 않을 때도 많았다. 이는 목표물이 끝끝내 모습을 드러내지 않을 수도 있음을 뜻했다.

특히나 이번 임무는 더더욱 가능성이 희박했다. 임무 자체가 정보가 아닌 희망 사항을 근거로 했기 때문이다. 시작은 '문제의 유명 인사'가 지난 1월 버뮤다에서 영국으로 돌아갈 때 상용 비행기를 타고 갔다는 데서부터였다. 세계 정상의 역사상 첫 대서양 횡단 비행이었다. 하지만 한 번 그런 적이 있다는 이유만으로 그가 또다시 상용 비행기를 이용하리라는 보장이 어디 있느냐 말이다. 게다가 당사자도 나중에 그 결정을 후회했다고 하지 않던가. 전투함이 든든한 호위대까지 갖추고 대기 중이었는데도 막판에 마음을 바꿔 상용 비행기를 탄 것은 무모한 행동이었다고 말이다. 지금 같은 전시에 그가 또다시 무방비 상태의 영국해외항공 여객기로 이동할지 모른다는 추측은 번개가 같은 곳에 두 번 연속으로 내리친다는 주장과 다를 바 없었다. 하지만 북아프리카에 심어 둔 요원들이 시장과 카페를 어슬렁거리다가 솔깃한 소문을 입수했다. 문제의 유명 인사가 알제리와 튀니스에서 군사 회의가 마무리되면 리스본으로 올 예정인데, 리스본에서는 DC-3기 항공편을 이용해 영국으로 돌아갈 거라는 소문이었다. 문제는 정확히 언제 몇 시 항공편을 이용하느냐였다.

그래서 스파이는 참을성 있게 잠복근무를 이어 나갔다. 그의 마음속에는 그 유명 인사의 얼굴이 또렷하게 새겨져 있지만 실제로 보게 될 것이라는 기대는 없었다. 그날 아침도 마찬가지였다. 7시 25분이 되자 아이비스의 프로펠러가 슬슬 돌아가기 시작했고 이내 속도가 붙었다. 잠시 후면 비행기가 활주로를 달리다가 영국으로 돌아가기 위해 날아오르리라. 아무런 사건도 없이 하루의 감시 임무가 이렇게 또 끝나려 하고 있었다.

그런데 사건이 두 가지나 일어났다. 둘 중 하나는 특히나 믿기 어려운 일이었다. 우선 아이비스에서 두 사람이 내렸다. 소년과 중년 여성이 비행기의 승객용 출입문에 연결해 놓은 계단을 내려온 것인데, 여자의 행동거지에 전문 감시자의 느낌이 풍기긴 했지만, 모종의 비밀을 간직한 태도라기보다는 그냥 보호자로서 주의를 기울이는 정도였다. 소년의 엄마이거나 보모가 분명했다. 저들은 왜 비행기에서 내리는 걸까? 미치지 않고서야 지금 같은 때에 영국행 비행기 좌석을 포기할 사람은 없을 텐데, 이거 혹시….

스파이의 머릿속에서 놀라운 가설이 돌아가기 시작하는 동시에 확신이 찾아왔다. 아니나 다를까, 약간 통통한 체구에 구부정한 자세의 남자가 비행기 계단을 올랐다. 가는 세로줄 무늬의 풍성한 양복, 이중 턱 아래에 자리 잡은 나비넥타이, 두툼한 입에 문 18센티미터짜리 시가, 찻주전자 덮개처럼 머리에 얹어진 검은 중절모. 여느 유니폼처럼 단번에 알아볼 수 있는 차림새였다. 더 이상 확인할 것도 없었지만 뒤에 바짝 붙어 있는 큰 키에 비쩍 마른 남자의 존재가 기어코 확인 사살을 해주었다. 기밀 보고서에 묘사된, 그 인사를 그림자처럼 따라다닌다는 개인 경호원의 모습과 일치했다.

소년과 보호자가 비행기에서 내린 이유가 명백해졌다. 늦게 도착한 2명의 VIP에게 자리를 내주기 위해 표가 취소되어 쫓겨난 것이다.

마침내 찾아온 짜릿한 순간, 스파이는 힘들게 알아낸 정보를 알리기 위해 가장 가까운 전화기로 달려갔다. 윈스턴 처칠이 그림자처럼 붙어 다니는 런던 경찰청 출신의 경호원과 함께 영국행 아침 비행기에 탔다고.

리스본 외곽의 높은 언덕에 있는 녹음 무성한 따분한 동네. 이곳에 자리 잡은 독일 대사관은 높은 철제 울타리 뒤에 난공불락의 붉은 벽돌 요새처럼 솟아 있었다. 대서양과 수평선 너머 정복되지 않은 세계가 내다보이는 그곳의 가장 높은 층에는 독일 국방군 해외방첩청 아프베어 Abwehr 지국이 둥지를 틀었다. 리스본 지국장은 알베르트 폰 카르스토프였다. 하지만 대사관 안에서 그 사실을 아는 사람은 별로 없었고 밖에는 더더욱 적었다.

명망 있는 군인 가문 출신의 독일군 소령인 그는 첩보 세계의 원칙에 따라 가명으로 다른 사람 행세를 했다(물론 가명에도 귀족의 생득권인 '폰'이라는 성을 자랑스럽게 집어넣었다). 그는 의도적으로 모호한 외교관 직함으로 대사관 직원 명부에 올라 있었고, 한술 더 떠서 전문가들이 극찬할 만큼 위장한 모습에 충실한 생활을 했다. 최고의 위장이 그러하듯 일부는 그의 타고난 성향에 뿌리를 두고 있었다. 카르스토프는 종종 반짝이는 캐딜락을 타고 애완 원숭이를 옆에 태운 뒤 리스본 거리를 돌아다녔는데, 잘 재단된 외교관의 짙은 색 양복에는 코카인 병이 숨겨져 있었다. 매일 저녁이 축제였다. 그는 매우 화려했고 재미를 추구하는 인물로 보였다. 그 때문에 중립국 포르투갈 리스본의 그늘진 지역을 은밀하게 드나드는 연합국 정보 요원들은 그가 정보 요원일 거라는, 하물며 이 도시의 베테랑 나치 스파이일 거라고는 꿈에도 생각하지 못했다.

공항의 스파이가 전화를 건 곳은 바로 카르스토프의 전용 회선이었다. 리스본의 모든 아프베어 요원들이 기억하는 5개의 숫자였다. 다행히 그때 카르스토프는 책상에 앉아 있었다. 아침 일찍 전화가 걸려 왔을 때 그는 막 사무실에 도착했을 것이다. 아니, 기나긴 밤을 보내고 어젯밤과 똑같은 옷차림으로 집에 돌아갈 준비를 하고 있었을 수도 있다. 어쨌거나 그는 주의 깊게 들었고, 즉각 결정을 내려야 한다는 것을 깨달았다. 그의 경력에, 전쟁의 전체적인 방향에 영향을 끼칠 결정이었다. 고민할 시간이 없었다.

게르만족의 지루한 정확성을 가진 독일 국방군은 규칙과 절차에 대한 충성심이 떠받치는 군대였다. 공중전을 담당하는 공군 부대 루프트바페Luftwaffe에 연락하는 방법은 '루프트바페 규정 제16조, 공중전 행동' 편에 명시되어 있었다. 무려 공군 최고사령관 헤르만 괴링이 서명한 작품이었다. 법령으로 정해진 명령 사슬은 다음과 같은 정확한 순서를 자랑했다. 우선 파리에 있는 항공함대 사령관에게 연락한다. 그가 위험의 중요성에 동의하면 세부 사항을 프랑스의 항구 도시 로리앙에 본부를 둔 항공대 지역 사령부에 전달한다. 그리고 거기에서 마침내 보르도 인근에 있는 메리냐크 공군 기지의 야전 사령관에게 행동 명령이 전달된다. 하지만 지금은 일분일초가 급했다. 정보는 시기적절한 행동으로 옮겨질 때만 가치가 있다는 사실을 전장에서의 쓰라린 경험으로 깨우친 카르스토프는 결단을 내렸다. 그는 규정을 어겼다. 메리냐크의 비행단장에게 직접 긴급 연락을 취한 것이다. 그는 이것이 전설적인 작전의 일부가 될 거라고 믿었다.

루프트바페 기지에서 클락슨이 시끄럽게 울려 퍼지면서 조용한 아침을 뒤흔들어 놓았을 때는 오전 10시에 가까운 시간이었다. 조종사들과 군인들이 활주로를 가로질러 그들의 전투기로 달려갔다. 잘 무장된 전투기 융커스 Ju-88 여덟 대가 태양을 향해 비스듬하게 이륙했다. 강력한 엔진을 우르릉거리며 전투기들이 구름 위로 올라갔다. 좁은 V 대형으로 서쪽으로 빠르게 나아간 조종사들은 유리 지붕 조종석에서 먹잇감을 찾아 수평선을 훑어보았다.

아이비스의 조종사는 소리를 먼저 들었다. 위쪽에서 들리는 건 틀림없는 항공기 소리였다. 그것도 하나가 아니라 둘. 그의 조종석 유리 지붕 위 저 높은 구름 어딘가에 비행기 두 대가 숨어 있었다. 프로펠러의 회전과 엔진의 추진력 때문인지, 갑작스럽게 다가온 불안감 때문인지, 그는 그것들이 무척 가까이 있는 것처럼 느껴졌다. 금방이라도 내려와 덜미를 잡을 것 같았다.

"지금 이상한 비행기가 따라오고 있다." 아이비스 조종사가 무전기에 대고 말했다. 그러는 동안 Ju-88 두 대가 구름 사이에서 나와 목표물을 향해 곧장 돌진해 왔다. 아이비스의 유일한 희망은 전투기를 앞지르는 것뿐이었다. "최고 속도로 간다." 조종사가 용감하게 포르텔라 공항 관제탑에 알렸지만, 느리적거리는 DC-3기는 승산이 없었다. 전속력으로 나는 Ju-88기의 총이 비행기를 겨누었다. "공격! 공격!" 마침내 루프트바페 비행단장이 명령했다. 즉각 20밀리미터 포탄이 쾅쾅 울리고 기관총이 1분에 1,200발이라는 무서운 속도로 폭포수 같은 총알을 쏟아 냈다.

"대포 포탄과 예광탄이 기체를 뚫었다." 아이비스 조종사가 무전기에 말했다. "기체가 흔들린다. 최선을 다하고 있다." DC-3기에서 화염이 뿜어져 나왔다. 좌측 엔진이 멈추더니 비행기가 아래로 떨어지기 시작했다. 추락하는 비행기에서 3명이 낙하산을 타고 뛰어내렸다. 그러나 불길이 낙하산을 삼켜 버렸고, 그들은 바위에 짓눌린 듯 아래로 떨어졌다. 비행기도 물에 빠졌다. 잠시 떠 있던 비행기는 이내 비스케이 만의 어둡고 차가운 물 속으로 가라앉았다.

Ju-88기 조종사들은 추락 지점을 천천히 돌면서 불길할 정도로 고요한 바다를 주의 깊게 살폈다. 생존자가 없다고 확신한 뒤에야 전투기들은 기지로 돌아갔다. 그들은 임무를 완수했다.

하지만 엉뚱한 임무였다. 전술이 성공적이었다는 것은 중요하지 않았다. 작전 자체가 완전한 실수였으니까. 공중 공격을 일으킨 정보 자체가 결정적인 오류였다.

마지막 순간에 휘트처치행 비행기에 탑승한 사람은 2명이었다. 하나는 짙은 색 양복을 입고 두툼한 입술에 기다란 시가를 문 채 머리에 중절모를 쓴 통통하고 쪼글쪼글한 남자가 맞았다. 그 뒤를 따른 남자가 큰 키에 비쩍 마른 체형인 것도 맞았다. 문제는 그들이 영국 총리와 그의 런던 경찰청 출신 경호원이 아니라는 것이었다.

그들은 두 사람의 도플갱어였다. 성급한 아프베어 요원은 50세의 영국 배우 레슬리 하워드를 처칠의 경호원 월터 톰슨으로 착각했다. 그 배우와 동행한 사람은 그의 매니저 알프레드 첸홀스였는데, 마침 작품에서 윈스턴 처칠 역을 맡아서 똑같은 차림을 한 상태였다.

분노한 영국 신문들이 무방비 상태의 민간인 여객기 추락 사건을 보도할 때쯤, 진짜 총리가 탄 비행기는 영국에 안전하게 착륙했다. 그는 지브롤터에서 비밀리에 군용기를 타고 출발했고 영국 공군 전투기의 철벽 수비를 받으며 바다를 가로질렀다.

다수의 무고한 희생자를 낸 이 비참한 비극은 전쟁의 숨 가쁜 나날 속에서 서서히 파묻혔다. 암살로 전쟁의 판도를 뒤집으려는 아프베어의 이 잘못된 작전은 역사의 더 크고 불확실한 행진 속에서 그저 작고 슬픈 각주일 뿐이었다. 원래 희생양이었던 처칠은 '독일의 잔인함이 그 요원들의 어리석음과 일치했다'라며 크게 분노했다. 하지만 비행기에 탄 불운한 15인의 죽음에 대해서는 '운명의 이해할 수 없는 이치'라며 피로하고 절제적인 태도로 회피했다.

연합국은 머리가 셋 달린 괴물과 같았다. 고전적인 교육을 받은 아프베어의 수장 빌헬름 카나리스 제독은 사무실에서 동료 스파이들과 나눈 대화에서 연합국을 '히드라'에 비유했다. 그는 풍요로운 교육의 혜택을 누리지 못했을 동료들을 위해 사려 깊게도 그리스 신화의 이야기가 어떻게 끝났는지를 말해 주었다. 헤라클레스가 그 짐승의 머리를 모두 잘라 낸 후에야 죽이는 데 성공할 수 있었다고 말이다.

이어진 나날은 긴장의 연속이었고, 나치 최고 지도부는 처칠의 탈출이 단순한 운일뿐 불길한 조짐이 아니라고 결론지었다. 결국 카나리스의 요점은 이것이었다. 짐승의 머리가 많다면 잘라 내라. 독일 나치는 미국 대통령과 소련 원수를 표적으로 삼기로 결정했다.

그들은 바다에서 루스벨트 미국 대통령을 노리기로 했다. 제3제국(나치 독일) 국가보안본부 산하의 대외정보국인 제6국이 내놓은 이 대담한 계획은 파스토리우스 작전과 상당히 비슷했다. 1942년 6월에 있었던 파스토리우스 작전에서, 유보트U-Boat는 엄격한 훈련을 거친 나치 요원들을 롱아일랜드와 플로리다의 해변으로 실어 날랐다. 그들의 목표는 공포를 일으키는 것이었다. 다리, 공장, 철도를 폭파하고, 동시에 뉴욕의 상수도를 오염시킬 계획이었다. 만약 파괴 공작원 하나가 미국을 산산조각내는 것보다 미국에 정착하는 쪽을 선호해 FBI에 자수하지 않았더라면, 그들의 폭탄은 전 세계에서 터지기 시작했을 것이다. 미국의 정보 요원들은 그 공작원의 놀라운 고백을 토대로 공모자들을 재빨리 찾아내 체포했다.

하지만 파스토리우스 작전이 실패했다고 해서, 프랭클린 D. 루스벨트 대통령 암살 작전이 성공하지 못하리라는 뜻은 아니었다. 그들은 다시 한번 롱아일랜드 해변으로 요원들을 나를 것이고, 암살자들은 워싱턴으로 가서 정확하게 조준된 총알이 폭군을 쓰러뜨릴 것이다. 이 계획이 어떻게 실패할 수 있겠는가? 히틀러마저도 그 노골적인 실용성을 칭찬했다. 외로운 저격수가 해내지 못할 일은 없다고 말이다.

그러나 그 계획은 서류상으로 진행되었을 뿐 실행에 옮겨지지는 않았다. 이유는 확실하지 않다. 전술적으로 너무 까다로워서? 명사수들이 미국으로 몰래 들어가 철통 수비를 받는 루스벨트 대통령을 노릴 수 있을 정도로 다가가는 것이 너무 힘든 일이라서? 아니면 나치의 외무부 장관실에서 작전 메모를 읽고 누군가가 버럭 화낸 것처럼, 미국 대통령을 죽인다는 생각 자체가 '절대적으로 미친 짓'이기 때문에? (그러나 그 관계자의 도덕적인 발언은 전쟁이 끝난 후에 나온 것이었다.) 이유가 무엇이든 독일 스파이마스터들의 믿음은 흔들렸다.

그다음엔 스탈린이 있었다. 소련의 수장을 암살하려는 나치의 계획은 문자 그대로 고공비행했다. 독일의 군 수송기가 소련군 변절자 2명과 치명적인 독창성이 만들어 낸 폭탄을 태우고 리가에서 이륙했다. 보안국 책임자는 자부심을 가득 드러내며 그 특별한 물건을 이렇게 자랑했다. "우리 전문가들은 스탈린 암살 작전을 위해 특별한 장치를 만들었다. 크기가 주먹만 하고 한 움큼의 진흙처럼 생긴 이 폭탄은 스탈린의 자동차에 붙이기 위해 고안되었다… 폭탄을 활성화하는 무선 송신기는 담배 상자만 하고 10킬로미터 떨어진 거리에서 원격으로 폭발시킬 수 있다. 폭발력이 너무 강해서 우리가 시험해 본 차량은 흔적도 남지 않았다."

비가 휩쓸고 간 한밤중에 두 요원이 비행기에서 낙하산을 메고 뛰어내렸다. 소중한 폭탄 장치는 배낭에 조심스럽게 담겨 있었다. 그들의 목표는 아프베어가 스탈린 원수의 현장 본부라고 판단한 군사 지역으로 잠입하는 것이었다. 그리고 스탈린의 차량을 찾아 진흙 덩어리를 붙인다. 그다음은 간단하다. 엄청난 인내심을 가지고, 송신기 버튼을 눌러야 할 정확한 타이밍을 기다리기만 하면 됐다.

그러나 그들은 차에 가까이 가지도 못했다. 독일 측의 이야기에 따르면 두 낙하산 대원은 운 나쁘게도 소련군의 순찰 도중에 착륙하고 말았다. 그러나 소련이 비웃음을 담아 자신들에게 유리한 쪽으로 하는 말은 완전히 달랐다. 그 2명은 애초에 변절자가 아니라 소련 정보기관 엔카베데NKVD 소속의 이중 스파이였다는 것이다.

어쨌든 결과는 반론의 여지가 없었다. 나치는 또다시 실패했다.

더 골치 아픈 문제는 타이밍이 이보다 더 나쁠 수는 없다는 것이었다. 이는 전쟁의 양상이 독일에 불리하다는 정도의 문제가 아니었다.

1943년 유럽의 추운 겨울이 끝날 무렵 스탈린그라드에서 독일 제
6군이 패배한 이후, 나치 지도부는 대부분 전장에서의 승리는 가망 없
는 일임을 인정했다. 그런 상황에서 체념에 가깝고 냉정할 정도로 실용
적인 최종 전략이 나왔다. 바로 받아들일 수 있는 평화 협상안이 제시
될 때까지 목숨 건 투쟁을 계속한다는 것이었다. 평화 협상이 잘 맺어
진다면 전쟁이 끝나도 독일은 여전히 강력할 것이고, 그들이 정복한 동
유럽 영토에 대한 통제권을 이어갈 수 있을 터였다.

비밀 경로를 통하여 —의도적으로 난해한 외교 전문 용어로 '공식
적으로 비공식적'이라는 뜻— 협상 합의를 위한 대화가 이미 진행되고
있었다. 그 무렵 SS 국가지도자 하인리히 힘러는 SS 장군들과 참모 장
교들이 모인 자리에서 설교했다. "전투를 이기게 만드는 것은 믿음이고
그런 믿음이 최종 승리를 가져온다."

하지만 믿음이 불가능해졌다.

1943년 1월 24일, 카사블랑카에서 열린 미국 대통령과 영국 총리
의 회담 마지막 날에 루스벨트 대통령은 전쟁을 끝내는 조건을 내놓았
다. "우리는 독일과 이탈리아, 일본이 무조건적으로 항복할 때까지 싸
워야 합니다." 그의 의지는 바위처럼 단단해 보였다.

절대로 물러섬 없는 이 단호한 발언—'무조건 항복'—과 함께 나치
최고사령부의 환상은 모래밭에 처박히고 말았다. 평화 협상이 없다니!
나치는 빠르게 다가오는 미래를 퍼뜩 실감할 수 있었다. 그 미래에서
그들은 연합국의 군사재판에 서야 할 것이다. 응징이 불가피할 것이다.
결국 그들은 목숨으로 대가를 치러야 할 것이다.

이 무거운 깨달음으로 인해, 지금껏 실패한 암살 작전들은 더 이상 허술하다는 말로 평가할 수 없게 되었다. 제3제국을 지배하는 남자들은 고뇌에 빠졌고 그들의 암울한 깨달음도 분명해졌다. 이제 확실해졌다. 암살은 그들의 생사가 달린 임무였다. 역사를 건 중대한 일이었다. 이제 그들은 새로운 기회를 필사적으로 다시 찾아야 했다.

Night of the Assassins

2부

용의 이빨을 심다

미국 비밀경호국 요원 마이크 라일리도 되돌릴 수 없는 실패를 했다. 그 당시에 그는 진심으로 그렇게 생각했다. 반드시 지켜야 하는 기본적인 규칙은 하나였다. 대통령 대신 맞아라. 대통령이 위험에 처했을 때 칼과 총알을 막아서는 것이 그의 임무였다. 하지만 1936년 늦가을의 따뜻한 오후, 그는 단검이 허공을 가로지르며 곧장 대통령에게 향하는 모습을 지켜볼 수밖에 없었다. 마이크도, 루스벨트 대통령도 어떻게할 수 없는 순간이었다. 다행히 별다른 일 없이 마무리되었지만, 연극적인 효과가 컸던 그 악의적인 사건은 계속 마이크를 괴롭혔다. 그 일은 이후 그가 두려움을 측정하는 기준이 되었다.

그전까지만 해도, 마이크는 대통령의 수호자로서 선거 유세 여행을 즐기고 있었다. 물론 프랭클린 루스벨트가 선거 운동을 좋아한 것도 있었다. 전국 유세를 다니는 것은 워싱턴의 자잘한 내부 싸움과 잠시 멀어져서 자유로울 수 있는 기회였으니까. 그는 유세에 뛰어났다. 그의 서민적이고 낙관적인 연설에 환호하는 군중들의 열렬한 박수를 듣고 있노라면, 마이크에게도 그들이 느끼는 자랑스러운 기쁨이 전해졌다. 근무 중에는 초연한 태도를 유지하는 것이 필수임에도 불구하고 흔들리지 않을 수 없었다. 억누를 수 없는 기쁨은 '보스(마이크는 존경심을 담아 유쾌하게 대통령을 그렇게 불렀다)'의 선거 유세 여행의 가장 큰 장점이었다.

늦가을, 루스벨트가 펜실베이니아주 이리에 도착했을 때, 마이크는 비밀경호국의 나머지 특무대와 마찬가지로 희망에 차 있었다. 하지만 마이크가 '힘든 저녁'이라고 부르게 된 그 사건이 그날 저녁 벌어졌다. 루스벨트는 도움 없이는 한 발도 내디디지 못했다. 15년 전인 서른아홉 살에 자가면역성 신경병증(당시에는 소아마비로 진단되었다)으로 하반신이 마비됐기 때문인데, 측근들은 루스벨트의 상태를 대중에게 비밀로 하려고 했다. 대통령의 다리에 채운 무거운 강철 보조기를 진한 검은색으로 칠해 티가 나지 않도록 했고, 언론 사진기자들도 루스벨트가 휠체어에 탄 모습을 찍지 않는 데 동의했다. 하지만 그를 지키는 이들은 거동하지 못하는 사람을 지켜야 하는 책임이 있었다.

이 복잡한 상황은 그날 밤 더욱더 절실하게 드러났다. 루스벨트는 필라델피아의 전당대회에서 환호와 함께 대선 후보자로 지명된 지 24시간 후, 소감 연설을 하기 위해 사람들이 가득 들어찬 대학 미식축구 경기장으로 갔다. 그는 아늘 지미의 팔을 꽉 잡고 부축받으면서 (이미 마이크와 요원들이 문제없음을 확인한) 무대 뒤쪽의 좁은 길을 뻣뻣한 다리로 한 걸음씩 조심스럽게 내디뎠다. 속도는 무척 느렸다. 수많은 이들이 루스벨트를 축하해 주고 싶어 했다. 무대 가까이에 이르렀을 때 대통령은 오랜 지인 에드윈 마컴을 향해 한 손을 흔들며 인사했다. 하얀 수염이 가슴까지 내려온 늙은 시인은 인사에 답하기 위해 손을 내밀었다. 루스벨트는 베테랑 정치인의 반사신경으로 수많은 이들을 뚫고 그 손을 잡으려고 했는데, 그 순간 사람들이 마구 밀려들었다. 깜짝 놀란 지미는 아버지 쪽으로 거칠게 밀쳐졌고, 그 무게가 더해지면서 대통령의 오른쪽 다리 보조기가 부러졌다. 대통령이 쓰러졌다. 하지만 대통령이 땅에 부딪히기 직전에 마이크가 오로지 본능으로 대통령의 오른쪽 겨드랑이 밑으로 어깨를 가져가 받쳤다. 동시에 마이크는 마컴에게 소리쳤다. "움직이지 마세요!" 그는 호전적인 다른 요원이 그저 반갑게 인사하려는 수염 긴 노인의 행동을 고의적인 공격으로 착각해 방아쇠를 당기면 어쩌나 걱정스러웠다. 다행히 마컴은 시키는 대로 했다. 놀라서 제자리에 얼어붙었는지도 모른다. 마이크는 힘껏 당겨서 대통령을 일으켜 세웠다. 그는 루스벨트를 꽉 잡았고 휘청거리지 않게 하려고 최선을 다했다. 두 남자 모두 떨고 있었다.

비밀경호국 특무대의 다른 요원이 보조기의 헐거워진 나사를 채웠다. 하지만 대통령은 무대로 걸어갈 준비가 되어 있지 않았다. 그는 마이크와 다른 요원의 부축을 받으며 힘없이 서 있었고 얼굴은 유령처럼 하얗게 질려 있었다. 긴 침묵이 이어졌다. 마침내 좀 더 침착함을 되찾은 루스벨트가 쏘아붙였다. "정리 좀 해 줘." 이내 그들은 무대로 나아갔다.

사건을 목격한 사람들은 무대 뒤쪽에 있던 사람들과 당의 충성파들뿐이어서 그 일에 대해 떠들어 대지 않았고, 경기장의 관중석과 야외석에 꽉 들어찬 수천 명은 무슨 일이 있었는지 전혀 눈치채지 못했다. 사람들이 그날 저녁에 대해 기억하는 것은 루스벨트가 대통령의 권위로 "지금 미국의 우리 세대는 운명과 대면하게 되었습니다"라고 말하며 간곡하게 호소하는 모습뿐이었다. 누군가는 행사가 끝나고 지붕 없는 차로 경기장을 도는 루스벨트의 의기양양한 모습과 한동안 멈출 줄 몰랐던 거대한 군중의 함성을 잊지 못할지도 모른다.

하지만 마이크는 그 '힘든 저녁'을 기점으로, 강한 경계심을 느꼈다. 평소 마이크는 경계심은 경호원의 끝나지 않는 두통이라고 종종 불평하듯 말하곤 했는데, 어떤 두통은 다른 두통보다 더 심각하다는 것을 이번 경험으로 깨우쳤다. 가장 큰 위협은 자동차 행렬이었다. 도시를 천천히 지나갈 때가 가장 취약하다는 건 긴장감 가득한 그의 경험에서 우러나오는 말이었다. 창문이나 지붕에 공격을 준비하는 암살자가 숨어 있을지도 몰랐다.

그나마 보스가 전용 열차를 타고 나갈 때는 경호원들도 조금이나마 숨통이 트였다. 풀먼사가 만든 열차는 성채처럼 안전했다. 약 8센티미터 두께의 방탄유리, 장갑차 소재의 강철로 만든 단단한 차체. 트럭이 측면을 치거나 노반에서 다이너마이트가 터지거나 기관총이 공격해도, 대통령 전용 열차와 그 안에 탄 사람들은 계속 밀고 나갈 수 있었다. 뒤쪽의 객차에는 2개의 복잡한 엘리베이터 시스템도 있어서 보스가 우람한 경호국 요원의 품에 안겨 기차에서 내리는 수모를 겪지 않아도 되도록 휠체어에 탄 대통령을 땅으로 내려주었다.

대통령 전용 열차의 장점은 또 있었다. 열차가 선거 유세 지역에 도착했을 때, 대통령은 군중이 있는 곳으로 위험하게 차를 타고 이동할 필요가 없었다. 루스벨트가 기차의 뒤쪽에 있는 작은 플랫폼에 기댄 채 서고 나면, 숨겨진 다리 교정기가 그의 다리를 전봇대처럼 곧고 단단하게 받쳐 주었다. 그다음에 군중이 선로로 안내되고 거기에 모여서 대통령을 마주 보는 것이다.

그날 이리에서의 운명적인 오후도 여느 때와 똑같았다. 루스벨트는 평소의 온화한 미소를 띤 생기 넘치는 얼굴로 열차의 뒤쪽 플랫폼에서 허리 높이의 난간에 똑바로 서 있었다. 민주당과 뉴딜 정책에 투표해 달라고 군중에게 호소하는 그의 목소리가 저 아래로 퍼져 나갔다. 별다른 우려 사항이 없음을 확인한 마이크는 구경꾼들 사이에서 자리를 잡았다.

그 순간 갑자기 군중의 깊은 틈새에서 칼이 날아왔다. 빠르게 움직이는 칼날이 대통령의 가슴으로 직행했다.

루스벨트는 칼이 날아오는 것을 보았지만 속수무책이었다. 그는 움직일 수 없었다. 그의 다리는 제자리에 단단히 고정되어 있었다.

마이크가 할 수 있는 일도 전혀 없었다. 그는 군중 사이에 서서 무력하게 바라볼 뿐이었다.

4년 전 마이크가 미국 비밀경호국을 관리하는 재무부와 계약을 맺은 것은 순전히 우연이었다. 만약 1932년의 비 오는 어느 날 평소의 그답지 않게 20센트나 들여 택시를 타지 않았다면, 그가 대통령 경호원이 되는 일은 없었을 것이다.

마이크는 야망은 없지만 계획은 있는 22세의 청년으로, 법을 공부하기 위해 워싱턴에 왔다. 그는 몬태나주의 황무지에 있는 구리 광산 마을 아나콘다에서 자랐다. 그의 아버지 버나드는 광산에서 일했고 대부분의 광부들처럼 아일랜드에서 이민을 왔다. 마이크는 아일랜드인임을 자랑스럽게 여겼고 독실한 로마 가톨릭 신자였던 아버지의 성향을 물려받았다. 곱슬곱슬한 짙은 갈색 머리와 반짝이는 눈, 자조적인 유머 감각, 특히 술을 좋아하는 것까지 아버지를 쏙 빼닮은 그는 저녁마다 술

집을 찾아 위스키 한 잔을 손에 들고 긴긴밤을 보내곤 했다.

아들이 아버지와 다른 점은 엄청나게 큰 체구였다. 마이크는 싸움꾼의 짙은 눈썹에 어깨가 떡 벌어진 집채만 한 사나이였다. 어린 시절 그의 방에서 본 우뚝 솟은 산봉우리들처럼 제 나름대로 위풍당당한 미남이었다. 타고난 운동 신경과 승부 정신 덕분에 덴버에 있는 예수회 소속의 레지스 칼리지에 미식축구 장학생으로 입학한 그는 졸업이 가까워졌을 때 대다수 과목에서 C의 성적을 받았다. 그가 대학의 신부들에게 앞으로 무엇을 하면 좋을지 물었을 때 누군가가 법 공부를 제안했다. 마이크가 확실히 아는 한 가지는 작은 마을 아나콘다로 돌아가 구리 광산에서 야간 작업을 하면서 살고 싶지는 않다는 것이었다. 그는 어느 정도의 의지로 법률 공부에 한번 도전해 보기로 했다. 다행히 예수회에서 힘써 준 덕분에 머나먼 워싱턴 DC에 있는 조지 워싱턴 대학 입학이 승인되었다. 첫 수업은 1932년 9월이었다.

그는 6개월 동안 수업을 따라가는 것뿐만 아니라 먹고 살기 위해서도(법대는 미식축구 선수 출신에게 장학금을 주지 않았다) 한참을 고생했다. 아르바이트 자리를 구하기로 맘먹고 대학의 취업 지원 센터에 가니, 설립된 지 얼마 되지 않았다는 농사신용국을 추천했다. 농사신용국은 힘든 농부들을 도와주는 재무부 산하의 관공서였다. 면접에 간 마이크는 관공서의 사무직 업무가 별로 내키지 않았다. 심지어 아르바이트가 아니라 정규직만 뽑는다는 말을 들은 마이크는 생각해 보겠다면서 자리를 떴다. 시계를 보니 조금만 서두르면 다음 수업을 들을 수 있을 것 같았다. 때마침 비가 마구 쏟아지는 중이었다. 시간에 쫓긴 마이크는 좋지 않은 주머니 사정에도 불구하고 충동적으로 택시를 타기로 했다. 기사에게 캠퍼스로 가 달라고 하자, 기사는 "조지 워싱턴 대학에 다녀요?"라고 물었다. 마이크가 그렇다고 하자 수다스러운 택시 기사의 심문이 시작되었다. "법 전공?"

마이크가 그렇다고 하자 택시 기사의 독백에 한층 속도가 붙었다. "나도 거기 다녔어요. 법대를 수석으로 졸업했지."

"아, 대단하시네요." 마이크는 예의 바르게 말하고 농사신용국 면접에서 받은 예상치 못한 제안을 다시 고민하기 시작했다. 하지만 도저히 못 믿겠다는 듯이 되묻고 말았다. "법대를 수석으로 졸업하셨다고요?"

"그렇다니까."

마이크는 법대 수석 졸업생의 암울한 정착지를 보면서 법대의 전망이 매우 어둡다는 불편한 사실을 깨달았다. 그는 기사에게 부탁했다. "저기, 아까 농업신용국 건물로 다시 가 주시겠어요? 빨리요!"

그날 하루가 끝나기도 전에 마이크는 재무부 정직원이자 법대 중퇴자가 되었다. "미국 법조계는 나 마이크 프랜시스 라일리가 없어도 잘 돌아갈 거야"라고 차분하게 결론 내린 뒤였다.

월급이 제때 나오는 안정적인 직장은 무척 만족스러웠지만 일 자체는 그렇지 않았다. 그는 매일 작은 산더미 같은 정부의 문서 양식을 끈질기게 붙잡고 있어야 했다. 하지만 워싱턴은 유쾌한 도시였고 많은 친구를 사귈 수 있었다. 시내 술집에 들어가면 누군가가 꼭 "마이크!"라고 소리치곤 했다.

어느 날 직장 상사가 줄줄이 늘어선 책상에서 웅크리고 일하는 젊은 남자들 가운데 그를 뽑아 조사관 업무를 맡겼다. 이유에 대한 설명은 듣지 못했지만 마이크가 머리를 굴려 본 결과, 그가 가진 유일한 자격요건은 위협적인 '거친 남자'처럼 보인다는 것뿐이었다. '평범한 두뇌를 가진 덩치도 크고 힘도 센 근육질'이 그가 묘사하는 자신의 모습이었다. 아마도 윗선에서 테네시주 농업 대출 행정관의 비리를 알아차렸는데 증거를 잡기 위해 무력을 쓸 일이 있을지도 몰라서 그를 발탁한 모양이었다.

테네시주 멤피스로 간 마이크는 어두운 구석을 들추는 이 업무가 매우 즐거웠다. 훗날 그는 새롭게 발견한 자신의 재능에 대해 겸손한 자부심으로 말하곤 했다. 자신은 '머리 쓰기보다 힘 쓰기를 더 많이 하는 아일랜드 경찰'이라고. 사건에 대한 공정한 처리 때문에 테네시에 정적들이 생겼지만 같은 부서 사람들의 존경심은 얻을 수 있었다. 반갑게도 '조사관'이라는 직함이 계속 유지되었고, 머지않아 그는 부정부패 용의자를 쫓아 전국을 누볐다. 계속된 성공으로 윗선의 관심이 그에게로 향했고 이번에는 에너지 부문의 부당 이득자를 찾아내는 업무에 투입되었다.

그러다가 결혼을 하게 되면서 방황하는 사냥개처럼 전국을 돌아다니는 업무가 주춤해졌다. 상대는 캘리포니아 상원의원 새뮤얼 쇼트리지의 비서인 빨간 머리 아가씨 로비였다. 휘몰아치는 강렬한 구애 끝에 두 사람은 1935년에 결혼에 골인했고 마이크는 새로 꾸린 가정을 위해서 한곳에 오래 머무를 수 있는 새로운 조사관 업무가 필요해졌다. (역시 재무부에 속하는) 비밀경호국으로 옮기면 괜찮으리라는 생각이 들었다. 한 지역에 배치되고 출장은 어쩌다 한 번, 기껏해야 집을 하루 정도 비우면 될 것이다. 그가 생각한 미래는 그러했다.

처음에는 그의 계획대로 되었다. 1935년 6월 비밀경호국으로의 전근이 결정되었고 곧바로 고향 몬태나주로 보내졌다. 그와 아내는 친척들 근처에 자리 잡고 살기로 했고 별다른 소동 없이 조용히 지낼 수 있으리라고 생각했다. 정말로 그랬다. 하지만 곧 모든 것이 바보 같다는 생각이 들었다. 거물급 악당들을 추적하는 흥미진진한 사건들을 맡다가 시골로 와 보니 의욕이 나질 않았다. 그가 맡는 사건은 별로 심각하지 않은 세금 회피 건이 대부분이었다. 설상가상으로 피의자들은 대부분 그가 고등학교나 대학교 때부터 아는 사람들이었다. 예전에 같이 맥주를 진탕 마시거나 여자 꽁무니를 따라다니거나 같은 팀에서 뛴 적 있는 친구들. 마음대로 할 수 있다면 친구들을 한 대 치고 그냥 보내주고 싶었다. 그 정도 처벌이 어울리는 죄였다. 하지만 그는 친하게 지냈던 친구에게 쇠고랑을 채워야 했고 그 점을 견딜 수 없었다. 친구의 인생을 망치는 사람이 되고 싶지 않았다. 하지만 월급을 주는 재무부가 시키는 일을 제대로 처리하지 않는 것도 그의 명예에 어긋나는 일이었다. 마이크는 계속 불편한 선택을 하기가 싫어서 전근을 신청했다.

그는 그해가 지나가기 전에 비밀경호국 16구역에 배치되었다. 백악관 특무대였다. 업무는 대통령을 보호하는 것이었다.

이것이 마이크가 펜실베이니아 이리에서, 무슨 일이 있어도 안전하게 지켜야 할 남자에게 단검이 날아드는 것을 분노로 가득한 두 눈으로 바라보아야 했던 그 순간까지 지나온 일들이었다.

마이크는 어깨를 낮추고서 인파를 뚫고 전속력으로 달려갔다. 칼날이 대통령의 가슴을 세게 쳤다. 그리고는 플랫폼으로 튕겨 나갔다. 마이크는 허리 높이의 난간을 뛰어넘어 손으로 무기를 잡고는 믿을 수 없다는 듯 칼날을 손가락으로 훑었다. 그런데도 무슨 일이 일어났는지 실감하기까지는 시간이 더 필요했다. 마침내 그는 그것이 고무 단검이라는 사실을 알아차렸다. 대통령을 죽이려는 게 아니라 놀라게 하려고 던진 장난감이었다.

대통령은 그 공격을 대수롭지 않게 생각했다. 하지만 그것도 마이크에게는 별다른 위로가 되지 못했다. 분노가 가라앉은 후에도 더 큰일일 수 있었다는 생각이 멈추지 않았다. 다음 날 아침 미사에서 마이크는 감사를 드렸고, 자신의 행운이 고갈되지 않기를 진심으로 기도했다.

그리고 전쟁이 일어났다. 마이크의 세상은 진주만 공습 전과 후로
나뉜다. 그의 임무도 마찬가지였다.

모든 미국인과 마찬가지로 마이크도 일본의 기습 공격을 처음 알게
된 순간을 잊을 수 없었다. 남들과 다른 점이 있다면 그는 그 소식을 대
통령에게 전달되기도 전에 들었다. 백악관의 주말은 시간이 느리게 흐른
다. 1941년 12월 7일 일요일, 마이크는 근무 중이었고 백악관 총무비
서관의 작은 사무실에 앉아 낚시 이야기를 하면서 한가로운 오후를 보
내고 있었다. 근처에는 금색 장식의 제복을 입은 멋진 젊은 해군 보좌
관이 그의 상사인 해군 장관이 바로 옆방에서 대통령과 점심을 먹는 동
안 잠시 눈을 붙이고 있었다. 그때 전화벨이 울렸다. 총무비서관 윌슨
설스가 놓친 송어 한 마리에 대한 장광설을 멈추고 전화를 받았다. 그

는 수화기 너머의 목소리에 귀 기울이더니 보좌관에게 수화기를 건네며 말했다. "해군 본부에서 자네를 찾는군."

젊은 남자는 의자에서 일어나 전화기를 귀에 가져갔다. 금세 이전의 노곤한 모습이 온데간데없이 사라지고 바짝 경계하는 모습이 되더니 수화기에 대고 소리쳤다. "맙소사, 지금 진주만이 폭격당했다는 말입니까?" 순간 설스의 이야기가 멈추었다. 마이크는 크게 휘두른 펀치에 맞은 듯 머리가 뒤로 휘청였다. 정말 펀치를 맞은 것이나 다름없었다. 해군 보좌관은 비틀거린 나머지 전화기를 제대로 내려놓지도 못했다. 두 번 시도한 후에야 수화기를 내려놓을 수 있었다.

충격의 첫 순간이 지나가자 그들은 곧바로 움직였다. 보좌관은 상사와 대통령에게 알리기 위해 달려갔다. 마이크는 오래전 미식축구 선수 시절처럼 카펫 깔린 백악관 복도를 전속력으로 달려 백악관 교환대로 직행했다. "근무 중이 아닌 비밀경호국 요원들을 전부 불러 주세요." 그가 교환원에게 지시했다. "백악관 경찰들도 전부." 그는 전화기를 들고 워싱턴 경찰 서장 에드 켈리에게 전화를 걸어 당장 제복 입은 경찰 16명을 백악관으로 보내 달라고 했다. 그다음으로는 상관들에게 연락하기 시작했다. 특무대장 에드 스털링 대령과는 연락이 닿지 않았다. 이 화창한 일요일 오후에 그는 아내와 버지니아 시골길을 드라이브하고 있을 게 분명했다. 다행히 비밀경호국 국장 프랭크 윌슨과는 연결이 됐다. 그는 얼음장처럼 차가운 태도로 소식을 듣고 있더니 전쟁이 마이크의 잘못인 것처럼 마구 화내며 소리 지르기 시작했다. 마지막으로 마이크는 고압적인 재무부 장관이자 비밀경호국의 최종 보스 헨리 모겐소 주니어와 통화했다. 그는 평소의 신중함은 온데간데없이 소리를 질렀고, 침착함을 찾은 뒤에는 즉시 경비를 두 배로 늘리라고 명령했다. 하지만 마이크가 행동을 취하기 전에 모겐소가 다시 전화를 걸어 경비를 네 배로 늘리고 기관총을 대기시키라고 했다.

전화기를 귀에 대고 있던 순간, 마이크는 대통령이 누군가가 밀어주는 휠체어를 타고 대통령 집무실로 오는 것을 보았다. 그는 대통령의 분노한 표정을 이렇게 기억했다. "턱이 무릎 앞으로 60센티미터 정도 튀어나왔는데 그 네덜란드인이 그렇게 화가 잔뜩 난 모습은 나도, 그 누구도, 처음 보는 것이었다." 그는 보스가 이제 전시 사령관이라는 것을 깨달았다.

속속들이 도착한 요원들과 경찰관들이 백악관에 배치되고 있을 때 모겐소가 나타났다. 그는 특무대가 취한 모든 보호 조치에 대해 듣고 싶어 했다. 마이크가 보고하는 동안 재무부 장관의 시선은 계속 백악관 창문으로 향했다. 마이크는 당황했지만 하늘에 적의 전투기가 있는지 살피는 것임을 이내 깨달았다. 그 순간 마이크는 무슨 일이 생길지 모르는 상황이 되었음을 처음으로 실감했다.

다음날 마이크는 프랭크 윌슨의 사무실로 불려갔다. 무슨 일이 기다리고 있을지 감도 잡히지 않았다. 그는 경호국장이 새로운 전쟁이 일어난 직후의 이 혼란스러운 시간에 보스를 제대로 지키지 않았다고 질책할까 봐 걱정스러웠다. 하지만 전혀 상상도 못 했던 일이 기다리고 있었다. 윌슨 국장은 모겐소 장관이 방금 마이크를 대통령의 비밀경호국 특무대의 감독관으로 승진시키는 인사를 단행했다고 전했다.

그렇게 31세의 마이크는 전쟁 중인 국가의 지도자 프랭클린 D. 루스벨트의 안전을 책임지게 되었다. 갑작스럽게 맡겨진 책임의 엄청난 무게가 그의 넓은 어깨를 짓눌렀다. 이제 보스는 단순히 정신적으로 불안정한 이들이 노리는 '우선순위의 표적'이 아니었다. '추축국 암살자 부대'가 언제 대통령을 노릴지 몰랐다. 마이크는 그들보다 한 수 앞서는 것이 자신의 일임을 알 수 있었다. 그들이 고무 단검으로 무장하고 나타날 리는 없었다.

　　백악관을 검은색으로 칠해야 할까? 그러나 과연 그것으로 충분할까? 엔지니어들이 포토맥강과 아나코스티아강의 물줄기도 바꿔야 할 것이다. 백악관을 위장해도 적의 조종사가 그 강줄기를 따라올 수 있으니까. 그렇다면 위험한 동부 해안에서 멀리 떨어진 내륙으로 대통령의 집과 집무실을 옮겨야 할까?

　　진주만 공습으로 미국이 전시 체제에 돌입하게 된 불확실한 나날 동안, 공중 폭격에 대한 이런 식의 예방 조치와 그 밖의 즉흥적인 제안들(물론 나중에 돌이켜보았을 때는 환상에 가까운 생각들이었지만)이 진지하게 논의되었다. 어쨌든 그 당시에는 전례 없는 난제였다. 루스벨트는 바다를 가로질러 날아와 워싱턴 상공에 폭탄이나 낙하산 부대를 투하할 수 있는, 그런 적국들로부터 보호받아야 했던 미국의 첫 번째 대통령이었다. 스파이 또는 무력 집단의 손에는 다리와 철도, 심지어 건물을 폭파할 수 있는 원격 조종 장치가 있었다. 그리고 도시에 퍼져 나가는 불안한 소문들에 따르면, 나치는 먼 곳에서도 치명적인 정확도로 발사할 수 있는 강력한 로켓을 가지고 있었다. 터무니없다는 것을 알지만 절대로 그 무엇 하나 가볍게 여길 수가 없었다. 마이크는 전시에 백악관이 무너지지 않게 조처하려는 다양한 업무에 뛰어들었다. 그를 움직이는 것은 군사 방면의 확고한 전문성뿐만 아니라 공포심이기도 했다.

전쟁 전에 그를 잠 못 이루게 만드는 걱정거리는 화재였다. 그가 감상에 젖지 않은 객관적인 전문가의 눈으로 평가하기에 백악관은 미국에서 화재 시 가장 탈출하기 힘든 건물이었다. 그가 불길에서 구해 내야 할 존재가 혼자 걷지 못하는 사람이라는 사실이 걱정을 증폭시켰다. 루스벨트는 스스로 탈출할 수 없었다. 그래서 마이크는 대통령의 침실에 화재 시 창문에서 잔디밭으로 떨어지게 해 주는(그는 그렇게 믿으려고 애썼다) 활송 장치를 설치했다. 더 현실적인 대비책으로 요원들에게 대통령을 침대에서 들어 화염에 휩싸인 계단으로 내려가는 과정을 체계적으로 연습시키고 또 연습시켰다. 덕분에 눈가리개를 하고도 가능할 정도였다(실제로 화재가 발생하면 화염과 연기가 자욱할 테니 정말로 눈이 안 보일 수도 있다).

하지만 마이크는 백악관 엔지니어들과의 첫 번째 전시 안보 회의에서, 화재 걱정은 아무것도 아닐 정도로 사소했음을 알게 되었다. 폭탄이 꼭 백악관에 떨어져야만 문제가 아니었다. 엔지니어들은 폭탄이 명중하지 않고 근접하기만 해도 미진 발생으로 백악관이 카드 더미처럼 무너질 것으로 예측했다. 백악관이 굴 껍데기 섞은 콘크리트와 석회암 덩어리로 지어졌기 때문에 폭탄 공격에서 살아남지 못하리라는 설명이었다.

마이크는 엔지니어들의 불길한 예측과 미국 태평양 함대에 폭탄을 투하하는 일본군 전투기의 경악스러운 이미지에 몸서리치면서 보스를 위한 방공호를 찾아야 한다는 사실을 깨달았다. 그것도 당장. 그는 곧바로 적절한 장소를 찾았다. 먼저 몇 톤이나 되는 아편을 제거할 필요가 있었지만.

백악관의 좁은 길 건너편에는 돌기둥으로 된 재무부 건물이 위풍당당하게 서 있었다. 재무부는 수년 전의 평온했던 시기에 그 대리석 건물 지하에 거대한 금고를 지었다. 부분적으로 그 금고의 목적은 국가의 아편 비축분을 보관하는 창고였다. 연방 노동청은 마이크의 지시에 따라(그리고 육군, 해군, 민간 엔지니어들의 훨씬 전문적인 자문에 따라) 신속하게 이 지하 저장소를 바꾸기 시작했다. 화학 가스 보호 필터를 설치하고 두꺼운 벽에 비상 탈출용 해치를 설치했다. 백악관과 재무부 건물 사이에 드문드문 탈출구가 있는 지그재그 모양의 지하 터널을 뚫었다. 공중 공격이 한창이어도 휠체어에 탄 대통령을 백악관에서 이곳으로 은밀하게 이동시킬 수 있었다.

하지만 마이크는 그 정도면 충분하다는 착각 따위는 하지 않았다. 루스벨트는 불필요한 예방책이라고 불평했지만, 어느 날 마이크는 침대에서 아침을 먹는 보스에게 추가 방공호의 필요성을 또다시 강력하게 주장했고 대통령도 마침내 수그러들었다. 어쩌면 루스벨트는 쉬지 않고 졸라대는 마이크가 지겨워서 그냥 져 주는 게 낫겠다고 생각했을지도 모른다. 침대에서 편안하게 아침을 먹다가 휠체어로 꼬불꼬불한 지하 터널을 통과할 생각을 하니 불편함이 확 다가왔을 수도 있고. 이유가 어쨌든 대통령은 "호레이쇼 윈슬로에게 오늘 보자고 전해 주게"라고 말했다. 그날이 지나가기 전에 루스벨트와 백악관 건축가 윈슬로는 오래 전부터 논의되어 온 동관 건설 공사를 시작하기 위한 예비 일정을 세웠다. 이제 동관에는 사무실뿐만 아니라 거대한 지하 방공호까지 추가될 예정이었고, 직격탄을 맞아도 끄떡없도록 두꺼운 납과 콘크리트 벽으로 보강할 계획이었다. 대통령은 방공호 안에 금고를 만들어 중요한 국가 문서를 보관해야 한다는 주장을 함으로써 전시의 신중함을 보여 주었다.

하지만 적의 공습은 마이크의 악몽 중 하나에 불과했다. 그는 추축국의 낙하산 부대나 극단주의 무장 단체의 백악관 공격에 대해서도 걱정이 들었다. 아무리 기관총을 든 우람한 체격의 비밀경호국 특무대라도 결의에 찬 조직적인 공격을 완전히 막아 내기는 힘들 수 있었다. 그는 이 골치 아픈 시나리오를 육군에 전달했고, 장군들은 곧바로 요점을 이해했다. 하지만 첫 번째 논의 이후에는 4성 장군들이 주도권을 잡았다. 그들로서는 최고사령관을 보호하기 위한 계획을 민간인과 함께 세운다는 것 자체가 말도 안 되는 일이었다. 그래서 마이크는 군대가 전시의 백악관을 난공불락의 성채로 변신시키는 작업에 착수하는 모습을 뒤로 물러나서 지켜보았다.

하룻밤 사이에(적어도 그렇게 보였다) 전투 준비를 갖춘 인근 포트 마이어의 보병 대대가 한 번도 침범받은 적 없는 백악관 잔디밭에서 야영했다. 대포와 중기관총들도 사격 진지를 잡았다. 백악관 지붕에 대공포대가 배치되고 긴 총열이 상공에서 표적을 수색하는 것처럼 위로 치켜 올라갔다. 그리고 갑작스러운 가스 또는 생물 무기 공격에 대비해 화학전 특수부대도 상주했는데 마이크가 그럴 필요까지 있느냐고 묻자 퉁명스러운 설교 같은 답변이 돌아왔다. 지난 전쟁에서 독일이 대담하게도 미국에 탄저균 포자를 뿌렸고 일본은 훈족보다 더 무자비하므로 당연히 필요하다고. 장군들이 부지런하게 백악관을 요새화했을 때, 마이크는 백악관에 없는 것은 해자뿐이라고 농담을 던졌다.

하지만 전쟁이 길어지면서 책임감의 무게가 그를 심하게 짓눌렀다. 어느새 마이크는 백악관에 해자를 파는 것이 전혀 터무니없는 발상이 아니라고 생각하는 자신을 발견했다.

전쟁은 비밀경호국이 전혀 예상하지 못한 일이었다. 그들은 전쟁을 예상했어야 했고 미리 준비했어야 했다는 수치심을 느꼈다. 여기에 무력감이 더해졌다. 머지않아 절망적인 곤경이 더욱더 뼈저리게 다가왔다.

일본의 공격을 알게 된 지 12시간 뒤, 대통령은 의회 의사당으로 가서 일본에 선전포고할 것임을 경호국 특무대에 알렸다. 백악관에서 의회 의사당까지 이동 거리는 총 2.4킬로미터, 차로 불과 몇 분 거리였다. 그러나 마이크는 대통령이 목적지에 도착하지 못할까 봐 두려워지기 시작했다. 지붕 없는 차를 탄 대통령은 적의 암살자들에게 완벽한 표적이 될 터였다.

전쟁 전에도 마이크는 보스가 장갑차로 이동해야 한다고 주장했다.

매일 백악관에 배달되는 적대감과 협박으로 가득한 편지들을 읽는 것도 마이크의 업무였는데 그는 그 불안한 업무를 처리하면서 미국 대통령을 쏘고 싶어 하는 미국인이 문자 그대로 수만 명이나 된다는 사실을 분명하게 깨달았다. 그는 대통령 전용 리무진에 방탄 처리를 하는 것이 필수적이고 심지어 상식적인 예방책이라고 주장했다. 하지만 재무부는 그의 우려를 기각했다. 문제는 돈이라는 고지식한 답변도 받았다. 대통령 차량에 할당될 수 있는 금액은 최대 750달러로 명시되어 있었다. 750달러면 꽤 멋진 지붕 없는 차를 살 수 있지만 장갑차는 엄두도 못 낼 돈이었다.

그러다 보니 루스벨트가 의회에서 연설하는 중요한 날에 마이크가 할 수 있는 최선은 이동 경로에 되도록 키가 큰 군인들을 줄 세우는 것뿐이었다. 그리고 대통령의 리무진을 건장한 비밀경호국 요원들로 완전히 에워쌌다. 씁쓸하지만 이렇게 작은 예방책들만 준비해 놓고 아무 일 없기를 바라는 수밖에 없었다.

그러나 계속해서 낙관적인 생각만으로 위험을 무사히 넘기기를 바랄 수는 없는 노릇이었다. 마이크는 임기응변이 필요하다고 결론 내렸고, 재빨리 대안을 생각해 냈다. 곧 이 대안을 시험해 볼 기회가 생겼다.

이틀 후 루스벨트가 드라이브하고 싶다고 말했다. "나는 전쟁이 끝날 때까지 숨어 지낼 생각이 없네." 마이크의 반대를 예상한 듯 그가 노려보면서 소리쳤다.

"예, 각하. 몇 시에 준비할까요?" 마이크가 고분고분하게 답했다.

1시간 뒤에 마이크는 대통령의 휠체어를 백악관 차도로 밀었고 곧 차량이 와서 멈추었다. 그것은 초록색 캐딜락이었는데 크기는 군용 트럭만 하지만 두 배는 무거워 보였다.

"저게 뭐지, 마이크?" 루스벨트가 대답을 요구했다.

"각하, 제가 실례를 무릅쓰고 새 차를 샀습니다." 마이크가 침착함을 잃지 않고 말했다. "장갑차입니다. 송구하게도 조금 불편할 겁니다. 수상쩍은 평판도 인지하고 있습니다."

"수상쩍은 평판?" 대통령이 되물었다.

"예, 각하. 이 차는 원래 알 카포네의 것이었습니다. 재무부가 탈세를 저지른 알 카포네에게 압수한 것이지요. 제가 재무부한테서 샀습니다."

대통령은 몇천 킬로그램이나 나가는 강철 매머드 차량을 의아한 눈으로 바라보았다. 마이크는 대통령이 차량을 살펴보고 싶은 건지, 아니면 그를 찌르고 싶은 건지 의아했다. 하지만 루스벨트는 그냥 상황을 받아들였다. "카포네 씨가 괜찮다고 해야 할 텐데." 루스벨트가 장난스럽게 말했다. 그 자리에 있던 사람들은 대통령의 농담에 즐거워했고, 새로운 대통령 전용 리무진을 타고 드라이브를 떠났다.

하지만 대통령이 항상 그렇게 따라 준 것은 아니었다. 루스벨트는 전시든 아니든 백악관의 일이 평소와 다름없이 돌아가야 한다고 주장했다. 백악관의 일이란 정치이므로, 이는 공무원들이 백악관 복도를 계속 들락날락해야 한다는 뜻이었다. 또한 2주 앞으로 다가온 크리스마스에는 백악관 문이 활짝 열리고 나무에 불을 밝히는 행사에 군중이 몰려든다는 것을 의미했다. 추축국 요원이나 무장 단체 대원이 수많은 낯선 이들 가운데 껴서 보스에게 가까이 접근할 수도 있다는 사실이 마이크를 초조하게 했다. 상상의 나래 속에서 소용돌이치는 공포심으로 인해 뻣뻣해진 그는 대통령에게 공식 방문자 수를 줄이고 크리스마스 행사를 폐지해야 한다고 강압적으로 요구하다가 직장을 잃을 뻔하기까지 했다.

그 방법이 통하지 않자 마이크는 또다시 임기응변을 발휘할 수밖에 없었다. 백악관의 문을 잠글 수 없다면 더 튼튼하게 만들기로 했다. 그가 생각한 것은 '말하는 울타리', 보안용 문, 소형 무선 송신기와 수신기 같은 요란한 도구들이었다. 문제는 도구들이 일관적인 효과를 내지 못한다는 것이었다.

예를 들어 그가 떠올린 묘안 중 하나인 보안용 문은 일종의 전기가 흘러서 총이나 칼을 숨기고 지나가면 고음의 경보음이 울렸다. 마이크는 교도소에 필수적으로 갖춰진 이 장비가 백악관에서도 똑같이 효과적이리라고 생각하고 모험을 시도했다. 백악관에서 크리스마스트리에 조명을 밝히는 행사가 열리기 하루 전, 그는 하나에 100킬로그램이 넘는 위협적인 이 보안용 문을 백악관 정문에 세워 두었다. 크리스마스 분위기에 맞춰 호랑가시나무 가지로 장식도 했다.

5만 명 정도 되는 사람들이 축제에 참석하기 위해 이 문을 지나갔고 기계에서는 계속 삐 소리가 흘러나왔다. 하지만 그날 저녁이 끝나갈 무렵 마이크의 예방책으로 압수된 것이라고는 수북하게 쌓인 금속으로 만든 휴대용 술병뿐이었다. 마이크의 사고방식으로는 전혀 예상치 못한 물건이었지만 그래도 썩 괜찮은 부가 효과였다. 요원들이 크리스마스 연휴에 더 많은 건배를 하게 됐으니까.

그 효과에 고무된 그는 백악관 안에도 더 작은(백악관 내부의 물건들에 비하면 여전히 크고 못생긴 기계였다) 보안용 문을 설치했다. 하지만 안쪽의 문이 활짝 열릴 때마다 황동 장식과 장식용 자물쇠가 분노의 기계음을 일으켰고, 결국 이 문은 하루 만에 자취를 감추었다.

마이크는 끈질기게 기술자를 찾아내 또 다른 금속 감지 장치를 마련했다. 무게가 약 200그램 밖에 되지 않은 이 장치는 양복 재킷 안에 넣고 다닐 수 있었고 금속이 탐지되면 옷깃에 장착한 부저에서 알림음이 울렸다. 그 기기는 효과가 좋았다. 좋아도 너무 좋았다. 버저를 장착한 요원들이 백악관에서 돌아다니며 총 든 동료나 백악관 경찰이 있는 수많은 초소를 지나칠 때마다 거의 쉬지 않고 불협화음을 내뿜었다.

그 실패로 화가 머리끝까지 난 마이크는 형광 투시기를 가져왔다. 방문객이 장치 앞에 서 있으면 인접한 방에서 요원이 손님의 코트 아래에 무기가 숨겨져 있는지를 밝히는 시스템이었다. 하지만 그 기기가 여성의 드레스 안을 보여 주기도 한다는 사실을 발견하면서, 형광 투시기는 순식간에 사라졌다.

'말하는 울타리'도 곤란한 일을 자주 일으켰다. 그것은 원래 탄약고나 비밀 레이더 시설에 설치하는 장치인데, 잘 보이지 않는 케이블이 백악관의 높은 철제 울타리에 장착된 미세한 소형 마이크들과 연결되어 있었다. 그래서 만약 침입자가 울타리를 오르려고 하면 비밀경호국이 감시하는 경비실의 제어판이 마구 빛났다.

부수적인 이점은 이 소형 마이크가 매우 민감해서 고위직 인사들이 울타리 옆을 나란히 걸으며 작은 목소리로 나누는 대화도 감시한다는 것이었다. 마이크는 외설스러운 뒷말이나 공적인 비밀을 엿듣는 것이 마음에 걸렸지만, 대통령의 안전을 위해서 치러야 할 가치가 있는 대가라고 판단했다.

사실 특무대 전체는 마이크의 명령에 따라 소리로 연결이 되어 있었다. 모든 요원은 마이크가 항상 양복 재킷에 넣고 다닌 카멜 담뱃갑과 크기가 비슷한 최첨단 무전기를 가지고 다녔다. 그 무전기는 약 240킬로미터 이내의 모든 송신국으로부터 메시지를 수신하거나 약 5킬로미터 이내의 모든 요원에게 메시지를 보낼 수 있었다. 마이크는 그의 부하들이 비상 상황에 즉각 응답할 준비가 되어 있다고 믿고 싶었다.

또한 대통령의 휠체어에는 마이크가 잠깐 대학 캠퍼스에서 들고 다닌 법 교재와 크기와 모양이 비슷한 검은 상자가 눈에 띄지 않게 붙어 있었다. 안에는 루스벨트 전용 방독면이 있었다.

그러나 이런 기발한 장치들은 마이크에게 아주 작은 안도감을 주었을 뿐이었다. 대통령을 바라보기만 해도, 그는 암살자에게 압도적으로 유리한 상황이라고 느껴졌다.

마이크가 전시의 총사령관을 보호하기 위해 노력하는 동안, 이전에는 상상하지 못했던 위험이나 새로운 사건들이 계속 생겨났다. 의도되지 않은 것들도 있었다. 예를 들어 전선에 있는 군인들은 힘들게 싸운 작전의 기념품을 보내는 것이 대통령에게 경의를 표하는 일이라고 생각했는데, 마이크는 그렇게 신중하지 못한 선물들이 백악관에 도착하자마자 가로채야만 했다. 그 기념품들이 아직 유효한 독일제 포탄이나 수류탄으로 밝혀지는 불안한 사건도 몇 번 있었다. 마이크는 육군 군수품 팀이 포토맥강 바로 건너편 기지에서 그것들을 폭발시키는 모습을 지켜보면서, 만약 선의에서 보내진 이 소포들이 곧장 대통령 집무실로 향했으면 어땠을지(이 군인들은 대체 생각이 있단 말인가?) 상상하지 않을 수 없었다.

윈스턴 처칠에 관한 예상치 못한(그리고 매우 까다로운) 문제도 있었다. 대통령은 진주만 공습 몇 주 후 미국을 방문한 영국 총리가 백악관에 머물렀을 때, 마이크에게 새로운 임무를 지시했다. 마이크는 숭배에 가까울 정도로 감탄하면서 그날 일을 이야기했다. "한 잔 마실 때마다 오히려 냉철하게 맨정신이 된다는 점도 놀라웠다. 내 기억으로 윈스턴 처칠은 백악관 문턱을 넘은 최고의 술꾼이었다. 백악관 출입 기자들까지 전부 포함해서 말이다."

가끔 처칠의 술친구를 해 주는 역할은 영국 총리에 대한 미국의 환대였으므로 마이크 또한 즐겁게 받아들였지만, 중대한 인물을 한 사람 더 보호해야 한다는 부담감이 늘어난 것은 별로 반갑지 않았다. 특히 그의 전문적인 평가에 따르면 영국인들은 그들의 총리가 워싱턴을 거의 혼자 돌아다니게 내버려 두다시피 했다. 암살자가 눈에 확 띄는 처칠을 가볍게 명중시킬 기회가 얼마나 많았는지 생각하면 소름이 돋을 정도였다.

심지어 루스벨트조차 이 느슨함에 충격을 받았다. 정신없이 진행된 처칠의 1942년 6월 백악관 방문이 마무리되어 갈 때, 대통령이 마이크를 집무실로 불렀다. 대통령의 평소와 다른 퉁명스러운 얼굴을 보자마자 마이크는 바짝 긴장했다. 그는 마이크에게 명령을 내렸다.

"마이크, 처칠은 27일에 집으로 갈 거야. 보안이 심각하게 걱정되네. 가능한 방법을 다 동원해서 그의 안전을 보장하게." 마이크가 영국 총리의 목숨을 구하게 된 것은 바로 이렇게 된 일이었다.

처칠은 비행기로 떠날 예정이었는데 다음 목적지가 버뮤다였다. 그래서 마이크는 신중하게 계획을 세웠다. 그는 처칠을 정부 차량에 태우고 신속하게 5~6킬로미터 정도밖에 떨어지지 않은 아나코스티아 해군 비행장까지 가기로 했다. 전용기 시동은 이미 걸려 있을 것이고 처칠은 백악관을 떠난 지 20분 만에 안전하게 출발할 것이다. 하지만 워싱턴에 있는 영국 대사관 관계자들은 이 신중한 출발 계획을 거부했다.

"라일리 씨, 그렇게까지 할 필요는 없습니다." 영국 외교관이 거들먹거리며 콧방귀를 꼈다.

"볼티모어에 영국해외항공 기지가 있으니 거기에서 비행기를 탄다면 직원들의 사기에도 아주 좋을 겁니다."

걱정으로 가득한 마이크에게 항공사 직원들의 사기는 안중에도 없었지만, 영국인들은 물러날 기미가 없었다. 그들은 그의 불안감을 나누려 하지 않았다. "하나도 걱정할 것 없습니다." 마이크의 진심 어린 경고에 들려오는 공식 답변은 매번 같았다.

처칠이 떠나는 날, 마이크는 자기 선에서 가능한 예방책을 추가했다. 그는 처칠을 재무부 건물과 연결된 터널을 이용해 백악관 밖으로 데려갔다. 거기에서부터는 아무 표시되지 않은 차가 워싱턴의 뒷골목과 메릴랜드의 시골길로 이어지는 경로를 달려 볼티모어의 영국해외항공 기지까지 이동했다.

차가 격납고에 접근할 때, 마이크는 총리가 탈 비행기로 가는 문 앞에서 유니폼을 입은 영국해외항공 경비원과 짐꾼이 싸우는 것을 보았다. 심지어 그들은 권총을 두고 싸우는 중이었다.

마이크는 차에서 뛰어내려 두 사람을 향해 달려갔다. 미친 듯이 달려가면서 사살을 목적으로 총을 쏴야 할지 아니면 다른 선제공격 방법이 있을지 생각하던 그 순간, 그는 잘못된 남자를 노리고 있었음을 깨달았다. 작업복을 입은 땅딸막하고 다부진 체격의 짐꾼은 그의 부하인 하워드 챈들러 요원이었다. 그리고 그는 마이크가 추가적인 안전 조치로써 현장 직원으로 위장시킨 비밀경호국 요원이었다.

"이 멍청이가 처칠을 쏘려고 해요!" 챈들러가 그의 상사에게 소리쳤고 그들은 함께 남자를 바닥에 쓰러뜨려서 제압했다. 마이크가 몸무게로 눌러 경비원을 바닥에 고정시키자, 챈들러는 그의 손에서 총을 빼앗았다. 현장에 있던 다른 위장 요원들이 서둘러 달려와 암살자에게 쇠고랑을 채웠다. "그 경비원이… 아 참, 그나저나 미국인입니다. 비행기 입구 근처에 서 있는 걸 봤습니다." 힘을 잔뜩 쓴 챈들러가 숨을 고르려고 애쓰면서 상사에게 보고했다. "제가 자연스럽게 뒤로 접근한 다음 옆으로 가니까 '처칠 자식을 죽일 거야. 죽여 버릴 거야'라고 말하고 있었습니다."

마이크는 침착을 되찾기를, 적어도 안에서 계속 폭발하는 소란스러움이 겉으로 드러나지 않기를 바라면서 천천히 활주로를 가로질러 처칠이 탄 차로 걸어갔다. 그는 처칠에게 말했다. "아무 문제 없습니다, 총리님." 이 낙관적인 멘트를 처칠이 어떻게 받아들였는지는 알 수 없었다. 다만 마이크가 확실히 기억하는 것은 처칠이 비행기에 오르기 전에 마지막으로 남긴 말이었다. "마이크, 이 세상엔 엄청나게 많은 개자식이 있어."

이것은 세상 모든 대통령의 경호원이라면 마음에 새겨야 하는 지혜였다.

전쟁은 계속해서 마이크의 임무에 예상치 못한 긴장과 떨림을 남겼다. 그중 하나가 1943년 1월의 끄트머리에 카사블랑카에서 처칠과 만나기로 한 대통령의 결정이었다.

연합군의 북아프리카 침공이 성공하고 하루밖에 지나지 않은 날, 암울한 전쟁 소식이 갑자기 희망적으로 변한 고무적인 그 시기에 마이크는 오전 8시부터 대통령과의 회의에 소환되었다. 루스벨트는 침대에 앉아 늘 그렇듯 직접 내린 커피를 마시면서 활짝 웃고 있었다. 마이크는 보스의 기분이 좋은 것은 공격이 성공했거나 계획보다 잘되었다는 추가적인 증거라고 생각했다. 하지만 이는 이유의 아주 일부일 뿐이었다. 지금 루스벨트는 깜짝 놀랄 만한 소식을 전하기 직전이었다. 그는 경호원의 예측 가능한 반응을 짓궂은 표정으로 고대했다.

"마이크, 나 아프리카에 가야 해." 대통령이 말했다.

"아프리카요, 각하?" 마이크는 멍청하게 되물었다. 솔직히 대통령이 달에 간다고 한들 그보다 놀라지 않았을 것이다. 그는 루스벨트가 백악관에서 얼마 떨어지지 않은 그리피스 스타디움으로 야구 경기를 보러 가고 싶어 했을 때가 떠올랐다. 전시에는 가벼운 외출도 며칠 동안 초조하게 온갖 잠재적 재앙에 대비한 전략을 준비하느라 분주했다. 그런데 아프리카라고?

"너무 위험합니다." 마이크가 불쑥 말했다. 곧바로 그는 자신의 위치를 자각하며 힘없이 설명했다. "인간도 기계도 믿을 수 없다는 것 아시잖습니까."

"처칠과 그의 참모총장들이 올 거고 우리 참모총장들도 갈 걸세." 대통령이 너그러운 인내심으로 계속 말했다. "마이크, 내가 꼭 가야 하는 이유는 여러 가지가 있다네."

결정되었다. 루스벨트는 아프리카에 갈 것이고 마이크가 보안팀 선발대를 이끌고 먼저 가 있어야 한다.

수상기와 소형 비행선으로 한층 더 무장한 미 해군 수면 순찰대와 구조대가 보스의 첫 여행 구간인 남아프리카 배서스트까지의 비행경로를 —대통령의 첫 대서양 항공기 이동이었다— 감시할 것이다. 하지만 선발대로 나서서 개조한 B-24기에 몸을 실은 마이크는 좁은 창문으로 푸른빛 도는 회색 바다를 조심스럽게 내려다보면서도 별로 안심이 되지 않았다. 독일 잠수함은 대서양에서 계속 활동하고 있고, 날카로운 눈을 가진 대공포 포병들은 연합군 폭격기와 수송기를 계속 명중시켰다. 바다가 잔해를 삼켰다.

마이크가 카사블랑카에 도착했을 때, 마크 클라크 중장이 더 무서운 소식과 함께 그를 맞이했다. "현지인들은 미국 돈 10달러만 주면 사람을 죽여 준다고 나섭니다. 누군가가 죽기를 바라는 일이라 의뢰하는 사람도 가격을 깎지 않죠." 게다가 경각심을 일으키는 육군의 기밀 보고서에 따르면 카사블랑카에는 나치 요원들이 뒤끓었다. 그러나 잠재적인 청부살인업자와 헌신적인 적국 암살자들이 끝이 아니었다. 숨 막힐 듯 더운 먼지 자욱한 도시의 상공에도 위험이 있었다. 마이크가 도착하기 2주 전에도 독일군 루프트바페가 주거 구역에 폭탄을 쏟아부었다. 단 한 번의 무자비한 공습으로 민간인 수백 명이 목숨을 잃었다.

마이크는 끔찍한 며칠간 이 불친절한 도시를 정찰하느라 신경이 바짝 곤두선 채로, 1월 12일 오후 6시 20분에 대통령의 빛나는 C-54기가 예정대로 카사블랑카 메두이나 공항에 착륙하는 모습을 바라보았다. 비행기는 공항의 텅 빈 곳으로 천천히 나아갔고 마이크는 경사로로 바짝 쫓아가서 비행기 안으로 들어갔다.

"마이크, 아주 좋은 비행이었다네." 대통령이 인사를 건넸다. 비밀경호국 요원은 잡담에 신경 쓸 여유가 없었다. 잔뜩 초조한 그는 인사치레도 건너뛰고 급하게 본론으로 들어갔다. "각하, 부디 최대한 빨리 볼일을 끝내셔야 합니다. 그렇지 않으면 각하의 가장 유능한 장군들이 위궤양에 걸린 채로 은퇴해야 할지도 모릅니다." 그는 총사령관에게 간청하다시피 했다. "강철 같은 제 위장도 떨리기 시작했습니다."

가만히 귀담아듣던 루스벨트가 이해심 가득한 어조로 답했다. "마이크, 최대한 빨리 끝내겠네." 그가 약속했다. 하지만 그다음 말은 대통령의 강철 같은 질책이 담겨 있었다. "이제 걱정은 그만!"

하지만 마이크는 그만할 수 없었다. 남은 3주의 여행 동안 장애가 있는 대통령은 전투 지역에 가까이 가야만 한다. 유일한 작은 위안은 쿵쾅거리는 두려움이 아무것도 아니거나 정말 큰일이거나 둘 중 하나라는 깨달음이었다.

같은 해 8월 중순, 마이크는 처칠과의 회담을 위해 온화한 날씨의 퀘벡으로 떠난 대통령과 동행해 후텁지근한 워싱턴의 여름에서 잠시 멀어진 시간을 즐기고 있었다. 그런데 약간 당황스러운 소식을 접하게 되었다. 정말로 우연히 보스와 영국 총리가 이오시프 스탈린에게 똑같은 메시지를 보냈다는 것을 알게 된 것이다. 그것은 '전쟁의 이 중요한 시점에서' 세 연합국 지도자의 첫 합동 회담을 열었으면 한다는 내용이었다.

허드슨만에서 불어오는 시원한 여름 바람이 갑자기 초강력 폭풍으로 바뀐 듯했다.

마이크는 당황했다. 그는 재빨리 이 위험한 전시 회담─연합군의 총사령관 3인이 한곳에 모인다니!─이 열릴 만한 세계의 머나먼 곳들을 전부 생각해 보기 시작했다. 처칠과 루스벨트는 군대의 경고는 물론이고 기본 상식마저 전부 무시한 채 카사블랑카에서 만났지 않은가. 나치 스파이들이 득실거리고 폭격기를 날려 보낼 적의 기지가 얼마 떨어지지 않은 도시였다. 마이크는 세 지도자가 집단적인 무모함으로 고르게 될 회담 장소를 생각하자 몸서리가 쳐졌다.

하지만 다행스럽게도 좀 더 자세한 소식이 들려와서 그는 평정을 되찾을 수 있었다. 루스벨트와 처칠은 스탈린에게 알래스카 페어뱅크스에서 만나자고 요청했다. 미국 영토이고 미군 기지에서 가까운 도시였다. 보스가 바다 위를 날아갈 필요도, 외국 영토에서 이동할 필요도 없었다. 적어도 그가 대비할 수 없는 일은 없을 게 분명했다.

마이크 라일리가 위대한 남자들을 보호했다면, 독일 국가보안본부 RSHA의 제6국을 이끄는 국장 발터 셸렌베르크는 그들을 사냥했다. 하지만 임무의 결정적인 차이에도 불구하고—하나는 경호원이고 다른 하나는 비밀 모의에 집중했다— 두 전문가는 비슷한 특징이 많았다. 둘 다 예비 변호사였고 둘 다 맡은 직급치고는 젊었으며 똑같이 33세였다. 둘 다 강력한 의무감으로 움직였다. 특히 노련한 현장 요원이 그렇듯 위험을 혐오한다는 점도 똑같았다. 셸렌베르크의 경우, 윈저 공작과 윈저 공작부인을 납치하려는 나치의 윌리 작전에 참여했다가 실패한 후로, 위험에 대해 철저히 경계하게 되었다.

윌리 작전은 히틀러의 아이디어였지만 그를 소환한 것은 1940년

7월 아침에 외무부 장관 요아킴 폰 리벤트로프로부터 걸려 온 긴급 전화였다. "어떤가, 친애하는 친구, 지금 당장 내 사무실로 올 수 있겠나?" 그가 평소의 미사여구 많은 말투로 물었다. 자신이 맡은 부하의 역할을 날카롭게 이해하는 셸렌베르크는 장관의 요청에 즉시 응했다. 하지만 혹시 가져갈 서류가 있는지 궁금해서 무슨 용건인지 확인하려고 하자, 리벤트로프는 권위적이면서도 불가사의함이 가득한 목소리로 셸렌베르크의 말을 끊고 명령했다. "지금 당장 오게. 전화로 할 수 있는 말이 아니야."

리벤트로프는 대리석으로 덮인 거대한 책상 앞에 서서 마치 잘못을 저지른 학생을 혼내려는 교장 선생님처럼 두 팔을 팔짱 끼고 있었다. 그의 심각한 표정과 뚫어져라 바라보는 파란 눈이 셸렌베르크에게 우려를 더했다. 제3제국은 살무사의 둥지였다. 권력과 히틀러의 축복을 손에 넣기 위한 치열한 경쟁이 끝도 없이 벌어졌다. 허영심 많은 늙은이 리벤트로프는 그중에서도 가장 무자비한 축에 속했다. 또 다른 우려도 있었다. 오래전부터 셸렌베르크는 히틀러에게 비스마르크 이래로 가장 위대한 독일 정치인이라고 칭송받은 이 외무부 장관이 사실은 매우 멍청한 사람이라고 생각해 왔다. 그의 권모술수는 그래서 더욱더 위험했다. 셸렌베르크는 이번에는 그가 또 무슨 억지스러운 잘못을 갖다 붙이려는지 걱정스러웠다. 이미 그는 보안국 상사 라인하르트 하이드리히의 매력적인 옅은 금발 아내와 바람을 피웠다는 혐의에 대해 자신을 방어해야만 하지 않았던가.

그런데 외무부 장관은 윈저 공작에 대해 질문을 하기 시작했다. 셸렌베르크가 마지막으로 독일을 방문했을 때 공작을 만났는지, 왕위를 포기한 진짜 이유가 뭔지 아는지. 셸렌베르크는 심문이 어디로 이어질지 전혀 감이 잡히지 않았지만 즉시 안심했다. 그가 잘릴 일은 없었다. 그는 예의 바르게 신문에서 읽은 것을 이야기하기 시작했다. 공작은 사랑하는 미국인 이혼녀 월리스 심프슨과 결혼하기 위해 왕위를 포기하기로 했다고.

리벤트로프가 말을 잘랐다. "친애하는 셸렌베르크." 목소리가 매서웠다. "자네는 완전히 잘못 알고 있어. 공작이 왕위를 포기한 진짜 이유도 마찬가지야." 결혼 문제는 독일의 '성실하고 충실한 친구'를 영국 왕좌에서 제거하기 위한 구실일 뿐이라고 리벤트로프가 단호하게 말했다.

리벤트로프는 셸렌베르크에게 새로운 임무가 있다고 했다. 총통이 직접 내린 지시라고 했다. 공작에게 영국의 전왕인 그가 왕실과 영국 정부와의 관계를 끊는 '공식적인 제스처'를 취해 준다면, 5천만 스위스 프랑(1940년 가치로 약 2억 달러)을 스위스에 예치해 주겠다고 제안하라는 것이었다. 히틀러는 이 커플이 스위스에 거주하기를 바라지만, 제국의 영토 범위를 넘지 않는다면 어느 중립국이라도 괜찮다고 동의했다. 만약 영국 정보국이 공작의 해외 망명을 막으려고 하면 그것을 처리하는 것이 셸렌베르크가 할 일이었다. "자네의 목숨이 위험해지는 한이 있더라도. 무력을 써야 하더라도."

셸렌베르크 안의 변호사 기질은 그 명령에 담긴 명백한 모순을 지적하지 않을 수 없었다. 단순히 공작에게 뇌물을 주라는 것인지, 아니면, 사실상 그를 납치하라는 것인지?

외무부 장관은 외교관의 수완으로 그 질문을 슬쩍 피했다. "총통은 영국 정보국에는 기본적으로 무력을 써야 한다고 생각하시네. 공작의 경우에는 망설일 경우에만 해당해. 그 경우에는 무력을 쓰는 게 도움이 될 걸세."

셸렌베르크는 복잡한 실타래와도 같은 그 말을 해석해 보았다. 실타래가 풀렸을 때 도달한 결론은 하나뿐이었다. 그는 어떤 식으로든 공작을 독일의 물리적 통제하에 두어야 한다. 그가 제시한 몸값에 넘어오지 않는다면 무력으로 데려와야 한다. 셸렌베르크의 실망을 감지한 리벤트로프가 다 안다는 듯 덧붙였다. "다시 자유로워진 후에는 그도 우리에게 감사할 것이네."

리벤트로프는 비슷한 자신감으로 나머지 계획도 설명했다. 역시 세부적인 사항은 거의 빠져 있었다. 공작이 곧 친구들과 함께 스페인에서 사냥을 할 것이라는 정보가 입수되었으니 셸렌베르크가 그때 접촉을 하면 된다는 것이었다. 그 이후는 셸렌베르크에게 달려 있었다. "모든 필요한 수단은 재량껏 사용하게. 자네에게 전적인 자유 권한을 주기로 합의가 됐으니까."

셸렌베르크가 이만 가 보려고 일어났을 때 리벤트로프는 히틀러에게 전화를 걸어 쇼맨의 화려한 동작을 곁들여 보고함으로써 일을 마무리 지었다. 그는 젊은 장군 셸렌베르크에게도 수화기를 건네 대화를 듣게 해 주었다. "셸렌베르크가 최대한 빨리 특수기를 타고 마드리드로 갈 것입니다." 외무부 장관이 보고하자 히틀러가 "좋아. 그에게 전해 주게. 내가 믿고 있다고 말이야"라고 말했다. 몰래 엿듣는 셸렌베르크에게 그 목소리는 이상할 정도로 공허하게 느껴졌다.

임무에 관해 말하자면, 처음에는 안심될 정도로 매끄럽게 진행되었다. 셸렌베르크는 마드리드에서 독일 대사와 만나 공작과 공작부인이 곧 사냥 휴가를 위해 스페인에 올 것이라는 사실을 확인했다. 구체적인 날짜는 아직 정해지지 않았다. 그들이 머물 대규모 농장은 스페인과 포르투갈의 국경 근처라서 맞닥뜨리기가 그리 어렵지 않을 것이고, 필요하다면 공작이 숲속에서 돌아다닐 때 납치도 가능할 터였다. 스페인 경찰 최고위 간부와 세관 직원들도 전폭적인 도움을 약속했다. 추가 병력이 필요한 상황에도 그들이 적극적으로 개입해 주기로 했다.

하지만 모든 조각이 제자리에 맞춰진 것처럼 보였을 때 계획이 흐트러지기 시작했다. 애초에 이 작전을 촉발한 보고서의 호언장담에도 불구하고 공작과 공작부인은 스페인 사냥 여행을 그다지 서두르지 않았다. 그들은 포르투갈 리비에라의 에스토릴에서 좋은 시간을 보내고 있었다. 그러나 셸렌베르크는 좌절하지 않고 직접 확인차 에스토릴로 갔다. 그는 현장 요원의 날카로운 눈으로 그들이 빌려서 묵고 있는 화려한 저택을 정찰하고 지역 요원들을 시켜서 자세한 정보를 수집했다. 출입구 숫자, 공작과 공작부인의 침실 위치, 하인의 수, 영국의 특수 경호대의 규모와 배치 등. 그는 납치가 필요한 상황에 대비해 국가보안본부의 자동차 전문가들이 만든 강화 엔진이 장착된 자동차를 에스토릴로 보내 두었다.

하지만 셸렌베르크는 여전히 망설이고 있는 자신을 발견했다. 우선은 정보원들의 최신 보고 내용 때문이었다. 공작은 최근 영국 정부가 그를 외진 버뮤다(공작은 '삼류 식민지'라고 불평했다)의 총독으로 보내기로 한 결정에 실망했지만, 전시를 중립국이나 적국에서 보내고 싶은 마음은 더더욱 없었다. 그리고 스페인 숲으로의 사냥 여행은 일시적인 변덕으로 지나가 버렸다. 한마디로 셸렌베르크가 에스토릴의 저택을 지키는 경호원들과 싸워서 공작과 공작부인을 납치하고 교전을 치르면서 스페인까지 안전하게 데려가는 방법을 찾아내야 한다는 뜻이었다. 만약 교전에서 공작이나 공작 부인이 사망한다면 히틀러가 어떻게 나올지 걱정하지 않을 수 없었다. 셸렌베르크는 성공 가능성이 '적음'에서 '없음'으로 바뀌었다는 것을 깨달았다.

그래도 명령은 명령이었다. 셸렌베르크는 임무를 수행하기 전날, 최종적인 세부 사항을 처리하기 위해 조용한 식당에서 믿을 수 있는 포르투갈 공작원을 만났다. 그는 체념한 듯 말했다. "내일 무력으로 윈저 공작을 스페인 국경을 가로질러 데려가야 해. 오늘 밤 계획을 세워야 한다." 하지만 구체적인 사항에 착수한 그와 공작원은 이 임무가 불명예스럽게 끝날 것이라는 결론에 도달했다. 분명히 실패할 것이고 제3국은 무모한 계획을 실행에 옮겼다고 조롱당할 것이다. 그러면 만족스럽지 못한 결과에 대해 비난할 대상이 필요할 텐데, 그 화살이 셸렌베르크를 향하리라는 것은 의심의 여지가 없었다. 공작이나 공작부인의 죽음에 책임이 있는 사람에게 히틀러가 어떤 처벌을 내릴지도 뻔했다. 그나마 총살은 친절한 죽음이 될 것이다.

절망하던 그와 공작원은 히틀러의 명령을 피하는 방법을 떠올렸다.

그리고 그날 밤 그 계획을 실행에 옮겼다. 셸렌베르크의 명령에 따라 현지 공작원들은 나치가 공작과 공작부인이 버뮤다 행 배를 타기 전에 독일로 납치하려는 계획을 꾸미고 있다는 소문을 퍼뜨리기 시작했다. 그의 예상대로 이 '비밀'은 포르투갈에서 야영하는 연합군 요원들의 귀에까지 빠르게 들어갔다. 영국 특수 경호대는 그렇지 않아도 많은 경비 인력에 추가 인원을 더 투입해 경계 태세를 갖추며 신속 대응했다.

셸렌베르크는 공작 부부를 지키는 경호원들의 숫자가 늘어나서 어쩔 수 없이 작전을 취소할 수밖에 없다고 베를린에 긴급 전보를 보냈다. 이틀 후 공작과 공작부인은 버뮤다 행 배에 올랐고 셸렌베르크는 어떤 운명이 기다리고 있을지 두려움에 떨면서 베를린으로 돌아왔다.

그는 리벤트로프에게 불려갔다. 셸렌베르크는 외무부 장관이 다른 임무들에 대해 과시하는 것을 들으며 그의 사무실에서 말없이 차렷 자세로 서 있어야 했다. 한참 후 마침내 본론으로 들어간 리벤트로프는 결과에 대한 실망감을 숨기지 않았다. 그는 냉정한 경멸의 태도로 말했다. "총통께선 임무 결과에는 실망하셨지만, 자네의 결정이 옳았고 처리 방식도 좋았다고 전해 달라고 하셨네."

포르투갈을 떠난 후 줄곧 미친 듯 쿵쾅거리던 셸렌베르크의 심장이 마침내 평온해졌다. 그는 히틀러와 리벤트로프를 한 수 앞섰다. 임무는 물거품이 되었지만 그는 살아남았다.

그 후 정신없이 3년이라는 시간이 지났다. 전쟁통에는 찰나처럼 느껴지는 시간이었다. 셸렌베르크는 또 윗선에서 자신을 윌리 작전 같은 비현실적인 임무에 밀어 넣지는 않을지, 그래서 더 큰 재앙을 가져올 결과에서 벗어날 방법을 또 궁리해야 되는 건 아닐지 걱정이 많았다.

셸렌베르크의 우려를 촉발한 것은 최근 마이크 라일리에게 두려움을 일으킨 것과 똑같은 정보였다(물론 두 남자는 서로의 불안감에 대해 알지 못했지만). 1943년 8월 31일에 윈스턴 처칠이 퀘벡 회담의 마지막에 한 라디오 연설문이 셸렌베르크의 책상을 거쳐 갔다. 그는 별다른 생각 없이 읽기 시작했다. 연합국의 승리를 예측하는 낙관주의를 목이 터지라 외치는 장광설이었는데, 그 역시 그 필연성에 대한 확신이 점점 커지는 상태라서 고통스러웠다. 그러다 연설문 페이지 중간쯤에서는 깜짝 놀라고 말았다. "저와 루스벨트 대통령은 스탈린 원수와의 3자 회담을 강력히 바라고 있습니다." 정신이 번쩍 드는 기분이었다.

빅3의 만남이라니!

셸렌베르크는 이것이 독일 국방군 최고사령부가 3인의 표적을 노릴 수 있는 매력적인 기회라는 것을 즉각 알아차렸다. 이들의 죽음이 전쟁의 최종 결과를 바꿀 수 있다고 믿는 이들은 가장 열렬한 나치들—히틀러나 괴벨스—이었다. 독일의 패배는 암울하지만 확실했다. 하지만 루스벨트와 처칠, 스탈린이 사라진다면 다른 평화가 있을 수 있다. 연합국이 유럽을 침공하기 전에, 베를린으로 진군해 오기 전에 종전 협상이 가능할 것이다. 게다가 앙심을 품고 무조건 항복을 고집하는 종전이 아니라 합리적인 종전이 될 것이다. 셸렌베르크는 전쟁의 역사를 통틀어 적에게 그렇게 잔인한 요구를 한 것은 로마인들뿐이었으며, 결국 카르타고는 완전히 파괴되었다는 사실을 떠올렸다. 이런 절망적인 논리에서 빅3 제거 작전은 필수적이었다.

하지만 그는 자기 생각이 터무니없다는 것을 깨달았다. 베테랑 정보 요원의 신중함을 다시 불러와 차분하고 분명하게 사태를 바라보았다. 그렇게 역사적인 임무가 실행될 가능성은 전혀 없었다. 처칠과 루스벨트가 스탈린에게 회담을 촉구한다는 것 말고 확실한 정보가 하나도 없지 않은가. 회담이 언제 열릴지도 모르고 어디에서 열릴지도 모른다. 이 두 가지 필수적인 첩보 없이 실행 계획안을 작성하는 것은 불가능했다. 그가 원저 공작과 공작부인을 납치하는 불운한 작전을 시작했을 때보다도 정보가 없는 상황이었다.

셸렌베르크는 3자 회담의 날짜와 장소라는 가장 중요한 정보를 제3제국은 절대로 손에 넣을 수 없으리라고 확신했다. 그것은 이 전쟁에서 연합국이 가장 철저하게 지킬 비밀이 될 테니까. 빅3 암살 가능성은 더 이상 고려해 볼 가치가 없었다. 셸렌베르크는 공작과 공작부인을 지키는 경호대의 규모만 해도 무서울 정도가 아니었더냐고 자신을 질책했다. 연합국은 지도자들을 지키기 위해 그것과 비교도 되지 않을 수준의 강력한 대책을 세울 것이다. 빅3 암살은 성공 가능성이라고는 먼지한 톨만큼도 없는 자살 임무였다.

셸렌베르크는 이내 체념하고 이란에서의 비밀공작 계획을 마무리하는 일로 관심을 돌렸다. 그는 이란에 비밀 낙하산 부대를 투입할 예정이었다. 그는 그 파괴 공작 임무가 전쟁에서 전혀 중요하지 않은 구석진 곳을 목표로 삼고 있다는 사실을 잘 알고 있었다. 곧 일어날 큰 전투들에 비하면 부수적인 것에 불과했고, 종전 협정에 아무런 영향도 끼치지 못할 것이다. 그래도 그는 군인의 의무감으로 점점 줄어드는 지원을 최대한 이용하기로 다짐했다. 그는 끝까지 최선을 다해 싸울 것이다.

이란에 잠입하는 낙하산 작전은 몇 달 전 아침 티어가르덴 승마길의 구보에서 시작되었다. 베를린에 해가 떠오른 지 얼마 되지 않은 그 시간에는 화약 냄새가 강하게 풍겼다.

밤새 대공 포대가 하늘을 향해 포격했다. 저 멀리에서 영국 폭격기의 엔진 소리가 들리는 순간 초조한 포병들이 발사를 시작했고 비행기가 사라진 지 한참 후에도 계속 이어졌다. 하지만 1942년 12월, 한때 왕실의 수렵 보호 구역이었던 티어가르덴은 전쟁이 맹렬하게 계속되는 가운데에서도 겨울의 암울한 도시에 어울리지 않는 오아시스였다.

잔디밭에 난 꼬불꼬불한 자갈길 가에는 상록수 생울타리가 쭉 이어졌고 사나운 조각상들이 보초를 서는 장식용 연못이 자리했다. 추위 속에서 갈색으로 변한 작은 언덕의 오르막길이 끝나는 곳에는 납빛 겨울 하늘에 높이 솟은 빽빽하고 시커먼 삼목림의 진입로가 있었다. 말 두 마리가 나란히 걸을 수 있을 만큼 충분히 넓은 이 비포장 승마길은 거의 공원 전체를 빙 둘러 있었고, 탁 트인 황무지를 지나쳐 그림 형제의 동화에 나올 것 같은 깊고 광활한 숲을 통과했다. 독일의 두 라이벌 정보국에서 비밀 작전을 담당하는 2명의 스파이마스터는 일주일 아침에 두세 번씩, 차분하고 유쾌하게 티어가르텐 승마길에서 말을 타고 걸었다. 이 두 사람이란 바로 국가보안본부 제6국의 국장 발터 셸렌베르크 장군과 국방군 해외방첩청 아프베어의 수장 빌헬름 카나리스 제독이었다.

두 사람은 예상을 벗어나는 조합이었다. 둘은 한눈에도 차이가 명백했는데 겉모습뿐만 아니라 안으로 깊이 들어가도 달랐다. 56세의 카나리스는 셸렌베르크의 아버지뻘 정도라고 할 만한 나이였다. 창백한 피부와 흰머리, 광택 나는 맞춤 구두를 신고도 약 160센티미터밖에 되지 않는 신장, 털이 억센 애완견 닥스훈트 세펠과 카스파르를 껴안는 인자한 모습의 그는 약해 보이는 정도가 아니라 하찮아 보이기까지 했다. 반면에 셸렌베르크는 덩치는 크지 않았지만 차양을 아래로 당긴 장군 모자, 가슴에 비스듬히 멘 가죽 크로스 벨트, 딱 맞는 승마 바지에 승마 부츠, 칠흑색 SS 제복을 갖춘 무시무시한 군인이었다.

하지만 현실은 겉보기와 달랐는데 그래서 두 사람의 양극성이 더욱더 도드라졌다. 카나리스는 평범한 외모와 달리 진정한 전사였다. 그는 제1차 세계대전 당시 포클랜드제도 전투가 한창일 때 경순양함에서 복무했고 배가 심하게 손상되어 가라앉은 후 칠레의 포로수용소에서 탈출해 모든 역경과 장애물을 뚫고 베를린으로 돌아왔다. 그 후 치명적일 만큼 교활하게 지중해를 돌아다닌 유보트를 지휘하면서 전쟁을 마쳤다. 황제마저도 적함을 매복 공격하고 침몰시키는 카나리스의 능력을 칭찬했을 정도였다. 그는 전쟁에서 올린 공을 인정받아 일급 철십자 훈장을 받았다. 히틀러가 독일 정부를 장악한 지 2년 후인 1935년 1월에는 아프베어의 통제권을 손에 넣었다.

상류층 스파이 수장이라는 임무는 출신이나 기질의 측면에서 그에게 안성맞춤이었다. 그는 매섭고 오만한 태도로 '첩보는 신사의 일'이라고 말하기도 했다. 그의 부하들도 군인이나 귀족 같은 부유한 집안의 아들, 그리고 정치화 양상이 심한 국가에서 보기 드물게 전문적인 객관성과 지식인의 책임을 논하는 심오한 사상가들이 대부분이었다. 존경스러운 전임자들의 영광 덕분에 아프베어는 스스로를 위대한 게임Great Game[스파이 활동을 가리키는 말-역주]에 참여하는 대담한 이들이라고 여겼다. 조국의 영광을 되찾기 위해 그림자 속에서 일하는 신사들. 그들은 특수 선발된 자랑스럽고 귀중한 군대였다. 전 세계 500개가 넘는 도시에서 일하는 관리와 요원들이 1만 5,000명이나 되었다.

셸렌베르크의 이력은 사뭇 달랐다. 하지만 카나리스가 그런 것처럼 셸렌베르크도 그가 함께 일하는 남자들이나 그가 소속된 정보기관(1939년 9월 이전에는 존재하지 않았으므로 아프베어보다 임시적인 특징이 강했다)의 거울이었다. 그는 중산층이라고 말하기 어려운 환경에서 자라 여기까지 왔다. 그의 아버지는 피아노를 파는 일을 했다. 극심한 가난에서 벗어나고자 룩셈부르크로 갔지만 상황은 그다지 나아지지 않았다. 국가보안본부 신입의 다수는 그와 비슷한 굴곡 많은 환경에서 자란 이들이었다. 그러한 사회적 차이가 유복한 환경 출신인 아프베어 요원들에게 보이지 않을 리 없었다. 그들은 경쟁자가 된 프롤레타리아 계급 스파이들을 외알 안경 너머 오만함과 경멸의 태도로 바라보았다.

게다가 카나리스와 그의 부하들은 어려운 비밀 임무를 수행해 인정받았지만, 셸렌베르크는 첩보 훈련을 받은 적이 없었다. 물론 비상한 두뇌 덕분에 빠르게 일을 배워 스파이마스터의 자리에 안착했지만, 그가 함께 일한 사람들 가운데 외국에서의 작전과 요원들 관리에 필요한 심오한 사고방식이라든가 민첩함을 가진 이들은 소수뿐이었다. 광적인 반유대주의와 반볼셰비즘에 대한 헌신을 약속하는 단일 이념 테스트를 통과하기만 하면, 누구나 SS 산하의 국가보안본부에 들어갈 수 있었다. 다른 자격요건은 거의 상관없었다. 그러다 보니 결과적으로 어리석을 정도의 편협한 정신, 외국인 혐오, 이념에 대한 절대적인 충성이 그들 사이에 자리 잡았고, 창의성이나 객관성을 가지고 첩보 임무를 수행하지 못하게 만들었다. 교리에 눈먼 그들은 어떤 문제든 단번에 답을 알아냈다. 무조건 유대인들과 공산주의자들 때문이었다.

마지막으로 중요한 사실은 셸렌베르크가 철저하고 위엄 있는 군인처럼 보였지만 실상은 전혀 그렇지 않다는 것이다. 그는 전투를 직접 경험한 적도 없었다. 위장병 때문에 전방 근무에 필요한 SS 신체검사를 통과하지 못했고, 그가 고백했듯 영원히 감사해야 할 병이었다. 그는 현장에 투입된 이들이 수행하는 임무에 환상을 품고 있지도 않았다. 교전 지역과 점령된 영토를 순회한 SS 장교들은 거친 정예부대가 아니라 대량 학살범들이었다.

셸렌베르크는 국가보안본부 고위 장교들의 외국 근무 일지가 언젠가 전범 재판에서 기소 조항으로 읽힐 것이라고 확신했다. 그가 이끄는 제6국 장교들을 포함해 수십 명의 동료는 북부 러시아 전선과 폴란드에서 집단학살 전문 부대 아인자츠그루펜Einsatzgruppen과 함께 일했다. 그들의 손에서 민간인 수만 명의 피가 뚝뚝 떨어졌다. 실용주의자 셸렌베르크에게는 그런 증오 본능도 없었고 합리화할 수도 없었다. 그의 아버지에게는 유대인 고객들이 많았는데 아버지는 유대인들이 항상 정직하게 거래한다고 말했다. 하지만 셸렌베르크는 신중했고 자제할 줄도 알았다. 그는 친위대 형제들이나 그들의 이념을 비난할 용기가 없었다. 전시의 제3제국에서 살아남으려면 그 노선을 택해야만 한다고 자신을 다독였다.

셸렌베르크는 행정상의 필요 때문에 그가 혐오하는 대량 학살범들과 함께 일할 수밖에 없었다. 그들과 어울리며 친분을 쌓아야만 했는데 그래서 이른 아침 카나리스와의 만남도 매우 긍정적으로 받아들일 수 있었다. 가식적인 매력과 정중한 태도를 지닌 카나리스 제독은 대담하게도 히틀러와 그의 심복들에 대한 뒷말을 하고 셸렌베르크에게 위장병으로 인한 메스꺼움 증상을 치료하는 다양한 방법을 제안하는 것은 물론, 그가 전쟁에 대비해 지하실에 보관해 둔 고급 빈티지 와인들에 대해서도 친히 한 수 가르쳐 주었다.

하지만 두 스파이마스터가 아침에 시간을 내어 말을 타도록 만든 이유가 따로 있었다. 두 사람은 서로에게 호의적이었지만 서로 친구라고 생각할 만큼 순진하지 않았다. 그들의 관계는 최고의 적수였다. 서로에 대한 의심 때문에 교활하게 서로 의존하는 관계. 셸렌베르크가 카나리스의 자리에 눈독 들이고 있다는 것을 두 남자 모두 알고 있었다. 제6국에 아프베어를 합쳐 새 정보국이 기존 정보국을 통제하는 것이 셸렌베르크의 오랜 야망이었다. 그는 무자비한 실용주의로 결론 내렸다. 만약 히틀러 주변의 기다란 칼들이 언젠가 그를 향하는 순간이 온다면 가지고 있는 영지가 넓을수록 대체할 수 없는 존재가 될 수 있다고. 셸렌베르크는 능숙하고 부지런한 현장 요원처럼 카나리스와 보내는 시간을 상대를 파악하는 데 사용했다. 지금 얻는 정보는 나중에 힘러에게 의견을 제시하고 마침내 정보국 통합 쿠데타를 일으킬 때 사용할 것이다.

카나리스 제독에 대해 말하자면, 그는 속지 않았다. 오랜 경력의 프로인 만큼 그도 게임을 하고 있었다. 친근하고 온화한 모습은 전부 연기일 뿐이었다. 그는 극악무도한 제3국의 참전 군인으로서 적에게 등을 돌리는 것이 실수라는 것을 잘 알고 있었다. 적은 가까이 두어야 했다.

이른 아침 승마는 두 사람의 의식으로 자리 잡았다. 일 이야기는 하지 않는 것이 원칙이었다. 하지만 원칙을 만든 단호한 의지가 원칙을 깨뜨리기 일쑤였다. 셸렌베르크의 기억에 따르면 이 원칙이 깨지는 순간은 마치 연극처럼 과장이 심한 방식으로 선언되곤 했다. 먼저 카나리스 제독이 아무런 예고도 없이 갑자기 고삐를 세게 당기고, 말이 완전히 멈추면 모자에 든 것을 꺼내는 의기양양한 마술사처럼 마구간에서 출발할 때부터 숨겨 둔 것을 공개하는 것이다.

1942년 12월 아침도 마찬가지였다. 카나리스는 일본 정보국이 이란에서 보낸 전보를 넘겨주었는데, 2년 전 비밀리에 테헤란으로 파견된 독일 요원 4명(1941년에 영국-소련의 이란 침공이 성공한 뒤로 소식이 끊긴 이들이었다)이 살아 있다는 신호를 보냈다고 했다.

국가보안본부와 아프베어 두 정보국 모두 그 용감한 스파이들을 적진에 버려두고 나 몰라라 한 사실에 수치심을 느끼고 있었다. 무력감은 그들의 심정을 더욱더 복잡하게 했다. 여러 전선에서 포위된 독일이 서둘러 힘겨운 소련 소탕 작전에 뛰어들면서, 그곳에 남겨진 스파이들을 지원할 여력이 없었다. 스파이들은 낯선 이란 땅에서 홀로 살길을 찾아야만 했다. 물론 목숨을 부지했다면 말이다.

오랜 무소식은 그들이 소련이나 영국의 침략에 휩쓸려 변을 당했으리라는 합리적인 결론을 굳혀 주었다. 죽지 않았더라도 포로수용소에 갇혀 뜨거운 사막의 태양 아래에서 구워지고 있을 터였다. 그런데 그들이 디킨스 소설에 나오는 주인공 뺨 치는 회복력으로 모든 역경을 이겨 내고, '회생'했다는 소식이 들려온 것이다.

그날 아침 승마에서 셸렌베르크는 라이벌에게 자신의 무지를 드러내지 않으려고 조심해야만 했다. 사실 그는 국가보안본부와 이란의 관계를 거의 알지 못했다. 과거에 조국이 그렇게 멀리 떨어진 구석진 나라에서 어떤 정치적, 외교적 전략을 추구했는지도 빠르게 스쳐 지나가는 지식 정도밖에 없었다. 그는 바보 같다고 느낄 필요가 전혀 없다고 애써 생각하면서 지식의 차이는 당연하다고 되뇌었다.

그가 국가보안본부 제6국의 국장이 된 것은 1년도 채 되지 않은 1942년 3월의 일이었다. 무능력한 전임자, 하인츠 요스트가 해고된 뒤 발트 3국으로 보내져 악명 높은 학살 부대 아인자츠그루펜의 지휘를 맡게 된 후였다. 셸렌베르크가 새로운 자리에 적응하자마자 그의 상사인 국가보안본부 본부장 라인하르트 하이드리히가 5월에 체코 유격대에 의해 살해되었다. 그래서 그는 새로운 본부장 에른스트 칼텐브루너를 상사로 모시게 되었다.

서로 먹고 먹히는 치열한 제3제국에서 흔한 일이듯, 두 남자의 관계는 급속도로 나빠졌고 이는 공격적인 불화로 이어졌다. 칼텐브루너는 그의 부하가 출세를 위해 발악하는 기회주의자라고 보았다. 무엇보다 그가 보기에 셸렌베르크에게는 SS 장군이라면 마땅히 있어야 할 진정한 믿음이 없었다. 셸렌베르크 역시 새 상사만 떠올리면 불쾌한 이미지가 줄줄이 생각나서 참을 수가 없었다. 두꺼운 목, 엉망인 치아, 늙은 고릴라 같은 손. 심지어 칼텐브루너는 술주정뱅이였다. 술이 완전히 깨지 않은 게슴츠레한 눈으로 사무실에 출근해서 책상에 앉아 샴페인과 브랜디를 더 가져오라고 소리쳤다. 힘러가 이 국가보안본부 본부장의 알코올 중독 치료를 위해 몇 번이나 스위스 요양원으로 보냈다는 것은 공공연한 비밀이었다.

상황이 그러하다 보니, 셸렌베르크는 그 먼 나라 이란에서 이루어진 작전까지 숙지하지 못했다는 사실을 어렵지 않게 인정할 수 있었다. 게다가 진행 중인 임무도 아니고 아예 소멸됐다고 해도 좋을 임무였다. 하지만 그는 프로였고, 그날 아침 사무실에 출근하자마자 이란 관련 서류를 전부 가져오라고 지시했다. 라이벌인 아프베어에도 관련 서류를 전부 모아 달라고 요청했다. 물론 아프베어에는 나중에 이란에서의 공조를 형식적으로나마 약속할 필요가 있었다. 산더미처럼 두꺼운 서류, 의심스러울 정도로 얄팍한 서류 등 각양각색의 서류가 그의 마호가니 책상에 가득 쌓였다. 그는 밤새 서류를 파고들었다.

첩보 업무에서는 세부 사항이 큰 차이를 만드는 경우가 많지만, 수십 년 치 서류를 봐야 했으므로 작전의 핵심만 확인하고 넘어갈 수밖에 없었다. 하지만 핵심 요약만으로도 상당히 유익했다.

독일의 동방 정책의 시작인 세피아색 사진들은 지나간 시대에 보내진 보고서였고, 순수하게 모험심이 강했던 시절의 이야기였다. 제국주의의 마지막 숨결이 여전히 세계를 거머쥐고 있던 20세기 초에 이란─당시 이름은 페르시아였다─은 약탈자 러시아제국과 대영제국의 관심을 끌었다. 크세르크세스 치하 영광의 날들은 옛날 옛적일 정도로 낙후되고 원시적인 땅이지만, 특히 두 가지 측면에서 자연의 축복을 받았기 때문이었다.

지도를 얼핏 보면 그 첫 번째가 드러났다. 페르시아의 위치는 완충국으로 이상적이었다. 페르시아는 북쪽으로 러시아제국과 영국령 인도제국 사이에 끼워져 있었다. 따라서 곰 러시아와 불독 영국 모두 자기 보호 전략으로 공작 왕좌Peacock Throne[페르시아의 왕좌를 가리키는 말-역주]에 탐욕스러운 눈길을 보냈다. 두 번째 특징은 페르시아에 거대한 석유가 들어앉았다는 점이었다. 1901년에 영국-페르시아 석유 회사가 설립되었고, 표면적으로는 파트너 관계였던 그들은 곧 도적이 되었다. 국가들의 탐욕과 치열한 야망을 볼 때 독일이 끼어들고 싶어 하는 것은 당연했다.

독일 황제 빌헬름 2세의 중동 공격은 대체로 외교적인 이유였지만 약삭빠르게도 페르시아인들의 마음을 얻는 데 성공했다. 1898년 젊은 황제는 중동 전역을 다니며 유세를 벌였고 군중은 그를 흠모하게 되었다. 그가 일관적으로 강조한 것 하나는 이슬람에 대한 사랑과 존경이었다. 진심인 것처럼 보였지만 그만큼 철저하게 계산된 전략이기도 했다. 심지어 그가 전국 유세를 끝낸 후 이슬람으로 개종했다는 소문이 퍼지기까지 했다(아프베어는 그 소문이 더욱더 떠들썩하게 널리 퍼지도록 최선을 다해 조작했다). 물론 사실은 아니었지만 실제로 그에 조금 못 미칠 뿐 황제는 이슬람에 정말로 열정적이었다. 그는 러시아제국의 니콜라스 2세에게 보낸 편지에서 말했다. "내가 만약 종교 없이 그곳에 갔더라면 분명히 이슬람교도가 되었을 것입니다." (비록 완전히 실행되지는 않았지만) 베를린에서 바그다드까지 이어지는 혁신적인 철도(계획대로라면 테헤란을 곧장 통과하고 영국 세력권의 심장부 역시 통과하는 노선이었다) 건설 계약이 순조롭게 이루어진 것도 전부 황제의 엄청난 인기 덕분이었다. 또한 인기에 힘입은 그의 위력은 대서양 여객선 회사인 함부르크 아메리카 라인이 독일과 페르시아만 사이에 상업 및 여객 서비스를 시작함으로써 영국이 쥔 해상 패권에 도전하게 했다. 황제가 중동을 순회한 지 10년이 지나서도 페르시아인들은 그가 중동 생활에 매혹을 느꼈다는 것에 우쭐했다. 페르시아의 권력자들은 독일이 노골적인 기회주의자인 러시아나 영국과 달리 그들의 작은 왕국이 자비로운 세계 강대국과 뜻을 나란히 할 기회를 제공한다고 믿기 시작했다.

셸렌베르크가 파헤친 문서들은 1차 대전의 시작과 함께 변화가 나타났다. 새로운 독일인들이 이란인들의 열렬한 애정을 얻은 것이다. 그 주인공 중 하나가 남부 걸프 해안 근처에 있는 독일 영사관에 부영사로 파견된 빌헬름 바스무스였다. 그는 이국적인 새 터전에 매혹되었다.

실크 셔츠를 입고 자기들끼리만 어울리는 다른 외교관들과 달리, 그는 현시 언어를 배웠고 현지인들과 이야기를 나누기 위해 도시의 먼지 날리는 거리로 나가고 산속의 궁핍한 야영지에도 갔다. 또 전투가 시작된 후 보여 준 대단한 용기와 독창적인 전술 덕분에, 바스무스는 새로운 아라비아의 로렌스가 될 수 있었다.

사실 그의 행동은 중대한 결과를 가져왔다(아프베어의 문서들이 자랑스럽게 주장하고 있었다). 그는 토착 부족들의 효과적인 반란을 설계했다. 이전에 친영파였던 족장들을 설득해 그들이 오랜 후원자에게 등을 돌리게 했고, 서로 적대적이었던 부족들이 동맹을 맺어 영국을 향해 반란을 일으키게 했다. 결과적으로 이미 여러모로 무리하고 있던 영국군은 갑자기 위험에 빠진 페르시아의 유전과 파이프라인을 지키기 위해 중동의 다른 곳에서 상당수의 병력을 데려와 배치할 수밖에 없었다. 교활한 튀르키예가 재빠르게 그 상황을 이용했다. 튀르키예는 바그다드 남쪽에 있는 영국 수비대를 포위하고 연합군에 1차 대전 최대의 패배를 선사했다. 찰스 타운센드 소장을 비롯해 1만 2,000명의 영국군이 포로로 잡혔다. 그 모든 것을 가능하게 한 것이 페르시아의 바스무스였다.

셸렌베르크의 책상에 놓인 1차 대전 이후의 바이마르 공화국 보고서들은 페르시아에서의 새로운 가능성에 대해 유쾌하게 보고했다. 배를 타고 이란에 도착한 독일군은 그들이 독일에 매우 우호적이라는 사실을 발견했다. 노골적일 정도로 친독일 성향을 가진 새로운 지도자 레자 한 덕분이었다. 문맹의 양치기 소년 레자 한은 페르시아 군대에 들어갔고 불도저 같은 열정과 무자비한 결단력으로 진급을 계속했다. 소총을 든 보병대 졸병에서 여단장이 되었고 그다음에는 총리, 1925년에는 레자 샤 팔라비가 되었다. 그리고 수여식에서 대담하게 선언한 팔라비 왕조의 첫 번째 샤가 되었다.

그를 움직이는 야망은 국가의 현대화였다. 당황한 사람들이 발악하면서 시위할수록 샤는 더욱더 단호하게 밀어붙였다. 그는 얼굴을 가리는 복장을 금지하고 여성들에게 투표권을 줌으로써 보수적인 이슬람 성직자들에게 도전했다. 한 물라mullah[이슬람교 율법학자-역자]가 대담하게도 샤의 아내의 유럽식 복장을 비판하자, 샤는 조금의 시간도 낭비하지 않고 곧바로 건장한 남자들로 이루어진 무시무시한 수행단을 이끈 채 이슬람교 사원으로 찾아갔다. 대화 시도 따위는 없었다. 그의 심복들이 갑자기 조용해진 군중을 제지했고 분노에 휩싸인 레자는 불쾌한 발언을 한 물라를 죽기 직전까지 때렸다. 그는 넘쳐나는 오일 머니로 테헤란을 20세기의 도시로 변화시키기 시작했다. 중동의 '아주 작은 부분'에 파리를 가져다 놓는 것뿐이라고 약속했다. 그는 그 약속을 어느 정도 지켰다. 머지않아 테헤란에는 가로수가 줄지어 선 대로와 경적을 울리는 자동차, 카페, 심지어 전기와 다이얼 전화까지 생겼다. 낙타가 도시의 성문으로 들어오는 것도 법으로 금지했다(샤는 믿지 못하겠다는 비판자들에게 파리도 그렇다고 안심시켰다). 하지만 새로 단장한 구역에서 조금만 걸어가도 명백한 불협화음이 드러났다. 햇볕에 거칠어진 치장 벽토로 만든 키 작은 집들, 빛바랜 천막들, 부족 장인들이 만든 장식품과 양탄자를 파는 혼란스러운 시장이 있는 도시가 있었다.

여전히 유목민의 그늘이 쳐진 이 테헤란에는 미로 같은 좁은 골목길이 교차했다. 그곳은 요란하게 짖어 대는 잡종견들과 탁한 물이 채워진 도랑, 지저분한 말과 벼룩이 들끓는 당나귀들이 있었다. 그곳은 모래가 흩뿌려지고 먼지가 날리는 세계였다. 하수도도 전기도 없었다. 새로 지은 반짝거리는 대로 너머에는 아직 과거가 머물고 있었다.

그러나 과거나 지금이나 페르시아는 독일인이 머물기에 좋은 곳이었다. 독재적인 러시아에 괴롭힘당하고 영국 석유 기업들에게 속았다고 느낀 샤는 두 팔 벌려 독일을 환영했다. 그는 독일의 장기적인 의도를 깊이 파고들지 않았다. 샤에게 독일은 대대로 그의 왕국에 피해를 준 두 강대국의 대안으로 다가왔다. 오직 그 부분만이 중요했다. 그래서 독일군은 페르시아로 갔다. 카스피해에서 페르시아만으로 뻗은 철도는 물론이고 부두와 도로 건설을 도와준 것도 독일 기술자들이었다. 독일의 교육자들이 학교 시스템도 통제했다. 독일 항공사들은 테헤란에서 베를린으로 가는 노선을 운영했다. 바그다드와 다마스쿠스, 아테네를 경유했다. 그 의기양양한 시절, 1930년에 페르시아의 해외 무역에서 겨우 8퍼센트를 차지했던 독일의 점유율이 크게 증가하기 시작했다. 독일 전역의 공장에서 이란으로 중장비와 화학 염료가 들어왔고 대신 이란의 면화와 양모—무려 연간 수확량의 90퍼센트—가 독일로 수출되었다. 그러는 동안 자랑스러운 독일 공동체—'리틀 베를린'이라고 불렸는데 아예 농담은 아니었다—가 테헤란에 뿌리를 내렸다. 독일 서점, 독일어 신문, 독일 학교, 독일 클럽, 독일 승마 학교, 독일 호텔, 심지어 고만고만한 품질의 독일 정통 소시지 바이스부르스트를 지나치게 비싼 값에 파는 가게들까지.

그 후 히틀러가 권력을 잡고 바이마르 공화국이 몰락하면서 셸렌베르크의 책상에 놓인 문서들도 두꺼워졌고 보고서에 긴급함이 가득 차기 시작했다.

10

 레자 샤와 아돌프 히틀러가 서로에게 깊이 끌린 것을 어떻게 설명할 수 있을까? 열정적인 장광설을 자주 늘어놓고 절대 타협하지 않으며 무자비한 복수를 자행하는 2명의 독재자들. 국가 이익을 가장해 자신의 야망을 추구하는 2명의 에고이스트. 확실히 심오한 공통점이 있기는 했다. 하지만 셸렌베르크가 숙독한 문서에는 그런 미묘하고 개인적인 영역을 파고드는 부분이 포함되어 있지 않았다. 주석도 없었다. 대신 좀 더 구체적이고 정치화된 용어로 나치와 왕좌의 관계에 대한 이야기를 했다.

 두 사람이 모두 중요시한 슬로건은 '인종'이었다. 레자 샤는 기회가 있을 때마다 그의 백성들이 유대인이나 이웃 아랍인들처럼 천한 셈족이 아니라 독일인처럼 순수한 혈통의 아리아인이라고 자랑스럽게 외쳤다. 그는 이 메시지를 전 세계에 확실하게 전달했다. 1935년에 그는 국제 연맹에 '지금부터' 그의 나라는 '이란'이라고 불릴 것이라고 선언했다. 고대의 뿌리와 산스크리트어 'Airyanem Vaejah', 즉 '아리아인들의 고향'으로 거슬러 올라가는 이름이었다.

독일은 그 왕국의 인종 순수성을 보증하는 것으로 빠르게 반응했다. 반유대주의를 그 땅의 법으로 했던 뉘른베르크 법을 개정한 것이다. 나치는 1936년에 이란인이 순수 혈통 독일인으로 간주된다고 공식적인 판결을 내렸다.

이 행복한 친족 관계는 '스와스티카Swastika'와 유사한 모양의 '하켄크로이츠Hakenkreuz'가 독일 전역에 각인되면서 더 강력해졌다. 선이 교차하는 기하학적 문양 하켄크로이츠는 너무나도 유명한 제3제국의 상징이었다. 하지만 이와 비슷하게 생긴 스와스티카는 천년 전부터 유라시아에서 흔히 볼 수 있었던 행운의 상징으로, 그 어원은 신성한 산스크리트 원전으로 거슬러 올라가며, 조로아스터 시대부터 고대의 돌기둥에 조각되고 부족의 도자기에 새겨지면서 페르시아 예술을 장식했다. 이런 역사적인 우연성은 레자 샤의 사람들과 히틀러 샤(이란에서는 경의를 담아 독일 총리를 그렇게 불렀다)의 아리아인 사이의 깊은 연관성을 보여 주는 더 큰 증거가 되었다.

하지만 나치에 대한 레자 샤의 애정에는 또 다른 깊은 뿌리가 있었다. 그는 직접 왕조를 세운 황제였으므로 실리적인 정치인이기도 했다. 그는 승리하는 쪽에 서고 싶었고 그래야만 했다. 전쟁 초기에 나치는 유럽 전역을 급습했으며 중동을 장악할 태세였다. 모로코, 알제리,

튀니시, 레바논 등 광활한 지역에 제3제국의 발톱이 단단히 박혀 있었다. 마치 신화 속의 전지전능한 신처럼 독일 낙하산 부대가 물결을 이루며 하늘에서 내려와 이라크 북부 모술에 있는 유전과 정유공장을 장악했다. 그들의 장갑차가 팔레스타인과 이집트, 이란에서 승리를 휩쓰는 것은 당연해 보였다. 레자 샤는 그가 이기는 쪽을 지지하는 것이라고 확신했다.

그렇다면 히틀러는 어땠을까? 총통을 너무 잘 아는 셸렌베르크는 히틀러가 그를 숭배하는 레자 샤에게 원하는 게 무엇인지 궁금해졌다. 히틀러가 정말로 '아리아인 형제애'라는 헛소리를 믿을 리는 없었다. 독일 민족의 타고난 인종적 우월성을 그렇게 열렬하게 외쳤던 총통이 후진적인 페르시아인을—비록 이제 그들 스스로는 이란인이라고 부르고 있지만— 친형제로 기꺼이 받아들일 가능성은 조금도 없다고 셸렌베르크는 생각했다. 그만큼 터무니 없는 일이었다.

문서에서는 이란이 제3제국에 제공할 수 있는 천연자원을 과도하게 칭찬했다. 1938년에 이란 횡단 철도가 완공되면 철과 구리를 실은 화물 열차들이 저 멀리 독일로 달리기 시작할 것이라고 자신 있게 예상한 문서도 있었다. 다른 보고서들은 독일의 엄격한 전문성이 이 후진국의 농업 생산을 책임지게 될 날이 오면 이전에는 예상치 못했던 보상이 뒤따를 것이라고 내다보았다. 새로 발견된 약용식물에 관한 모호하지만 다양한 예측도 있었다. 한 보고서에는 어떤 식물에서 추출한 오일이 효율적인 항공기 윤활유의 원료라는 사실이 최근에 증명되었고 이란의 황무지에서 광활한 밭을 조성해 재배할 수 있으리라는 설명이 들어 있었다. 곧바로 더욱더 거대한 제안이 뒤따랐다. 언젠가 이란 전역에 독일의 농업 공동체들이 생겨나 끊임없이 확장되는 제3제국에 레벤스트라움Lebenstraum[생존권-역주]을 제공하리라는 것이었다.

비판적 사고 능력이 뛰어난 셸렌베르크에게 이 보고서들은 현실적인 생각이라기보다는 그저 나치당의 교리를 지껄이는 것에 불과했다. 그는 비현실적인 제안들에 점점 커지는 조급함을 느끼며 책상을 떠나지 않고 문서를 계속 파고들었다.

이후의 문서들에서는 새로운 관심사가 발견되었다. 석유였다. 관심사가 달라지자 보고서의 분위기도 달라졌다. 탐욕이 종이를 뚫고 나올 듯했다. 이란의 무한한 석유 매장량이 전쟁에서 이기기 위한 독일의 전략에 윤활제가 되어 주리라는 분석가들의 설명을 읽고 있자니, 셸렌베르크는 마침내 문제의 핵심에 도달한 것처럼 느꼈다. 레자 샤에 대한 히틀러의 구애는 황당하고 비현실적인 것이 아니라 신중한 추론에서 나온 마스터플랜의 일부분이었다. 이란은 나치가 중동 전체로 가는 관문이 될 것이다.

1941년 6월에 발행된 히틀러의 전쟁 지령 제32호는 게르만족의 전형적인 장광설이긴 하지만 전략의 발판을 설계했다. 나치의 전쟁 계획자들은 이렇게 적었다. "튀르키예와 이란에 강한 압력을 가한다면 영국과의 싸움에서 그 나라들을 직간접적으로 이용할 수 있는 가능성이 높아진다… 이란을 중심으로… 집중적인 공격을 펼친다면 지중해와 서아시아에서 영국에 대한 싸움이 계속될 수 있을 것이다."

히틀러는 장관들과의 확신에 찬 내화에서 그의 위대한 계획을 ―그 계획이 석유에 대한 약삭빠른 욕망에 따른 계획이라는 점도― 직접적으로 공유했다. 한번은 이렇게 말했다. "나는 모든 것을 오래전부터 준비했다. 다음 단계로 우리는 코카서스 남쪽으로 진군해 영국에 대항하여 이란과 이라크의 반란군을 도울 것이다… 그러면 영국의 석유가 바닥날 것이고, 2년 안에 우리는 인도의 국경에 있게 될 것이다. 20~30개 정예 독일 사단이면 된다. 대영제국은 붕괴할 것이다."

총통은 장담했다. "1943년 말까지 우리는 테헤란에 천막을 칠 것이다… 그러면 영국의 유정은 마침내 마를 것이다."

하지만 독일군이 천막을 치는 영광스러운 날이 올 때까지, 장기적인 전략적 정책을 촉진하는 것은 아프베어와 국가보안본부의 일이었다. 스파이들은 곧 도착할 군대를 위하여 길을 닦아 놓아야 했다.

드디어 셸렌베르크가 읽고 있는 문서에 3명의 비밀 요원이 이란으로 보내졌다는 내용이 나왔다. 카나리스가 말한 그대로였다.

첩보 세계의 전문 용어로 말하자면 그들은 맨발로 들어갔다. 한마디로 운영 지원도, 일이 완전히 잘못될 경우를 위한 지원 인력도, 사전에 정해 놓은 탈출 경로도 없었다는 뜻이다. 가장 기본적인 무선 송신기가 베를린과 이어진 그들의 유일한 생명선이었다. 하지만 송신기마저도 문제가 많았다. 그들은 끊임없는 위험이 도사리는 적진에서 철저하게 혼자였다. 막스와 모리츠는 국가보안본부 제6국 소속 젊은 두 스파이의 코드명이었다. 독일 민담에 나오는 주인공들에게서 빌린 이름이었다. 두 초보 스파이는 얼토당토않은 줄거리의 동화 속에 나오는 말썽꾸러기들처럼, 1940년 11월 분주한 항구 도시 팔레베에 나란히 도착했다. 흰색 린넨 정장에 국가보안본부가 제공한 똑같은 가죽 여행 가방. 역시나 똑같이 상업 목적의 여행자라는 얄팍한 가면 뒤에 숨은 채였다. 두 사람이 뜨거운 햇빛에 하얗게 바랜 낯선 땅에서 첫 비밀 임무를 시작하기 위해 배에서 내릴 때, 곧 그들은 현지 언어를 할 줄 모르는 데다 이란은 말할 것도 없고 중동에 대한 사전 지식도 전혀 없다는 골치 아픈 깨달음을 얻었을 것이다. 막스는 첩보 세계에 들어가기 전에 프란츠 마이어였다. 포츠담의 신호 소대에서 모집된 법학도였다. 모리츠의 본명은 로만 가모사로, 히틀러 청년단 출신의 길거리 싸움꾼이었다.

'검은 머리에 검은 눈, 광적인 검은 콧수염'을 가진 막스는 페르시아의 북적거리는 시장에서 떠밀리는 사람들 틈에 자연스럽게 섞이는 게 좀 더 수월했을 것이다. 그러나 모리츠는 어디를 가든지 튀었을 게 분명하다. '금발의 영화배우 같은 남성적인 아름다움'이라는 축복을 받은 그는 왕자님 같은 뽐내는 걸음걸이로 평생을 살아왔다. 어쨌든 그들보다 한 세대 위인 아프베어 요원 율리우스 베르톨트 슐체-홀투스가 이 풋내기 스파이들을 평가한 짜증과 무시가 섞인 내용은 그러했다. 슐체-홀투스는 이란에서 그들보다 좀 더 실질적인 외교관이라는 가면을 쓰고 첩보 활동을 하고 있었다.

슐체-홀투스는 '첩보국에서 일하는 사람은 타고나야 한다'라고 말하곤 했다. 그 자신이 바로 그런 사람이라는 뜻이기도 했다. 그의 이력을 살펴보면 과연 설득력이 있었다. 그는 바이에른 상류층 집안의 자랑스러운 자제, 훈장을 받은 제1차 세계대전 참전 상교, 전문 변호사, 엄격한 훈련을 받은 아프베이 스파이(이란 내 독일 학교들을 조사하기 위해 파견된 독일 내무부 대표단을 따라가 이란에서 사전 잠복근무를 한 경험이 있었고 마침내 1941년에 타브리즈 부영사 자격으로 위장하고 아내와 함께 이란으로 돌아왔다)였다. 하지만 태어날 때부터 첩보 활동을 위해 선택된 것처럼 그를 타고난 스파이로 만든 것은 바로 본능적인 삶의 방식이었다. 그는 무한한 복잡성이 따르는 '위대한 게임'에 낭만적이고 열정 넘치는 헌신을 쏟아부었다. 그는 스파이라는 직업을 너무도 사랑했다. 하지만 그의 본능이나 신중하게 습득한 첩보 기술 역시 이란에서 큰 도움이 된 것은 아니었다.

그들의 임무는 짧은 몇 문장으로 요약할 수 있었다. 나치 동조자들의 씨앗을 심어라. 제3제국 군대가 진군할 때 이란인들이 두 팔 벌려 환영하도록 만들어라. 하지만 스파이들이 어떻게 그런 커다란 정치적 임무를 달성해야 하는지에 대한 말은 언급되지 않았다. 그들의 임무를 더욱더 복잡하게 만든 것은 세 요원이 이란으로 보내진 후 그들이 소속된 베를린의 조직으로부터 버림받은 것이었다. 그들은 조직으로부터 그 어떤 메시지도 받지 못했다. 격려 차원의 안심시켜 주는 메시지도, 빨리 행동하라고 꾸짖는 메시지도 없었다. 그들은 완전히 홀로 남겨졌다. 어떻게든 이란 전체가 나치에 동조하게 만들어야 한다는 임무와 함께.

셸렌베르크는 이 짜증 나는 내용을 읽으며 그 자신이 풋내기 현장 요원으로 첫 번째 비밀 임무에 파견되었을 때가 떠올랐다. 1938년 가을이었다. 라인하르트 하이드리히가 그를 다카르로 보냈다. 아프리카에 있는 주요 프랑스 해군 기지였다. 신분을 증명해 줄 네덜란드 위조 여권과 특수 설계된 라이카 카메라를 챙기고 네덜란드 다이아몬드 상인의 아들로 위장한 채 이동했다. 프랑스 항구 시설에 관해 알아낼 수 있는 모든 것을 알아내라는 임무를 받았다. 수년이 지난 지금 그는 제6국 국장으로 사무실 책상에 편안하게 앉아 있지만 과거로 질주하는 생각이 그를 당시의 생생한 현장으로 데려갔다. 도망자처럼 살았던 그때의 몸서리치는 기억이 떠올랐다. "길거리에서 지나가는 사람들이 무심코 건네는 눈길 하나하나마다 불안에 떨면서 프랑스 경찰의 날카로운 시선을 느꼈다." 밤에는 상황이 더 끔찍했다. "불안과 기후, 완전히 낯선 환경이 나를 지치게 했다. 밤만 되면 낮 동안 저지른 모든 실수가 떠올라 잠도 오지 않았다. 꼬리에 꼬리를 무는 생각으로 불안에 떨다가 잠이 들면 악몽에 시달렸다. 그러다가 새벽녘에 식은땀으로 범벅되어 기분 나쁘게 깨곤 했다." 셸렌베르크는 이란에 버려진 요원들이 나날이 커지는 불안감에 얼마나 괴로웠을지 알 수 있었다. 만약의 상황에 대한 의문이 꼬리에 꼬리를 물고 이어졌을 것이다.

그러다 갑자기 모든 스파이의 가장 큰 공포가 현실로 일어났다. 문서가 고통스러울 정도로 분명하게 보여 주었다. 1941년 8월 25일, 영국군과 소련군이 페르시아를 침공하는 작전을 시행한 것이다. 이란에 파견된 독일 스파이 3명은 이제 단순한 맨발이 아니었다. 그들은 목숨을 부지하기 위해 맨발로 불타는 돌 위를 달려야만 하는 처지가 되었다.

"페르시아 침공에 대한 불안감이 아예 없었던 것은 아니지만 찬성하는 주장이 강박적일 정도였다." 훗날 처칠이 정치인 특유의 매끄러운 합리화로 설명한 말이지만, 당시 상황을 보자면 그 논리를 빈박하기가 어렵다. 수에즈운하를 넘어 페르시아로 가는 영국의 중요한 경로가 파괴된 것, 소련이 미국으로부터 열차로 받고 있던 전쟁 물자를 나르는 보급로가 몰수된 것, 영원히 또는 전쟁이 끝날 때까지 연합국의 군수품에 연료를 공급해 줄 수 있는 석유 매장량이 손실된 것, 독일의 유보트가 페르시아만과 인도양에 둥지를 틀면 인도를 강제로 포기해야 할 수도 있다는 것. 이런 상황에서는 아무것도 하지 않고 기다리는 것보다 독일이 눈독 들이기 전에 이란을 선제공격하는 것이 낫다는 판단이었다.

사실 싸움이라고 할 것도 없었다. 약 1만 9,000명의 영국군이 이라크 국경을 넘어 서쪽에서 진군했다. 그리고 북쪽에서는 약 4만 명에 이르는 더 큰 규모의 소련군이 밀고 들어왔다. 이란은 강력한 체코제 탱크로 무장한 9개 사단 12만 5,000명 이상의 군인으로 이루어진 군대를 동원할 수 있었다. 하지만 몇몇 지역에서 용감한 저항이 있었던 것을 빼고 대부분은 길들여진 당혹감으로 이내 항복했다. 전투는 4일 만에 끝났다.

독일 스파이들은 재빨리 몸을 숨겼다. 레자 샤는 좀 더 버텼는데 아마도 챙길 짐이 많았기 때문이었으리라. 9월 27일에 그는 8명의 가족과 반짝이는 보물로 가득한 산더미 같은 짐과 함께 증기선 SS 밴드라호를 타고 떠났다. 하지만 그의 의기양양한 꿈이 만들어 낸 왕조는 아직 살아날 기회가 있었다. 레자 샤는 22세 아들 모하메드 레자 팔라비 황태자에게 곧바로 왕위를 물려주었고, 그는 현명하게도 곧바로 연합군에게 전폭적인 지지를 약속했다.

셸렌베르크의 책상에 놓인 문서들의 기나긴 이야기는 바로 그 지점에서 갑작스럽고 불가사의하게 끝났다. 거의 2년 동안 이란에 몸을 숨긴 3명의 스파이에게는 아무런 소식이 없었고 살아 있다는 흔적조차 없었다.

그런데 지금 갑자기 그들이 다시 수면 위로 떠올랐다. 적어도 셋 중 둘이 그랬다. 일본 정보국을 통해 아프베어에 전달된 메시지에는 지략이 풍부한 슐체-홀투스가 서쪽 지방의 외딴 언덕 지대에 있는 인정 많은 카슈카이 부족의 마을로 피신했다고 되어 있었다. 그리고 코드명 막스, 즉 프란츠 마이어는 등잔 밑이 어둡게도 혼잡한 테헤란 한복판에 숨어 있었다. 코드명 모리츠의 로만 가모사는 행방이 묘연했다. 역시나 어딘가에 숨어 있을까? 영국군에 붙잡혀 배를 타고 호주의 황량한 포로수용소로 보내졌을까? 아니면 소련에 붙잡혀 교수형에 처해지거나 시베리아로 보내졌을까? 적이 침공했을 때 총에 맞았을 수도 있다. 무고한 민간인은 아니지만 적군의 빗나간 총알에 맞았을지도 모른다. 셸렌베르크는 이 모든 것이 가능한 시나리오이므로 추측 자체가 무의미하다는 것을 깨달았다.

미지의 요소가 머릿속을 가득 채웠지만 그는 2명의 독일 스파이가 적진의 한가운데에 있다는 기적 같은 사실에 흥분을 느꼈다. 그러면서도 그는 스파이마스터의 본분을 잊지 않았다. 이 예상치 못한 선물을 이용하고 싶었다. 곧바로 작전의 윤곽이 떠오르기 시작했다. 물론 세부적인 전술까지 마련하려면 시간이 걸릴 터였다. 이제 막 아이디어가 떠올랐을 뿐이지만 이미 *그*의 머릿속에는 이란에 남겨진 은밀한 자원을 최대한 활용하는 방법이 대략적으로 그려졌다. 이는 이란의 바뀐 상황에 맞춘 대담한 임무이자 전쟁의 실망스러운 흐름을 인정하는 것이기도 했다.

11

1943년 전시의 잔인한 봄과 여름, 나치의 제6국을 이끄는 스파이 마스터와 미국 대통령의 경호를 담당하는 비밀경호국 요원은 비록 당사자들은 알 리 없었지만 관심사가 똑같았다. 바로 비행기였다.

습관적으로 걱정이 많은 마이크 라일리가 갑자기 비행기에 관심이 생긴 이유는 당연한 말이지만 대통령의 안전 때문이었다. 활발하게 논의되고 있는 빅3의 만남이 정말로 이루어질 것인지는 확신할 수 없었지만 만일의 사태에 대비하는 것이 그의 일이었다. 카사블랑카 회담 때는 육군 항공대의 크고 느린 C-54기로 어찌어찌 대륙 반대편까지 갈 수 있었다. 그 비행기는 전시 작전을 많이 수행한 효율적인 화물 수송기였는데, 상공 6,700미터 이하에서는 안정적인 비행이 가능했다. 주유 후 주행거리가 약 6,300킬로미터라는 것도 또 다른 장점이었는데 워싱턴에서 이륙해 대서양 반대편까지 쉬지 않고 날기에 충분했다. 비록 좌석은 거친 캔버스 천으로 만들어진 기본 스타일이지만 군인 50명이 탑승할 수 있는 비행기라서 보좌관 여러 명이 양복 어깨가 맞붙을 정도로 비좁게 앉지 않아도 될 만큼 공간이 충분했다. 하지만 대통령의 안전과 편안함을 책임지는 사람인 마이크가 생각하기에, C-54기는 그런 장점들에도 불구하고 걱정스러운 점이 더 많았다.

한 가지 문제는 보스가 일반 계단을 사용할 수 없다는 것이었다. 이 때문에 비행기가 착륙하기 전에 대통령의 휠체어를 위한 경사로를 만들어야 했는데, 경사로를 설치하는 모습이 눈에 띄는 순간 적국의 현장 요원이나 공중 정찰 사진을 살피는 독일 분석관들이 곧 도착할 비밀스러운 여행자가 누구인지 알아차리는 단서가 될 수 있었다. 그것은 너무도 명백한 증거였다.

또 다른 우려는 주로 휠체어에 앉아 있는 보스가 기내에서 자유롭게 돌아다닐 수 없다 보니 금방 안절부절못한다는 것이었다. 보좌관들과 회의하거나 공문서를 읽는 것을 제외하면 창밖을 바라보는 게 유일한 낙이었지만, 그 비행기의 기내 창문은 휠체어에 꽉 묶인 보스가 어색하고 부자연스러운 각도로 머리를 올려야만 힐끔 내다볼 수 있을 정도로 높고 작았다.

거기에 마이크가 생각하는 가장 치명적인 단점은 미국 대통령을 모실 비행기치고 별로 웅장하지 않다는 것이었다. 화려하고 귀족적인 환경에서 나고 자란 보스의 격에는 더더욱 맞지 않았다. C-54기는 일개 병사들을 실어 나르는 목적으로는 만족스러운 비행기였지만, 적당한

온도의 드라이 마티니를 즐기는 쾌활한 멋쟁이 신사를 실어 나르기에는 적합하지 않았다.

마이크는 단호한 결심으로 C-54기 엔지니어와 디자이너들을 만나러 갔다. 물론 그냥 전화로 처리할 수도 있었다. 보안이 걱정이었다면 상세한 내용을 메모해 극비 도장을 쾅 찍어서 무장한 비밀경호국 요원에게 직접 배달시키면 그만이었다. 하지만 마이크는 현장 경험에서 나온 자신의 제안에 대한 전문가들의 반응을 들어보고, 중대한 문제를 해결하는 과정에 보탬이 되고 싶었다.

더글러스항공은 캘리포니아주 로스앤젤레스의 바로 위쪽 산타모니카의 부지에 광범위하게 펼쳐져 있었다. 끝없는 음모와 기념비적인 결정들로 가득한 전시의 백악관을 벗어난 그에게 그곳은 낯설면서도 왠지 들뜨는 기분을 느끼게 했다. 안으로 들어가자 일렬로 줄지은 격납고에 눈부신 햇살이 쏟아졌고 서쪽으로 뻗은 새파란 태평양에서 불어오는 미풍이 느껴졌다. 바람이 아니라 공기 자체에서 바다의 신선한 짠기가 느껴지는 듯했다. 하지만 가장 인상적으로 다가온 것은 예상을 뛰어넘을 정도로 광활한 부지가(그가 자란 몬태나의 마을보다도 큰 것 같았다) 전쟁에서 승리하는 데 필요한 항공기를 만드는 일에 헌신하고 있다는 점이었다. 그는 롤러스케이트를 탄 여자들이 지나가는 것을 보았다. 그가 이유를 묻자 시설이 워낙 넓다 보니 한쪽 끝에서 다른 쪽 끝으로 우편물을 배달할 때 롤러스케이트를 탄다고 했다. 수도에 있을 때는 소수의 외교관과 정치인들만 전선을 이루고 이 전쟁을 치르고 있다는 착각에 빠지기 쉬웠다. 그러나 마이크는 이곳에 와서 처음으로 남녀 할 것 없이 나라 전체가 팔을 걷어붙이고 애쓰고 있다는 사실을 깨달았다.

그는 진흙 색깔의 격납고 구석에 자리한 사무실에서 활기찬 더글러스 관계자들을 만났다. 마이크는 그들이 대단히 집중하는 태도로 자신의 말을 경청하자 우쭐해졌다. 어떻게든 지배권을 강화하려고 서로 앞다투어 밀치고 싸우는 백악관과 달리 이곳에서는 다들 협조하는 분위기라는 느낌이 났다. 적어도 자존심이나 개인적인 목표를 내세우는 사람이 1명도 없어 보였다. 다들 그저 해야 할 일에 충실할 뿐이었다.

마침내 배달된 비행기는 생김새는 기존의 C-54기였지만 어딘가 사뭇 다른 느낌이 있었다. 조립 라인의 노동자들은 표준 동체에 긴 날개를 붙여서 보조 연료 탱크를 위한 공간을 확보했다. 덕택에 기상 조건이 착륙을 막아도 이 비행기는 몇 시간 동안 선회하거나 예비 목적지로 갈 수 있었다. 비행기 뒤쪽에는 배터리로 움직이는 작은 엘리베이터가 있어서 더 이상 경사로가 필요하지 않았다. 레버만 당기면 휠체어에 앉은 대통령을 위로 올리거나 내릴 수 있었다. 마이크는 보스가 앉아 있는 동안 창밖의 전망을 간편하게 즐길 수 있도록 널찍한 방탄 창문을 얻어내는 데도 성공했다. 협조적인 엔지니어들은 마이크가 보안에 대해 주장한 내용을 전부 다 참작해 주었다. 이 비행기는 밖에서는 다른 평범한 C-54 수송기와 전혀 달라 보이지 않았다. 비정상적으로 큰 창문과 엘리베이터는 교묘하게 숨겨져 있었다. 착륙장 건너편에서 살피는 적국 요원은 이 비행기가 대통령을 실어 나른다는 사실을 전혀 눈치채지 못할 터였다.

그러나 내부는 완전히 달랐고 마이크는 대단히 만족스러웠다. 엔지니어들은 그의 요청대로 기내를 보스의 높은 수준에 맞추고자 최선을 다해 주었다. 널찍한 책상과 접이식 침대를 감춘 침실과 고급 회의실이 생겼다. 하지만 마이크가 생각하기에 보스가 가장 반길 만한 것은, 뭐니 뭐니 해도 주방에 전기냉장고와 냉동고가 있어서 기분 좋을 만큼 차갑게 진을 마실 수 있다는 점이었다. 더글러스 사는 이 특별한 항공기의 꼬리 부분에 들어가는 등록번호를 VC-54C로 붙이고 '하늘을 나는 백악관'이라는 고귀한 공식 명칭도 부여했다. 기자들은 이 대통령 전용기를 '신성한 소Sacred Cow'라고 불렀다. 조종사에게 원하는 대로 할 수 있는 권한이―물론 대부분은 대통령이 원하는 대로였겠지만― 주어졌기 때문이었다. 그 별명은 이후까지 계속 이어졌다.

마이크는 그의 걱정이 생명을 불어넣어서 탄생한 반짝이는 비행기를 보면서 자부심을 느꼈다. 만약 보스가 처칠과 스탈린을 만나기 위해 어딘지 모를 구석진 곳으로 가야 한다면, 이 신성한 소가 더욱더 안전하고 편안한 여행을 보장해 줄 것이다.

반면 셸렌베르크는 안전에 대해 생각하지 않았다. 편안함은 더더욱 그의 관심사와 거리가 멀었다. 그의 관심은 순전히 작전과 관련된 것뿐이었다. 지금 막 그의 머릿속에 떠오른 질문은 하나였다. 임무를 완수할 수 있는 항공기가 있는가? 그는 계획을 계속 세우기 전에 이 기본적인 질문의 답을 먼저 찾아야 한다는 사실을 깨달았다.

오랫동안 이란 문서에 파묻혀 있다가 마침내 책상에서 일어났을 때 셸렌베르크의 머릿속은 여러 아이디어로 가득했지만, 한편으로는 잔류 스파이들의 충성과 자신들의 배신에 대해 죄책감이 들었다. 아프베어와 국가보안본부 모두 그들의 요원들을 버렸다. 그들을 이란으로 보내놓고 경악스러울 정도로 나 몰라라 했다. 연합군의 침공으로 그곳의 상황이 나빠졌을 때 아프베어와 국가보안본부는 서둘러 요원들을 구출하려고 하지 않았고 올림픽 금메달감의 무심함으로 그들의 운명을 무시해 버렸다. 그런데 요원들은 어떻게 했는가? 목숨이 위험해진 상황에서도 의무를 잊지 않고 그곳에 남았다. 조국이 마침내 승리를 거둔다면 변함없는 충성에 대한 충분한 보상이 될 것이라는 믿음으로. 이 슬픈 사건은 셸렌베르크의 마음에 수치심을 가득 채웠다.

그는 새로운 결말을 쓰기로 결심했다.

그는 그 충성스럽고 경험 많은 요원들과 그들의 첩보망을 이용하는 작전을 구상하기 시작했다. 그들의 희생이 헛되지 않았다는 것을 보여줄 것이다. 스파이마스터다운 꼬장꼬장함으로 그는 조직의 오랜 투자에 대한 응당한 대가도 챙기기를 원했다.

그러나 일단 문제 해결에 착수한 그는 세 스파이가 파견된 이후로 너무나 많은 것이 바뀌었다는 암울한 현실을 인정하지 않을 수 없었다. 이란도, 결과적으로 독일도 변했다. 원래 이란으로 보내진 스파이들의 임무에는 두 가지가 있었다. 첫 번째는 정보 수집이었다. 손에 넣기에 적합한 유전을 찾고 독일 비행장이 들어갈 만한 위치를 발굴하는 것. 그리고 두 번째는 정치적이었다. 불만의 불씨를 지펴서 나치가 이란에 천막을 치기에 좋은 시기를 찾고 현지인들이 독일군이 말뚝 박는 것에 열광하는 분위기를 만드는 것. 하지만 이제 그것은 절망적일 정도로 시대에 뒤떨어진 야망이었다. 2년 전에 독일은 그 나라를 지배할 기회를 놓쳤다. 소련과 영국이 천막을 치기 위해 이란을 침략했다. 그 뒤를 따라 3만 명이 넘는 미군도 이란에 왔는데 미국이 무기대여법Lend Lease[2차 대전 당시 미국의 대연합국 물자 지원 계획으로 무기류뿐만 아니라 식량, 의복, 원자재 등 다양한 품목이 지원되었다-역주]에 따라 전쟁 물자를 실은 이란 전역으로 달리는 화물열차를 지키기 위해서였다. 이런 상황에서 독일의 아프리카 군단이 이란으로 진군한다고? 스탈린그라드 패배로 독일의 사기가 꺾인 후 셸렌베르크에게는 연합군이 베를린으로 맹렬히 돌진해 오는 것이 피할 수 없는 운명처럼 느껴졌다.

그렇다면 현실적으로 할 수 있는 일이 무엇인가? 해 볼 가치가 있을까? 이 두 가지 질문이 셸렌베르크의 혼란스러운 머릿속을 맴돌았다.

하지만 질문을 곱씹다 보니 목표가 명확해지기 시작했다. 그는 점점 커지는 만족감을 느끼며 자신에게 되물었다. 피할 수 없는 연합군의 승리 행진을 지연시킬 수 있다면 어떨까? 적이 합리적인 평화 협상을 원하게 만들 수 있다면? 그리고 그 과정에서 조직은 물론이고 그동안 고립된 상태로 온갖 고초를 겪으면서도 꺾이지 않고 충성심을 지킨 이란의 투지 넘치는 요원들의 명예를 회복할 수 있다면? 그는 바로 그런 임무를 계획할 생각이었다. 분명 카나리스도 지지해 줄 것이다.

이 질문들에 따라 그가 도달한 결론은 처음 문서를 읽기 시작했을 때부터 떠올랐던 전술이었다. 그래도 만약을 위해 분석가들의 최신 보고서를 되짚어 보았고 그가 떠올린 전술을 뒷받침해 주는 명백한 증거를 발견했다. 미국은 이란 전역은 물론 국경 너머 소비에트 연방까지 이

어시는 이란 횡단 철도를 통해, 매달 탱크, 트럭, 엔진, 총, 기계 부품 같은 매우 중요한 지원 물자를 4만 톤씩 보내고 있었다. 심지어 그 양은 계속 증가할 것으로 예측되었다. 그리고 영국은 이란의 석유를 깡그리 가져갔다. 덕분에 그들의 군수품이 계속 공급되고 있었다.

그는 이 모든 것을 끝낼 작정이었다. 베테랑 특공대를 이란으로 보내 잔류 요원들과 손잡고 철도와 유전을 파괴하는 대담한 방해 공작을 펼치는 것이다. 이 작전은 단순히 독일의 마지막 발악이 아니라 연합군이 피를 흘리게 하고 타격을 줄 게 분명했다.

하지만 팀 구성으로 넘어가기 전에 실현 가능한 임무라는 것을 확인할 필요가 있었다. 과연 특공대원들이 이란에 잠입할 수 있을 것인가?

셸렌베르크는 모든 비밀 임무에 공중 지원을 제공하는 루프트바페 정예 비행대대 KG 200의 임시 사령관 베르너 바움바흐를 사무실로 불렀다. 셸렌베르크가 떠올린 대담한 계획의 운명은 각종 훈장을 받은 폭격기 조종사의 견해에 달려 있었다.

제6국이 들어선 건물은 게슈타포가 몰수해서 그곳에 살던 사람들을 폴란드 우치[폴란드의 중부에 위치한 도시-역주]의 빈민가로 이송하기 전까지 유대인 노인 전용 아파트였다. 4층에 있는 셸렌베르크의 큰 사무실은 원래 건물 관리자의 사무실이었는데, 그는 이전 주인의 취향이 반영된 장식품을 대부분 그대로 놔두었다. 푹신한 장모 카펫, 널찍한 마호가니 책상, 책꽂이 역할을 하는 우아하게 조각된 빈티지 나무 찬장. 하지만 개인적인 취향도 살짝 추가했다. 대개는 첩보국 수장이라는 직업을 직접 반영하는 것이었고, 히틀러의 제3제국 지도부에 자주 휘몰아치는 피바람과 내부 권력 다툼의 희생자가 될지도 모른다는 공포를 반영하는 것이기도 했다.

그의 책상에서 손을 뻗으면 닿는 곳에 놓인 이동식 테이블은 한 줄로 늘어선 전화기로 꽉 차 있었다. 직통 전화가 총통의 사무실과 힘러의 사무실은 물론 자신의 베를린 아파트와 헤르츠베이그에 있는 시골집으로 단번에 연결해 줄 수 있었다. 게슈타포의 기다란 칼이 그를 향하는 순간, 마지막으로 윗선에 자비를 구하거나 가족들에게 서둘러 경고해 주기 위함이었다.

추가적인 예방책으로 사무실 전체에 녹음 장치를 설치했다. 벽, 책상 밑, 전화기 테이블 아래, 램프의 맨 아랫부분 등 사방에 마이크가 숨겨져 있었다. 이 시스템은 항상 켜진 상태였고, 대화, 투덜거림, 웃음 등 모든 소리를 다 포착했다. 셸렌베르크는 반박할 수 없는 기록 증거를 확보해 두고 싶었다. 수많은 이들이 위험에 빠지는 것을 봐 오면서 그가 조용히 깨우친 사실이 있다면, 혐의가 조작되었음을 증명해 줄 확실한 증거를 마련하는 것이야말로 최고의 방어라는 것이었다.

그는 증거 조작이나 온갖 더러운 비밀들로 가득한 그의 방대한 문서를 훔치는 것도 불가능하도록 손 써놓았다. 매일 퇴근하기 전에 전략적으로 배치된 시스템을 작동시켰고, 누군가 창문으로 들어오거나 금고를 만지거나 사무실 문을 열면, 귀에 거슬리는 경보가 울렸다. 그러면 30초 안에 경비대대가 출동해 침입자를 향해 소총을 겨누는 것이다.

그가 무방비 상태로 책상에 앉아 일하고 있을 때 공격하는 사람이 있다면 이 역시 큰 화를 입게 되어 있었다. 셸렌베르크는 '내 책상은 작은 요새나 다름없다'라고 자랑하곤 했는데 절대 과장이 아니었다. 침입자가 사무실에 들어오는 순간 마호가니 책상의 장식에 은밀하게 장착된 두 자루의 총구가 자동으로 추적했고, 손에 쉽게 닿는 버튼을 누르면 침입자에게 총알 세례를 선사할 수 있었다. 좀 더 너그러운 기분일 때는 책상의 다른 버튼을 누르면 되었다. 경보가 울리는 순간 경비원들이 빌딩 전체를 둘러싸고 모든 출구를 막는 동시에 달갑지 않은 손님에게 총구를 겨눌 것이다. 물론 그 뒤로 이어지는 철저한 심문은 차라리 총이 발사되었기를 바라게 만들 테지만.

베르너 바움바흐 중령이 KG 루프트바페 사령부의 지휘관 대행으로 제6국 국장 셸렌베르크와 마주 앉았을 때도 이 숨겨진 두 자루의 총은 그를 겨누고 있었다. 셸렌베르크는 그와의 대화에서 버튼을 누르고 싶은 충동을 애써 참아야 했다. 그도 그럴 것이 셸렌베르크가 이란으로 특공대를 수송할 비행기가 필요하다고 설명하자마자 바움바흐는 반대 의사를 밝혔던 것이다. 물론 크림반도의 비밀 기지에는 커다란 4발 엔진 비행기 Ju-290 두 대가 연합군 폭격기들의 눈에 띄지 않도록 세워져 있었고 재급유 없이 이란까지 갔다가 돌아올 수 있었다. 하지만 바움바흐는 무엇이 문제인지 분명하게 말했다. 그 귀중한 비행기 한 대를 이 정도 작전 때문에 위험에 빠뜨릴 수 없다는 것이었다. 사막에 닿는 순간 연합국 점령군의 무장 파견대에 붙잡히지 않으리라는 보장이 없었다. 사실 가능한 시나리오였다. 연합군의 레이더망이 비행기가 하강하는 순간부터 모든 움직임을 낱낱이 추적할 테니까. 열정적인 포병들은 착륙 때까지 기다리지도 않고 상공에서 격추시키려 할지도 몰랐다. 어느 쪽이든 결과는 마찬가지였다.

셸렌베르크는 반박하지 않았다. 의미가 없다는 것을 알았다. 바움바흐의 말이 맞았다. Ju-290기는 잃기에 너무나 소중했다. 지금처럼 절박한 시기에는 공장에서 대체품을 대량으로 찍어 내기도 힘들었다. 그의 임무도, 전쟁의 판도를 바꿀 가능성도, 오랜 빚을 갚으려는 속죄도 이쯤에서 끝내는 게 맞았다. 하지만 만약….

셸렌베르크는 즉흥적으로 만약 비행기가 착륙하지 않는다면 어떻겠느냐고 물었다.

지금까지 모든 답을 좌우하는 열쇠라고 생각했던 것을 뒤집는 제안이었다. 비행기가 2만 피트 아래로 내려가지 않고 임무를 끝낼 수 있다면? 연합군 대공포대의 사정거리 밖에 있다면?

"낙하산 부대 말이군요." 바움바흐가 셸렌베르크에게 말했다.

전해지는 이야기에 따르면 그 후 오랫동안 침묵이 감돌았다고 한다.

마침내 바움바흐는 동의했다. 낙하산 부대 작전이라면 성공할 수 있다고. 그의 조종사들은 낙하산 부대를 강하 지점까지 확실히 데려갈 것이다. 나머지는 낙하산 부대에 달려 있었다.

12

루프트바페 지휘관과의 고무적인 만남이 있은 지 얼마 되지 않은 어느 날 아침, 셸렌베르크는 기대감에 더해진 긴급함을 가지고 회색 아우디를 베를린 북쪽으로 몰았다. 그날 아침 그는 정말로 활력이 넘쳤다. 부분적으로는 제6국 건물을 벗어날 기회가 있을 때마다 느끼는 안도감 때문이었다. 그곳 4층은 전선에서 돌아와 사색적인 첩보 장교인 척하는 야만적인 SS 집행관들이 가득했다. 셸렌베르크는 매일 그들의 은밀한 시선을 느낄 때마다 점점 가까이 다가오는 늑대들에게 감시당하는 양이 된 기분이었다. 또 다른 이유는 진정한 독일 영웅들을 만날 수 있다는 사실 때문이었다. 조국의 칭찬과 존경을 받을 만한 군인들 말이다. 하지만 무엇보다 지금 그를 흥분시킨 것은 첩보국의 수장으로서 중요한 목적을 가진 전투가 다가온다는 사실이었다.

어느덧 그는 웅장하고 고풍스러운 건물들이 들어선 베를린에서 벗어나 시골로 들어섰다. 오르막길이 작은 언덕으로 이어졌고 첨탑이 높은 오래된 교회가 보였다. 그다음에는 들판이 나왔다. 들판이 계속 이어졌는데 계곡 안쪽에 자리 잡은 공장처럼 보이는 곳에서 연기가 피어올랐다. 도로가 평평해졌고 그는 계속 액셀을 밟으며 따라갔다. 방향을 알려 주는 표지판은 없었지만, 1년 전 방문했을 때의 기억이 아직 생생했다.

잠시 후 그가 기억하는 교차로가 나왔다. 그는 도로를 벗어나 높은 벽돌담을 향해서 올라갔다. 다부진 몸집에 적대적인 태도의 군인 2명이 그의 신분증을 살펴본 다음 경례를 했다. 그의 차가 열린 문을 통과했다.

긴 산책길의 가장자리에는 키 큰 밤나무가 보초병처럼 줄지어 서 있었다. 그는 헛간과 마구간과 작은 별채를 지나치며 계속 나아갔다. 길이 내리막으로 변했고 반짝이는 푸른 호수의 주변을 따라 달리다 보니 놀라울 정도로 큰 집 앞의 주차장에 도착했다. 그 집은 티 하나 없이 완벽하게 흰색으로 칠해져 있었고 벽돌로 지은 부속 건물 2개가 정확하게 직각으로 튀어나왔다. 현관문은 이 목가적인 호숫가에 원래 있었던, 몇 세대 전에 나무로 지어진 농가 주택의 남은 흔적이었다. 셸렌베르크가 주차하고 집의 문턱까지 걸어갔을 때였다. 갑자기 민간인 복장을 한 남자 대여섯이 총을 겨누며 그를 둘러쌌다.

셸렌베르크는 깜짝 놀랐다. 남자들의 얼굴에 활짝 피어난 웃음은 그를 놀라게 하는 데 성공한 사실이 무척 자랑스럽다는 것을 말해 주었다.

이곳은 '쿠엔츠호수', 공식적으로는 아프베어의 '특수 과제를 위한 특별 훈련 코스'라고 불리는 곳이었다. 좀 더 쉬운 말로 하자면, 공작원과 암살자들을 양성하는 아프베어의 엘리트 특공대 학교였다. 이곳 훈련생들은 독일군의 선두에 서서 벨기에, 네덜란드, 발칸반도의 적진으로 들어가 대담한 임무를 차례차례 수행한 브란덴부르크 사단의 강인한 자원자들 가운데서 특별히 선발된 이들이었다. 심지어 쿠엔츠호수에서도 가장 유망한 이들은 강한 이들보다 더 강해지기 위해 고안된 엄격한 훈련을 받았다. 한마디로 그들은 나치의 슈퍼맨이었다.

그들은 교실 안팎에서 온갖 기묘한 기술을 다 배웠다. 그들은 소리를 내지 않고 맨손으로 사람을 죽일 수 있었다. 서른 걸음 떨어진 곳에서 정확하게 칼을 던졌고, 맨손으로 싸울 때는 손목만 가볍게 움직여 깔끔하게 경정맥을 그었다. 다양한 총으로 훈련받은 명사수인 그들은 갑자기 몸을 돌릴 때조차 총알을 표적에 정확히 명중시켰다. 도저히 불가능해 보이는 거리에서도 몸을 숨기고 쪼그리고 앉아서 마우저 저격용 소총으로 표적의 눈 사이를 맞추었다. 문의 자물쇠를 따고 키 없이도 자동차의 시동을 걸었으며 수갑도 그들을 그리 오래 묶어 두지 못했다. 성냥불이나 원격 조종으로 터뜨릴 수 있는 강력한 TNT 장치를 설치할 수 있고, 다이너마이트가 없을 때는 부엌에서 구할 수 있는 재료만 가지고 즉석에서 폭탄을 제조할 수 있었다. 호수 근처에 설치된 짧은 철도는 기관차나 화물차 또는 선로 자체에 가장 큰 피해를 입히도록 폭발물을 설치하는 방법을 연습하기 위해 세워진 것이었다. 그들은 동트기 전 아직 어두운 새벽 4시에 무거운 배낭을 맨 채 16킬로미터를 달리고, 체육관에서 몇 시간 동안 힘들게 맨몸 운동을 하면서 몸을 돌처럼 단단하게 만들었다. 쿠엔츠호수가 완전히 얼었을 때만 빼고, 얼음처럼 차가운 물에서 매일 4.8킬로미터를 수영했다. 아무 데나 떨어뜨려도 절대 길을 잃지 않았다. 광범위한 실전 훈련에는 지도 훈련과 항해술 훈련도 들어 있었으니까. 하지만 카나리스와 그의 아프베어 부하들이 보기에 쿠엔츠호수에서 가르치는 가장 귀중한 작전 기술은 적국으로 몰래 들어가 빠르게 한데 섞일 수 있는 능력이었다. 그들은 파견될 나라의 사람들처럼 말하고 행동하고 생각하는 법을 배웠다. 아프베어의 카나리스 제독은 모스크바 진격 전에 적의 물자와 군용열차를 파괴하는 임무를 수행하기 위해 쿠엔츠 팀을 파견하는 방안을 검토하면서 러시아인처럼 침 뱉는 법도 배웠다고 반농담조로 말하면서 웃었다.

그런 쿠엔츠 특공대가 셸렌베르크에게 무기를 겨눈 것이다. 재빠르게 도망치거나 맞서 싸워서 이 곤경에서 벗어날 수 있는 가능성은 없었다. 며칠 전 셸렌베르크는 카나리스에게 조만간 이곳을 방문할 것이라고 알렸다. 그는 아프베어와 국가보안본부의 공동 이란 잠입 작전을 제안했다. 두 조직의 요원들이 이미 그곳에 있으니 적절해 보였다. 제독은 평소와 다름없이 동네 어른처럼 친근한 매력을 발산하면서 그 아이디어에 찬성했다. 하지만 지금 셸렌베르크는 카나리스가 미소와 함께 자신을 함정에 빠뜨린 것인지 의아했다. 그가 제6국 국장 자리에 오른 이후로 항상 마음의 준비를 해 왔던 바로 그 순간이 닥친 것인가(다른 이들을 제치고 젊은 나이에 성공의 사다리 꼭대기에 오르면서 생긴 적들이 그에게 겪은 치욕을 갚아 주려고 벌이는 복수 말이다)? 아니면 다른 일이 있는 건가?

알고 보니 실수였다. 특공대 훈련생들이 셸렌베르크를 그 장소에 나타나기로 되어 있는 다른 장군으로 착각해서 벌어진 일이었다. 그날 아침 일찍 특공대는 훈련에 들어갔는데, 도전 과제는 어떻게든 경비를 뚫고 건물 안으로 들어가는 것이었다. 그들은 장군 제복을 입은 남자를 그 과제의 일부로 여겼고, 그의 아우디 자동차가 주차장으로 들어오자마자 즉석에서 신속하게 계획을 세웠다. 그래서 '장군'을 건물 안으로 들어가는 데 필요한 티켓으로 삼기로 한 그들이 셸렌베르크에게 총을 겨눈 것이다.

그가 팀을 유인하기 위해 도전 과제에 포함된 훈련 교관이 아니고 그의 주장대로 카나리스 제독의 허락을 받고 찾아온 진짜 SS 장군이라는 사실을 그들이 받아들이기까지, 셸렌베르크는 약간 곤란한 상황을 겪어야만 했다. 하지만 일단 설명이 먹히자 그들은 공손하게 경례하고 당혹스러워하면서 사과했다. 셸렌베르크는 일단 권위가 증명되자 그들의 실력을 칭찬하는 품위를 보일 수 있었다. 하지만 겉으로 보이는 침착함은 모두 거짓이었다. 사실은 구토가 올라오기 직전이었다.

그가 만나러 온 대상인 루돌프 폰 홀텐-플루크 소령은 교실에서 훈련생들에게 강의를 하는 중이었다. 주제는 암살이었다. 다른 때 같으면 셸렌베르크는 아무 망설임 없이 강의 중인 소령을 강압적으로 불러냈을 것이다. 하지만 그날 아침 전문 살인자 대여섯 명이 그의 머리에 무기를 겨눈 충격의 여파가 아직 남은 터라 교실 뒤쪽에 잠시 앉아 있기로 했다. 강의를 하는 동안 정신을 가다듬을 필요가 있었다.

선생과 젊은 제자들 사이에 토론이 벌어지는 동안, 특히 그의 주의를 끈 대화가 하나 있었다. 그 후 몇 주 동안 그 대화는 계속 그의 마음속에 남았고 단어 하나하나가 계속 떠올랐다. 반복해서 되새기는 과정에서 그 말들은 새로운 힘과 설득력을 가지게 되었다. 하지만 그 당시에 셸렌베르크는 그 대화가 가져올 궁극적인 영향을 전혀 눈치채지 못했다. 그저 호기심에 열심히 귀를 기울였을 뿐이었다.

수업이 끝난 후 소령과의 볼일은 빠르게 진행되었다. 아프베어 소속의 홀텐-플루크 소령은 애국심 넘치는 신사가 재미있게 즐길 수 있는 낭만적이고 위험한 일을 찾아서 첩보의 세계로 들어온 외알 안경을 쓴 귀족이었다. 그 세계는 그를 실망시키지 않았다. 그는 쿠엔츠호수에 배치되기 전 약 10년 동안 신사의 신념과 교활한 간계에 따라 살아왔다. 그러다 훈련 교관으로 오게 됐고, 모험 가득한 시간이 너무도 빨리 끝나 버린 것을 애도하지 않는 날이 하루도 없었다. 그런데 지금 셸렌베르크가 그에게 위대한 게임으로 돌아갈 기회를 주려고 한다. 그가 맡을 일은 아직 구체적으로 정해지지 않았다. 이란으로 파견될 낙하산 특공대와 함께 낙하산에서 뛰어내릴지 아니면 단순히 인재를 발굴하는 공작관—한마디로 팀원 선발과 훈련을 담당하는 장교— 역할을 맡을지는 카나리스 제독에게 달려 있었다. 하지만 어떤 쪽이든 매일 교실에서 지루한 하루를 보내는 것보다 나으리라는 것을 단번에 알 수 있었다. 홀텐-플루크는 주저하지 않고 받아들였다. 브란덴부르크의 특공대 훈련 학교에서 페르시아 출신의 인재들을 찾아보겠다고까지 했다. 나치가 그들의 고국으로 행진할 것처럼 보였던 시기에 독일로 와서 군에 입대한 페르시아인들이 있었다. 그는 현지 언어를 구사하는 사람이 몇 명 있으면 나쁠 게 없을 거라고 셸렌베르크 장군에게 조언했다.

그다음으로는 더 이상 할 말이 없었다. 장군과 소령이 경례를 주고받았고 거래가 성사되었다. 곧 이란 잠입 팀이 꾸려질 것이다.

셸렌베르크의 다음 목적지는 아주 가까운 거리에 있었다. 넓고 푸릇푸릇한 들판과 가끔 불규칙한 모양의 연못이 나타나는 시골길 운전은 역시나 즐거웠지만, 그 방문은 쿠엔츠호수로 가는 길에서 느낀 기대감 서린 즐거움을 가져다주지는 않았다. 목적지에 가까워질수록 숨길 수 없는 익숙한 냄새가 차에 스며드는 것만 같았다.

그가 듣기로 몇 달 전에 지역 주민들의 불평이 있었고 게슈타포가 받아들였다고 했다. 동부 전선에서 사용하기 위해 테스트 중이었던 이동 화장장에서 시체 태우는 일을 멈추기로 말이다. 하지만 정말로 멈췄는지 아닌지 셸렌베르크는 알지 못했다. 그가 자동차로 작센하우젠 수용소의 철문을 통과하며 비웃음이 나올 정도로 아이러니한 'arbeit macht frei(노동이 그대를 자유롭게 하리라)'라는 문구 아래를 지나는 순간, 실제인지 상상인지 모를 살 타는 냄새가 콧구멍을 통해 들어와 깊숙이 박혔다. 숨이 막힐 것 같았다. 약속 장소는 넓게 퍼진 수용소의 끄트머리 동쪽 모퉁이였지만 여기에서 멀리 벗어나고 싶은 그에게는 너무 먼 것처럼 느껴졌다.

그는 오토 스코르체니 대위를 만나러 왔다. 셸렌베르크는 스코르체니를 생각할 때마다 그들의 첫 만남이 떠올랐다. 힘러는 아프베어와의 커지는 경쟁을 더욱더 부추기기 위해 국가보안본부에도 쿠엔츠호수 같은 것이 있어야 한다고 결정 내렸다. 불가능한 임무에 파견할 수 있는 대담한 특공대원들을 육성하는 학교 말이다. 새로 창설된 오라니엔부르크 부대는 제6국의 직속 산하기관이므로 힘러가 추린 지휘관 후보자를 인터뷰하는 일이 셸렌베르크에게 맡겨졌다.

셸렌베르크는 스코르체니의 군대 기록을 검토했지만 서류상으로는 전혀 화려하지 않은 경력이었다. 공군에 지원했다가 31세라서 너무 늙었다는 이유로 탈락한 그는 SS 전투 부대에 배정된 공병으로 복무했다. 그 부대는 프랑스로 무사히 진격했고 세르비아와 폴란드, 소련에 침투했을 때 목숨을 걸고 싸웠다. 스코르체니는 셸렌베르크의 사무실로 불려가기 전 6개월 동안 SS 기갑부대 소속 공병으로서 베를린의 막사에서 근무하고 있었다. 힘러는 이 퇴역군인에게서 무엇을 본 것일까. 이 한물간 SS 군인에게 어떤 자질이 있어서 특공대를 훈련하는 혁신적인 학교의 책임자로 적격이라고 생각한 것인지, 스코르체니의 서류를 검토하던 셸렌베르크는 좀처럼 알 수 없었다.

그러나 셸렌베르크의 의구심은 그의 사무실에서의 이루어진 첫 만남에서 빠르게 사라졌다. 그의 맞은편에 앉아 있는 것은 놀랄 정도로 앳된 소년 같은 얼굴에 결투의 흉터가 새겨진 강하고 우람한 체구의 남자였다. 스코르체니는 셸렌베르크보다 적어도 머리 하나는 컸고 날카로운 갈색 눈을 가진 미남이었다. 극도로 정적인 자세에서 자신감이 풍겼고 머지않아 셸렌베르크가 알아차렸듯 내면 깊은 곳에는 오만함도 새겨져 있었다. 그가 입을 열자 훈련 교관 같은 우렁찬 목소리가 흘러나왔다.

그러나 셸렌베르크에게 가장 인상적이었던 것은 그와 나눈 대화였다. 스코르체니는 그가 그 일에 필요한 지식이나 경험을 가지고 있지 않다는 것을 인정했다. 하지만 힘러가 직접 뽑은 후보를 퇴짜 놓기에는 정치인의 기질이 다분한 셸렌베르크는 '얻을 수 있는 모든 정보를 구걸하거나 빌리거나 훔쳐서 최고 속도로 앞으로 나아가라'고 인내심 있게 제안했다.

스코르체니는 그 말을 천천히 숙고했다. 셸렌베르크는 만약 그가 제안을 거절하면 어쩌나 두려워서 조마조마했다. 그러면 힘러에게 뭐라고 설명한단 말인가? 스코르체니가 마침내 대답했다. 여전히 확신에 찬 듯 고함치는 목소리였다. 그는 위험하게 살라는 니체의 말을 인용하며 그렇게 하겠다고 답했다. '도움이 필요한 이 시기에 평범하지 않은 방법으로' 조국을 위해 봉사하겠다고.

확고하게 표현된 헌신과 열정, 독특한 임무에 대한 이해, 진지하게 격식을 차린 말은 셸렌베르크가 SS 수장의 선택이 옳았다고 확신하게 해 주었다.

그 후 몇 달 동안 셸렌베르크는 실망하지 않았다. 스코르체니는 특수 훈련 과정에 전문적인 방해 공작 지침과 언어 수업 같은 다수의 혁신적인 방법을 더했다. 그는 부하들을 효율적인 킬러로 만드는 일에 특별한 자부심을 가지고 있었다. 훈련 시설이 음산한 강제 수용소의 좁은 구석에 자리한다는 사실이 불만이었던 스코르체니는 셸렌베르크의 승인을 받아 근처에 있는 18세기의 웅장한 성으로 옮길 계획을 세우고 있었는데, 그러면서도 그는 작센하우젠 수용소가 주는 실용적인 훈련 기회를 확실히 이용했다. 그의 부하들은 임무 완수에 필요한 치명적인 노하우를 터득할 때까지 새로운 독탄과 가스 수류탄의 효능을 수용소의 수감자들에게 시험했다. 수감자들을 다리 절단이나 익사자 소생 같은 응급처치 기술 시연 용도로도 동원했다. 스코르체니는 피실험자들이 살아남지 못해도 적어도 훈련생들이 그 과정에서 뭔가를 배웠을 거라고 여겼다. 불과 몇 달 후, 국가보안본부는 쿠엔츠호수의 슈퍼맨만큼이나 무자비하고 효율적으로 인재들을 육성하는 특공대 학교를 갖게 되었다.

이것이 셸렌베르크가 스코르체니의 사무실로 가는 동안 떠오른 기억들이었다. 홀텐-플루크와의 만남과 마찬가지로 일은 빠르게 진행되었다. 셸렌베르크로부터 계획에 대한 설명을 듣자마자 스코르체니는 가능한 작전임에 동의했고 자신이 꼭 성공시키겠다고 했다. 그는 아프베어의 귀족 소령과는 다른 군인이고 개인적인 태도도 달랐지만, 열정과 에너지는 절대 밀리지 않았다. 검투사의 원초적인 용기가 그를 이끌었다. 곧 이란 파괴 공작 임무를 위한 특공대 훈련을 시작하기로 합의가 이루어졌다.

마지막으로 남은 일이 있었다. 셸렌베르크는 아무도 모르는 비장의 무기를 마련해 두는 것이 훌륭한 첩보 기술이라고 믿었고, 그 일환으로 특공대를 비밀리에 감시할 공작원들을 항상 파견해 왔다. 그렇게 하면 놀랄 일이 없었다. 그는 감독 임무를 맡는 요원들을 '엄선한 특수 요원'이라고 불렀고, 이는 첩보 분야에서 흔히 말하는 그의 시그니처가 되었다. 이란 임무도 예외가 아니었다.

두 특공대 학교에서 준비가 이루어지는 동안 그는 비니프레드 오베르크를 사무실로 불렀다. 그는 오베르크를 좋아하지 않았고 당연히 믿지도 않았다. 하지만 그를 통제할 수 있다는 것은 알았다. 셸렌베르크의 사무실 금고에는 전직 변호사 오베르크가 에른스트 롬의 침대에서 매우 즐거운 시간을 보내는 사진이 보관되어 있었다. 롬은 한때 나치당의 원조 준군사조직의 지도자였다. 오베르크의 동성애 자체는 나치의 지도부 사이에서 눈썹을 치켜 올리는 정도의 효과밖에 내지 못할 테지만, 이 사진이 롬과의 우정을 보여 주는 생생한 증거라는 점이 문제였다. 롬은 힘러의 명령으로 처형되었으니 이것은 결코 무시할 수 없는 죄였다. 의심할 여지 없이 오베르크에게 사형이라는 결과를 초래할 것이다. 그래서 그는 셸렌베르크의 명령에 복종하기로 한 지 오래였다.

오베르크가 SS 장군의 맞은편에 앉아서 들은 임무는 이란으로 가서 테헤란에 남겨진 국가보안본부 요원 마이어, 코드명 막스와 연락을 취하는 것이었다. 막스와 연락이 닿은 후에는 파괴 공작 특공대 임무의 진행을 감시해야 하며, 매주 '셸렌베르크 전용'이라고 표시된 보고서를 베를린으로 보내야 했다.

오베르크는 무척 당황했다. "내가 페르시아어 못하는 거 알지?" 그가 물었다.

셸렌베르크는 아무렇지도 않다는 듯이 어깨를 으쓱했다.

"테헤란에 있는 막스의 주소를 알려 줄 수 있나?" 오베르크가 다시 질문했다.

"유감스럽게도 나에겐 없어." 셸렌베르크가 단호하게 설명했다.

"테헤란은 큰 도시야." 오베르크는 테헤란에 대해 아는 것이 전혀 없었다.

셸렌베르크가 동의하며 100만의 4분의 3에 해당하는 인구가 산다고 말했다. 하지만 그는 오베르크가 분명히 막스를 찾을 수 있을 것이라고 했다. 오베르크가 전과 다르게 고집을 부리며 항의하기 시작하자 셸렌베르크는 자리에서 일어나 거대한 금고로 걸어갔다. 더 큰 효과를 내기 위해 금고 다이얼을 돌리기 시작했다.

오베르크가 알아들었다. "이란에는 어떻게 가나?" 그는 체념한 듯 지친 목소리로 물었다.

셸렌베르크의 위치가 더 확고해졌다. 그는 그 문제는 좀 더 생각해 보겠다고 답했다. 오베르크가 특공대와 함께 낙하산을 타고 이란으로 들어가는 방법은 이미 제외해 두었다. 그가 낙하산 점프에서 무사히 살아남는다고 해도 특공대를 감시할 목적으로 보내졌다는 것을 대원들이 모르는 편이 낫기 때문이다. 그러면 남은 가능성은 두 가지뿐이었다. 첫째는 이란의 북동쪽에 있는 메세드로 가는 수많은 순례자 중 하나로 위장하는 것. 하지만 오베르크가 현지 언어를 할 줄 모르므로 자연스럽게 성공시키기가 불가능했다. 결국 셸렌베르크는 튀르키예 항구에서 출항하는 중립 선박에 탑승하는 쪽으로 결정했다. 물론 여행 목적을 설명해 주는 설득력 있는 변명거리가 필요할 것이다. 셸렌베르크는 오베르크에게 이를 생각해 보고 그의 전설(스파이의 세계에서는 '배경 이야기'를 뜻한다)이 결정되거든 보고하라고 했다. 여권, 배급 카드, 심지어 운전면허증까지 여행에 필요한 모든 신원 서류가 제공될 것이라고.

희한한 회의는 갑작스럽게 끝났다. 그 뒤로 몇 주, 몇 달 동안 바쁜 나날이 계속되어 셸렌베르크는 이 일에 대해 잊고 지냈다.

베를린 교외의 저택은 크고 위풍당당했다. 그것은 송별회였다. 첫 번째 팀이 낙하산으로 이란에 침투하기 일주일 정도 전이었다. 아프베어와 국가보안본부의 특공대원 24명 정도가 임무를 예상하고 모였다. 셸렌베르크와 그의 무서운 상사 칼텐브루너도 그곳에 있었다. 힘러는 참석하지 못하는 것에 대해 깊은 유감을 전하는 메시지를 보냈다. 모든 특공대원의 한 계급 특진 소식도 함께 전했다. 축제가 점점 시끌벅적해지고 맥주와 슈냅스schnapps[독일의 전통 증류주-역주]가 끝없이 들어갈 때, 첫 번째 팀과 함께 이란에 낙하산으로 들어갈 마르틴 무르미스 대위가 공개 서약을 했다. "우리는 그곳을 더 뜨겁게 만들 것입니다." 거의 즉흥적으로 내뱉은 이 말은 흔히 군인들이 공개적인 행사에서 알코올의 힘으로 전투에 대한 결의를 다지는 허풍스럽고 자신감 넘치는 발언에 가까웠다.

하지만 그 말은 셸렌베르크의 심금을 울렸다. 그 후 몇 주 동안 한 군인의 자발적인 맹세가 그의 머릿속에 맴돌았고, 결국은 훨씬 더 거대한 가능성을 숙고해 보게 했다.

—14—

베를린의 우아한 에덴 호텔 바에서 5시는 티타임이었다. 전시에는 '아인탠저스'라고 불리는 택시 댄서들이 짧게 영업을 했다. 그들은 고작 10대의 젊은 남자들이었는데, 남편이나 남자친구가 조국을 위해 참전하는 동안 홀로 남은 여자들과 몇 마르크씩 받고 춤을 춰 주었다. 1943년 7월의 늦은 저녁, 셸렌베르크는 잘 차려입은 여자들 사이를 헤치고 지나갔다. 여자들은 무도장 주위를 따라 쭉 앉아 있는 아들 또래의 앳된 소년들을 뚫어져라 쳐다보고 있었다. 그는 금박 장식이 있는 실내의 어두운 맨 안쪽 구석까지 걸어가 표시되지 않은 문을 열었다.

원목 패널로 장식된 살롱으로 들어가니, 술잔을 든 카나리스가 안쪽 창가에 빙 둘러 배치된 가죽 안락의자 중 하나에 앉아 있었다. 창밖으로는 북적거리는 거리가 보였다. 카나리스 제독의 맞은편에는 아프베어의 해외 야전 기지를 담당하는 게오르크 한센 대령이 앉아 있었다 (그리고 그는 1년 후 히틀러 암살을 계획하는 사람 중 1명이 된다). 셸렌베르크는 창문을 등지고 카나리스의 말랑한 분홍색 얼굴을 똑바로 응시하는 자리에 앉았다.

그는 녹초였다. 그날 오후는 칼텐브루너와의 일상적인 회의로 시작되었다. 그것만으로도 충분한 시련이었다. 그런데 그의 상사가 기어코 힘러의 사무실로 함께 가서 예루살렘의 그랜드 무프티grand mufti[이슬람교의 최고 종교자직-역주]를 맞이하자고 했다. 유쾌한 토론 자리가 아니었다. 무프티는 격분했다. 최근에 그는 독일의 보스니아 사단에 소속된 이슬람교도들이 독일을 위해 싸우는 다른 군인들과 마찬가지로 술과 돼지고기 배급을 받고 있다는 사실을 알게 되었다. 무프티는 알라신의 계율을 위반하는 행위이니 당장 멈추어야 한다고 주장했다. 독일 측에서는 정성 들인 사과와 함께 이슬람교도에게 적절한 배급이 이루어질 것이라고 아첨 섞인 약속을 했다. 셸렌베르크는 그 정도 선에서 문제가 마무리될 줄 알았다. 하지만 실망스럽게도 그 귀한 중동 조력자는 대화를 질질 끌었고 이쪽은 계속 고분고분한 태도로 임할 수밖에 없었다. 셸렌베르크가 할 수 있는 일은 호의적인 미소를 띤 채 앉아서 피곤함과 답답함을 느끼며, 아무도 보스니아 군인들에게 금지된 맥주를 마시거나 햄을 먹으라고 강요하지 않았다고 속으로 생각하는 것뿐이었다.

온종일 피곤하게 보내고 지금은 저녁이었다. 셸렌베르크는 에덴의 쾌적한 개인 살롱에 앉아 카나리스가 신중하게 고른 와인이 담긴 술잔을 손에 들고 있었다. 혐오스러운 칼텐브루너는 그 어디에도 보이지 않왔고, 마침내 긴장이 조금씩 풀렸다. 카나리스 제독의 초대로 호텔에 왔으므로, 이 아프베어의 수장이 무슨 생각을 하고 있는지 말해 주기를 기다리기만 하면 됐다. 와인은 맛있었다. 서두를 게 없었다.

카나리스는 정중하고 친절한 호스트처럼 잠시 장황하게 말을 늘어놓다가 본론으로 들어갔다. 아프베어의 전신실이 이란으로부터 연락을 받는데 매우 좋은 소식이었다. 낙하산으로 이란에 잠입하는 프란츠 작전의 첫 단계가 성공적으로 완료되었다. 스코르체니가 훈련시킨 특공대원 4명이 시골 마을 시아 쿠 근처에서 낙하산을 타고 언덕의 나라에 착륙하는 데 성공한 것이다. 그들은 다음날 마이어, 코드명 막스를 추적하기 위해 테헤란으로 갈 예정이었다. 모든 계획이 순조롭게 진행된다면 연합군 물자를 실은 철도에 대한 공격이 곧 시작될 것이다.

중요한 발표가 또 있었다. 카나리스 제독이 약간의 의식과 함께 발표했던 안톤 작전, 즉 아프베어 팀이 이란 산악 지대에 사는 부족의 영역에 착륙하여 슐체-홀투스와 접선하기 위한 작전 준비가 완료되었다. 며칠 안에 융커스 Ju-290기가 쿠엔츠호수 특공대를 태우고 크림반도에서 이륙할 것이다.

그 말을 들은 셸렌베르크는 모든 피로가 싹 가시는 느낌이었다. 그는 자신이 느끼는 감정이 무엇인지 이해하려고 애썼다. 이것은 그가 아이디어를 떠올리고 신중하게 발전시켜서 실행에 옮긴 계획이었다. 그 계획이 성공적으로 착착 진행되고 있는 것이다! 한 팀은 이란에 도착했고 또 다른 팀이 곧 출발한다. 셸렌베르크는 의기양양했다. 하루하루 더 나빠지기만 하는 패색 짙은 이 비참한 전쟁에서 오랫동안 마음고생을

하다가 마침내 축하할 일이 생겼다. 특공대 작전이 전쟁의 양상을 바꿔줄 것이라고 기대하지는 않았다. 그는 맹목적인 믿음을 가진 비현실적인 사람이 아니었다. 매일 최전선에서 올라오는, 갈수록 애절하고 엄숙해지는 스파이들의 보고서를 읽는 그였다. 하지만 오늘 밤만큼은 어쩔 수 없었다. 너무도 오랫동안 우울한 소식만 들었는데 오늘만큼은 자부심과 성취감으로 가득 찼다. 심지어 제3제국의 이 암울한 시대에 찾기가 힘들어진 희망마저도 느껴졌다.

두 스파이마스터, 카나리스와 셸렌베르크는 공동의 성공을 축하하며 건배했다. 병이 비워지자 카나리스의 거만한 명령에 따라 신속하게 새로운 병이 나왔다.

나중에는 ─그날 저녁은 시계를 보는 사람이 아무도 없고 그 누구도 시간의 흐름에 신경 쓰지 않았다─ 한센 대령이 주도권을 잡았다. 셸렌베르크는 카나리스가 왜 그를 데려왔는지 궁금했다. 한센은 이란 잠입 작전에서 맡은 역할이 없었으니까. 셸렌베르크는 흥미롭게 지켜보았다. 때마침 한센 대령이 서류 가방에서 두꺼운 서류를 꺼냈다.

그날 저녁에 관한 몇몇 증언에 따르면 한센이 말했다. "이것은 현장에 있는 우리 요원들이 보내온 전보입니다. 모든 전보에는 처칠과 루스벨트, 스탈린이 연합군의 유럽 침공을 계획하기 위해 만날 장소와 날짜가 담겨 있습니다."

대령은 극적인 효과를 위해 잠시 멈추었다. 셸렌베르크는 곧이어 가장 결정적인 멘트가 나오기를 기다렸다.

한센은 전혀 기쁘지 않은 표정으로 마침내 말을 이었다. "이야기들이 전부 다릅니다. 우리가 받은 결정적인—모순으로 가득한 표현이었다— 정보에 따르면, 이 3자 정상회담은 알래스카에서 열린다고 합니다. 아니면 뉴펀들랜드. 아니면 아프리카. 어쩌면 이집트. 시기는 8월입니다. 아니면 9월. 어쩌면 10월. 아예 열리지 않을 수도 있습니다. 자랑스러운 우리 첩보망이라도 여기까지입니다." 그가 분통을 터뜨렸다.

그러더니 미리 대본이라도 짜 둔 것처럼 이번에는 카나리스 제독이 나섰다. "총통의 우선순위야. 총통은 허를 찔리기를 원하지 않으시네. 두 번 다시는."

히틀러는 처칠과 루스벨트가 카사블랑카에서 만나기로 했다는 정보를 미리 받지 못했다. 그는 루스벨트가 공식적으로 무조건 항복을 요구하리라는 것도 전혀 예상하지 못했다. "내가 왜 미리 경고받지 못한거지? 내 정보기관의 쓸모가 뭐야?" 총통은 몇 주 동안 힘러를 비롯해 옆에 있는 모든 사람에게 비난조로 소리쳤다.

카나리스는 셸렌베르크에게로 시선을 고정했다. 그리고 말했다. "총통은 빅3 회담이 열리는 장소와 날짜를 알아내라고 아프베어에 명령하셨네. 만약 알아내지 못한다면? 총통은 실패가 용납할 수 있는 선택이 아니라는 것을 분명히 하셨어."

그날의 대화에 관한 몇몇 증언이 확인해 주듯 카나리스는 간청하듯 말했다. "나는 제6국의 도움이 필요하네. 우리는 이란 임무를 같이 진행했어. 경쟁을 제쳐 두었지. 한 번 더 같이 일하자는 말이네. 제6국은 전 세계에 요원들이 있지. 그들에게 명령을 내리게. 애원하거나 빌리거나 훔치라고 하게. 총통이 원하고 독일에 필요한 것, 연합국 정상회담 날짜와 장소를 나와 함께 손잡고 알아내 보자고."

그다음에 일어난 일을 과연 어떻게 설명할 수 있을까? 확실히 셸렌베르크는 특공대가 이란 잠입에 성공했다는 소식이 안겨 준 들뜬 기분을 즐기고 있었다. 전쟁은 질지도 모르지만 아직 이길 가능성이 있는 전투들도 있었다. 카나리스의 애원 섞인 부탁과 그가 요구한 특정한 첩보도 셸렌베르크의 마음에 영향을 끼쳤다. 그리고 쿠엔츠호수 방문은 그렇게 오래전의 일이 아니었다. 그때의 경험은 여전히 생생하게 남아서 기억의 거센 파도가 휘몰아치고 있었다. 축하주로 마신 와인도 상상에서나 나올 법한 생각을 부추기는 데 한몫했으리라. 셸렌베르크는 아프베어 특공대 훈련소 교실 뒤편에 앉아서 들었던 홀텐-플루크와 학생의 대화를 현장 요원처럼 정확하게 전했다. 그는 부드러운 어조로 천천히 말했다. 마치 카나리스뿐만 아니라 자신도 설득하려는 것 같았다.

"50명! 50명만 있으면 된다." 셸렌베르크가 들려준 이야기(실제로 홀텐-플루크의 수업을 들었던 학생이 먼 훗날 여전히 생생한 기억으로 밝힌 내용도 똑같았다)에 따르면, 그때 홀텐-플루크는 이렇게 말했다. "능력과 의지를 갖춘 50명의 남자만 있으면 충분해. 워싱턴, 런던, 모스크바로 돌진할 수 있는 용기와 노하우를 가진 남자들 말이다. 작은 권총 하나의 작은 총알 하나가 포병 연대보다 더 파괴력이 클 수 있다. 만약 스탈린이 갑자기 사라진다면 일개 소련 병사가 어떻게 하겠는가? 제군은 과연 그가 계속 싸우리라 생각하는가?"

제자가 회의적인 태도로 스승에게 반론을 제기했다. "처칠이나 루스벨트가 사라지면 다른 사람들이 나와서 그 자리를 대신하지 않겠습니까? 장군들 같은 사람들 말입니다. 실제로 전투에 나가는 것도 그 사람들 아닙니까?"

홀텐-플루크는 물러서지 않았다. "장군들?" 그가 경멸스럽다는 듯 반문했다. "웃기지 마라! 그들은 결코 우리보다 나을 게 없다. 안전한 숙소에서 온종일 카드 테이블에 궁둥이를 붙이고 앉아 있지. 실제 전쟁터에서 장군을 본 적이 있는가?"

셸렌베르크는 그가 들었던 이 대화를 그대로 전달하고 더 이상 아무 말도 하지 않았다. 설득도 강요도 없었다. 도전 과제가 내던져졌고 그 과제의 역사적 의미에 대한 사색이 방안을 가득 채웠다.

그러고 나서 셸렌베르크는 아직 감히 입 밖으로 내지 못한 작전에 대한 비판을 내놓았다. 노련한 정보분석관의 냉정한 객관성으로 장애물을 제시했다. 전부 반박할 수 없는 사실들이었다.

- 사실: 아프베어도 제6국도 빅3의 만남이 언제 어디에서 이루어질지 알지 못한다. 카나리스가 인정했듯이 이 정보를 입수하는 것은 대단히 어려우며 불가능할 수도 있다.
- 사실: 독일이 어떻게든 회담 날짜와 장소를 사전에 입수한다고 해도 이 세 사람은 역사상 가장 큰 군대를 통솔하는 지도자들이므로 경호 병력이 어마어마하다.
- 사실: 만약 특공대가 용감하게 경호대를 뚫는다고 해도 목표

물에 접근하기 전에 전원 살육당할 것이다. 정면 공격은 자살 임무나 다름없으며 잠입도 불가능할 것이다.

전문가의 중립적인 판단으로 모든 가능성을 단호하게 제시하고 나니, 셸렌베르크조차도 처음 그 아이디어를 떠올렸을 때의 의기양양함은 사라지고 무모하기 짝이 없는 불가능한 일처럼 느껴졌다. 아프베어 2명의 의견도 단호했다. 결론은 명확했다. 실행 불가능한 일이다. 빅3의 정상회담에서 그들을 암살할 방법은 없다.

하지만 7월의 그날 밤, 씨앗이 뿌려졌다. 독일이 연합군의 앙심 가득한 무조건 항복 요구에 따르지 않고 이 전쟁을 합리적인 평화 협상으로 끌고 갈 수 있을지도 모른다는 가능성이(비록 희박하지만) 요란한 천둥소리와 함께 첩보국 수장들의 머릿속에 들어앉았다. 셸렌베르크는 온갖 불안과 의심에도 불구하고 뇌리를 떠나지 않는 인상적인 기억을 떨칠 수 없었다. 그것은 불가능한 시련 앞에서 '더 뜨겁게 만들겠다'고 맹세하는 용감한 특공대원의 모습이었다.

한편 워싱턴에서 마이크 라일리의 머릿속은, 비밀경호국이 사용하는 의도적으로 객관적인 용어로 치자면, '우선순위 높은 목표물'에 대한 생각으로 가득 차 있었다. 그는 암살의 역사를 철저하게 연구했다. 사람을 죽이는 방법에는 여러 가지가 있었다. 하지만 대통령 암살의 역사와 기술에 관한 집중적인 연구 이후 그는 가장 효과적인 두 가지 방법에 집중하게 되었다. 바로 총과 폭탄이었다.

통계는 총격의 효과에 대한 설득력 있는 근거를 제공했다. 지금까지 미국인은 그들의 손으로 직접 뽑은 대통령 10명 중 1명을 총으로 쏴 죽였다. 암살 미수까지 합하면 더더욱 실망스러운 수치였다. 미국인은 백악관에서 산 남자 5명 중 1명에게 죽이려는 목적으로 총을 쏘았다.

하지만 잠재적으로는 폭탄이 훨씬 더 위험한 무기였다. 마이크는 알고 있었다. 총격으로부터 사람을 보호하는 일은 매우 복잡하지만, 치명적인 무기를 던지거나 숨기거나 우편으로 보낼 수 있는 폭탄 전문가들을 막는 것에 비하면 지극히 단순할 정도였다.

결론은 총이든 폭탄이든, 대통령을 쉽게 죽일 수 있다는 것이었다.

마이크는 나치가 전문 사격수 팀과 창의적인 폭탄 제조자들로 가득한 실험실을 가지고 있으리라는 것을 의심하지 않았다.

보스와 처칠, 스탈린의 만남을 추진하는 복잡한 외교 협상이 계속됨에 따라 두려움이 마이크의 머릿속을 떠나지 않았다. 날짜와 장소 등 해결된 부분은 하나도 없었다. 하지만 그런 것들은 마이크에게 운영상의 세부 사항에 불과했다. 그의 온몸의 세포는 정상회담이 어디에서든 정말로 열린다면, 나치가 분명 그가 목숨을 바쳐서 지키겠다고 맹세한 남자를 노리려고 할 것이라는 사실에만 집중되었다. 적들은 총을 가지고 올 수도 있고 폭탄을 가지고 올 수도 있다. 무엇을 선택하든, 그는 반드시 그들이 실패하게 만들어야 했다.

15

3명의 연합국 지도자들을 노리는 임무에 관한 독일 스파이마스터들의 다음번 대화도 표면적으로는 이란 특공대의 진행 상황에 대해 논의하기 위해 다시 소집된 회의에서 이루어졌다. 이것은 기밀성뿐만 아니라 망설임을 보여 주는 증거였다.

지난번 회의에서 3주가 지난 베를린의 무더운 8월이었다. 이번에는 카나리스 제독과 제6국 국장 둘뿐이었고 셀렌베르크의 사무실에서 만났다. 셸렌베르크는 마이크를 전부 껐다는 사실을 밝혔다. 그들의 대화가 녹음되지 않을 것이라고. 그는 이것이 한 첩보국의 수장이 형제 조직의 수장에게 보여 주는 예의인 것처럼 포장했다. 하지만 후환을 걱정하지 말고 자유롭게 이야기하자는 암묵적인 메시지를 파악할 수 있을 정도로 두 남자 모두 약삭빨랐다. 진짜 관심사는 이란 팀들이 아니었으므로 두 스파이마스터는 대략적인 논의만 거친 뒤 그들의 머릿속을 떠나지 않는 문제로 바로 넘어갔다.

지금은 환상을 품을 때가 아니었다. 기적을 믿을 때도 아니었고. 두 남자는 마침내 본격적으로 논의하게 된 그 임무에 대해 헛된 희망을 품고 있지 않았다. 임무의 실패는 언제나 책임자에게 불명예의 그림자를 드리우며 그 여파로 더 끔찍한 결과가 초래될 수 있다는 사실 또한 잘 알고 있었다. 하지만 그들은 위험 감수를 거부하고 부드럽게 포장된 좁은 길만 걸어가는 첩보국은 제 역할을 하지 못한다는 사실을 이해하는 전문가들이었다. 그리고 둘 다 조국을 사랑했다. 그들은 독일이 완전히 무너져서 연합국의 무조건 항복 요구에 무릎 꿇을 수밖에 없는 순간이 빠르게 다가오고 있다는 사실을 혐오했다. 조국이 그런 파괴적인 결과를 피할 방법이 있다면 아무리 가능성이 희박해도 자세히 알아봐야 한다고, 명예와 의무가 그들에게 말하고 있었다.

이런 식으로 독일의 두 첩보국 수장들은 사실상 빅3를 살해하려는 작전의 공작관이 되었다. 그들의 밟아야 할 실질적인 첫 단계는 관료주의적인 예비 단계를 제거하는 것이었다. 두 조직의 협력 조건을 공식화할 필요가 있었다. 이것은 놀라울 만큼 간단한 협상으로 해결되었다. 이번 계획의 극도의 중요성과 절대적인 우선순위를 고려해 그들은 다음과 같이 동의했다.

- 하나: 아프베어와 국가보안본부 제6국은 이용 가능한 모든 정보를 교환하고 상대의 정보 수집 활동을 막지 않기 위해 모

든 노력을 기울인다.

- 둘: 두 조직은 현장 요원과 공작원들에게 3자 회담의 날짜와 위치 정보가 최고 우선순위라는 사실을 알린다.
- 셋: 팀의 구성원은 쿠엔츠호수와 오라니엔부르크 특공대에서 선별하고 별개의 부대로 합병한다.
- 넷: 회담이 소련이나 미국, 영국이 통제하는 영토 중 한 곳에서 열릴 가능성이 크므로 특공대원에게 유창한 러시아어 및 영어 실력은 필수적이다.
- 다섯: 두 조직의 전술 부서가 협력하여 임무에 필요한 최적의 무기와 폭발 장치를 제공하고 필요한 경우에는 제조한다.
- 여섯: 선발된 특공대원들은 임무의 구체적인 성격이나 목적을 알지 못하는 상태로 훈련을 시작한다. 또한 작전 개시 전까지는 목표물의 정체를 알리지 않는다.

대략적인 범위가 갖춰진 가운데 관리상의 업무가 하나 더 남아 있었다. 작전의 암호명이 필요했다. 이상하게도 이 부분에서 둘의 의견이 가장 크게 충돌했다. 오랜 경력 내내 엄격하고 까다로운 모습을 보인 카나리스는 비밀 유지가 가장 중요하다는 입장이었고, 설명이 필요 없을 정도로 자명하고 합리적인 우려가 그의 주장을 뒷받침했다. 그는 원래 이란 작전이 간단히 '장거리 작전'으로 불렸다는 말로 시작했다. 우리가 연합국 회담에 대해 확실히 알고 있는 한 가지 사실은 무엇인가? 독일 국경 너머에서 일어날 것이라는 점이라고, 그는 스스로 던진 질문에 직접 정중하게 대답했다. 그러므로 암살 임무는 의심할 여지 없이 장거리 임무다. 제독은 철저한 보안을 위해 이 작전의 암호명이 '장거리 작전 알파'가 되어야 한다고 열정적으로 주장했다.

셸렌베르크도 제독의 신중한 태도를 이해할 수 있었다. 전쟁이 휘청거리며 대참사를 향해 나아가면서 충성심도 실용주의로 변했다. 그는 분명 국가보안본부 내부에, 심지어 그가 근무하는 제6국의 사무실에도 이중 스파이가 있을 것이라고 생각했다. 하지만 쇼맨의 자질도 갖춘 셸렌베르크는 그렇게 밋밋한 코드명에는 찬성할 수 없었다. 지금 그들이 논의하고 있는 것은 이번 전쟁을 통틀어서는 물론이고 어쩌면 역사상으로도 가장 대담한 첩보 작전이라고 할 수 있었다. 그런 작전에 그렇게 핏기라고는 하나도 없고 진부하기 짝이 없는 암호명을 붙이고 싶지 않았다.

셸렌베르크는 평소답지 않게 공격적으로 보일 수도 있을 만큼 열정적으로 그것은 단순한 장거리 작전이 아니라고 맞섰다. 훨씬 더 야심 찬 작전이라고. 이것은 멀리뛰기와 같다고(즉흥적으로 떠올린 단어인 것처럼 보였다).

결국 그가 주장한 이름이 받아들여졌다. 이제 연합국 지도자 3명을 암살하려는 작전은 공식적으로 '롱 점프Long Jump' 작전이라고 불리게 되었다.

하지만 첩보의 세계에서는 작전명이 생겼다고 바로 살아 숨 쉬는 건 아니었다. 두 스파이마스터가 모두 인정했듯이 그 임무가 무산되지 않으리라는 믿음을 위해서는 정말로 강력한 멀리뛰기가 필요했다. 익숙한 장애물들이 그대로 남아 있었다. 장소도 모르고 날짜도 모른다. 게다가 목표물이 세계에서 가장 철통 보안을 받는 세 사람이라는 점은 오를 수 없는 거대한 장벽이었다. 그들은 롱 점프의 가능성을 비관하는 것만이 아니었다. 실패할 수밖에 없다고 체념했다. 겉으로 드러내지 않았지만 두 남자 모두 속으로는 이 계획이 특공대 훈련소를 벗어나서까지 진전될 가능성은 희박하다고 생각하고 있었다.

그래도 셸렌베르크는 카나리스와의 회의 이후 그와 상의하지 않은 한 걸음을 더 내디뎠다. 그 걸음에 동기를 부여한 것은 보안도 첩보의 기술도 아니고 그의 생존본능이었다. 그는 카나리스나 아프베어의 그 누구든, 국가보안본부 수장 칼텐브루너에게 지나가는 말일지언정 롱 점프를 언급할까 봐 두려웠는데, 그만한 이유가 있었다. 만약 자부심 강한 칼텐브루너가 그런 작전에 대한 논의가 이루어졌다는 사실을 자신의 부하가 아닌 다른 사람들에게서 먼저 듣는다면 셸렌베르크는 문자 그대로 대가리가 날아갈 터였다. 그래서 그는 그저 탐색 작업에 불과한 것으로 보이도록 신중하게 축소해서 상사에게 일의 경과를 구두로 보고했다. 아마 흥미롭기는 하지만 절대 증명할 수 없는 무모한 가설을 주장하는 과학자처럼 보였을 것이다.

놀랍게도 항상 변덕스러운 칼텐브루너는 흥미를 보였다. 비록 조심스럽고 정치적이기는 했지만 격려해 주기까지 했다. 그래도 셸렌베르크는 국가보안본부 수장 칼텐브루너가 그 사실을 윗선인 힘러에게까지 전하리라고는 예상하지 못했다. 그리고 SS 수장 힘러가 그것을 또 히틀러에게 보고할 줄은. 총통은 암살 작전을 듣고 잔뜩 흥분했을 뿐만 아니라 새로운 목표까지 제시했다. 세 연합국 지도자들을 죽이지 말고 납치하라고.

그 소식을 들은 셸렌베르크는 분노했다. 롱 점프 작전에 동원되는 특공대원들은 표적의 눈 사이에 총알을 박거나 책상 밑에 폭탄을 설치할 수 있을 정도로 가까이 접근하는 것만도 힘들 것이다. 그런데 히틀러는 어떻게 특공대가 연합군 경호원들의 코앞으로 뛰어들어 세 남자를 붙잡아 포로로 삼고 연합군의 몇 개 사단에 쫓기면서 서둘러 독일로 돌아오는 작전의 성공 가능성에 대해 진지하게 생각할 수 있단 말인가?

카나리스와의 대화가 그의 흥분을 진정시켜 주었다. 카나리스는 사면초가에 몰린 총통의 무모한 제안 중 하나일 뿐이라면서 오늘은 중요한 우선순위이지만 다음날은 아니게 될 것이라고 장담했다.

셸렌베르크는 제독의 말을 듣고 생각했다. 그는 동의한다는 듯 히틀러가 자신을 윈저 공작과 공작부인의 납치 임무에 파견했던 이야기를 들려주었다. 시간이 흘러서인지 그 작전 자체도, 시소처럼 날뛰었던 그때의 기분도, 우스갯소리 삼아서 이야기할 수 있었다.

"맞는 맞일세." 카나리스가 내뱉었다. "결국 총통은 그 무모한 계획이 흐지부지되게 내버려 두었지 않은가. 그러니 입 다물고 가만히 앉아 있으면 이 거대한 작전도 자연스럽게 조용해질 거야." 카나리스가 자신만만한 어조로 조언했다.

침울한 기분이 풀어진 셸렌베르크는 또 한 번 우스갯소리에 도전했다. 그는 루스벨트와 처칠, 스탈린이 우리에 갇혀서 총통의 과장된 연극 같은 장광설을 듣는 모습을 상상해 보라고 했다.

두 스파이가 음흉하게 웃었다.

하지만 두 사람은 히틀러의 또 다른 즉흥적인 계획—역시나 납치 계획이었다—이 진행 중이라는 사실을 모르고 있었다. 머지않아 그들이 그 거대한 작전의 발자취를 따라가게 되리라는 것도.

16

롱 점프 작전에 관한 서류에서 발견되는 많은 우연 가운데에는 1943년 7월 26일에 일어난 사건도 있다. 두 스파이마스터가 에덴 호텔에서 첫 회의를 했던 바로 그날, 아돌프 히틀러도 비슷한 영역에 발을 들여놓기 시작했다. 그 역시 불가능한 임무를 구상하고 있었는데, 여기에 또 한 번 우연의 힘이 작용한다. 히틀러는 계획의 첫 단계로 그해 여름날 오후에 셸렌베르크가 그랬던 것처럼 오라니엔부르크 특공대 학교의 지휘관 오토 스코르체니 대위를 찾았다.

"프란츠 작전과 관련이 있을까?" 스코르체니는 동프로이센의 숲 깊숙한 곳에 들어선 히틀러의 본부 볼프산체Wolfschanze [늑대굴-역주]에서 찾는다는 소식에 어리둥절했다. 하지만 재빨리 그 생각을 떨쳐 버렸다.

총통이 이란 작전 같은 평범한 일로 개인적인 브리핑을 원할 리는 없을 듯했다. 쓸데없는 질문들과 전혀 도움 되지 않는 답들이 그의 머릿속을 괴롭혔다. 화창한 7월 말 오후에 템플호퍼 비행장에 새워진 융커스 Ju-52기에 탑승한 그는 두려움에 사로잡혔다. 제3국에서는 사실이든 단순한 의심에 불과하든, 과거의 죄를 묻는 계산서가 언제든 도착할 수 있었다.

비행기의 좌석은 12개였고 다른 승객은 없었다. 배려 차원인지 뭔지 전혀 감이 잡히지 않았다. 어쨌든 비행기 앞쪽에 칵테일 캐비닛이 있어서 브랜디 한 잔을 마셨다. 어느덧 비행기가 이륙했고, 스코르체니는 마음의 준비를 하려고 애썼다. 잠시 후 그는 독일의 총통이자 독일 국방군 최고사령관 아돌프 히틀러를 만날 예정이었다.

비행기가 착륙했을 때 커다란 메르세데스가 기다리고 있었다. 울창한 숲을 달리자 검문소가 나왔다. 신분증명서를 보인 후 자동차가 자작나무 늘어선 좁은 길을 따라 계속 달렸다. 두 번째 검문소가 나타났고 또다시 신원을 증명한 후 잠깐 달리니 높은 철조망 울타리가 나왔다. 게이트가 열렸고 키 작은 건물과 막사들에 둘러싸인 구불구불한 길을 따라갔다. 구조물들은 위장 그물로 덮여 있고 역시나 은폐를 위해 건물들의 평평한 지붕에 나무를 심어 놓았다. 공중에서는 프로이센의 평범한 숲처럼 보일 것이다.

목조로 된 티하우스에 도착했을 때는 이미 어둑해진 뒤였다. 그곳은 장군들이 식사하는 곳이라고 했다. 스코르체니는 나무 탁자와 천을 씌운 의자가 몇 개나 들어갈 만큼 널찍한 응접실로 안내되었다. 마룻바

닥은 부클 소재의 아무 무늬 없는 검은색 카펫으로 덮여 있었다. 지시에 따라 기다리고 있으니 무장친위대Waffen-SS 대위가 나타났다. "총통께 안내해 드리겠습니다. 따라오십시오."

그들은 다른 건물로 갔다. 역시나 잘 꾸며진 대기실이 나왔다. 아까보다 더 넓었다. 벽에는 은색 액자에 담긴 예쁜 꽃 그림이 걸려 있었다. 뒤러의 작품 같았다. 복도를 지나 크고 높은 공간으로 안내되었다. 벽난로에는 불이 활활 타오르고 거대한 테이블은 지도로 뒤덮여 있었다. 그때 문이 갑자기 열리더니 느린 걸음으로 아돌프 히틀러가 들어왔다.

스코르체니는 발뒤꿈치를 딱 붙이고 차렷 자세를 취했다. 히틀러가 오른팔을 곧게 뻗어서 그 유명한 나치식 경례를 했다. 그는 암회색 군복을 입었고 목 부분을 채우지 않아서 흰색 셔츠와 검은 넥타이가 드러났다. 가슴에는 1급 철십자 훈장을 꽂았다.

히틀러가 마침내 입을 열자 굵은 목소리가 흘러나왔다. "자네에게 맡길 중대한 임무가 있네. 내 친구이자 우리의 충성스러운 전우인 무솔리니가 어제 왕에게 배신당하고 체포됐네."

스코르체니는 신문 기사를 떠올렸다. 이탈리아의 고압적인 파시스트 독재자 베니토 무솔리니가 이탈리아 국왕 비토리오 에마누엘레를 알현하러 갔다. 무솔리니가 자리에 앉자마자 국왕은 대평의회가 자신에게 군대와 국정을 장악하라고 요청했으며 그 요청을 받아들였다고 밝혔다. 크게 충격을 받아 궁전을 떠나는 무솔리니의 앞을 헌병대가 막아서고 적십자 구급차로 데려갔다. 구급차의 뒷문이 열리자 기관단총으로 무장한 경찰들이 보였다. 순식간에 실각한 이탈리아 독재자는 총구가 겨누어진 채로 차에 탔고, 곧 구급차가 출발했다. 목적지는 비밀이었다. 무솔리니의 운명도.

스코르체니는 점점 더 생동감 넘치는 총통의 이야기에 귀 기울였다. "나는 이탈리아의 가장 위대한 아들을 저버릴 수 없고 저버리지 않을 것이네… 그는 곧 연합군에 넘겨질 거야. 나는 자네에게 전쟁의 추이에 대단히 중요한 일을 믿고 맡기려고 하네. 무솔리니가 어디 있는지 알아내서 구출하게."

스코르체니는 차렷 자세로 히틀러에게 시선을 고정했다. 총통은 쉬지 않고 계속 말했다. "이제 가장 중요한 부분을 말해 주지. 이 일은 기밀 사항이니 절대 그 누구에게도 말하면 안 되네."

히틀러의 말이 길어질수록 스코르체니는 그의 마법에 더욱더 빠져들었고, 훗날 이렇게 회고했다. "그때 나는 그 작전의 성공에 한 치의 의심도 없었다."

두 남자는 악수를 했다. 스코르체니는 고개를 숙인 후 물러났다. 문을 나갈 때까지 히틀러가 뚫어져라 쳐다보는 시선이 느껴졌다.

스코르체니가 티하우스로 돌아가서 혼자 생각해 볼 시간이 생겼을 때 조금 전까지만 해도 넘쳐났던 자신감이 모래성처럼 허물어졌다. 머릿속에서 수백 개의 질문이 일제히 비명을 지르는 듯했다. 그는 집중력을 가다듬으면서 군인처럼 생각하려고 노력했다. 침착하게 정신을 가다듬으며 스스로에게 말했다. "첫 번째 문제는 무솔리니가 어디에 있는지 알아내는 것이다." 그 문제에 집중하자마자 곧바로 다른 문제가 튀어나왔다. "만약 찾아낸다면 그다음은 뭐지? 무솔리니는 분명 경비가 삼엄하고 안전한 곳에 있을 것이다. 요새나 감옥을 습격해야 할까?" 이리저리 배회하는 생각이 온갖 만약의 상황을 만들었는데 무엇 하나 쉬워 보이지 않았다.

그래도 그는 마음을 다잡았다. 수년간의 훈련이 무색하지 않게 할 일 목록을 만들기 시작했다. 최고 인재들이 필요하다. 모두 이탈리아어에 대한 지식이 좀 있어야 할 것이고, 관리가 어렵지 않도록 9인씩 팀을 짜는 게 좋을 것이다. 그다음에는 무기와 폭발물에 대해 생각했다. 소규모 군대이므로 최대 화력이 필요하겠지. 하지만 중포는 제쳐 두기로 했다. 낙하산으로 내려가야 할지도 모르니 한 팀에 거치형 기관총 두 대만으로 어떻게든 해 봐야 할 것이다. 나머지는 가벼운 자동 권총으로 무장해야 하겠지. 폭발물은? 물론 수류탄이 필요하다. 가소성 폭약 30킬로그램이면 충분하겠지만 SS가 네덜란드에서 손에 넣은 영국제 폭탄도 꼭 챙겨야겠다고 생각했다. 독일 국방군에 배급된 그 어떤 폭탄보다 믿을 만하니까. 길고 짧은 다양한 길이의 퓨즈도 필요할 터였다. 전투 계획을 예측하는 것은 불가능하므로 모든 만일의 사태에 대비해야 했다. 열대용 헬멧과 가벼운 속옷도 필요할 게 틀림없었다. 이탈리아의 이글거리는 여름 날씨에 내복을 입고 돌아다니는 일은 없어야 하니까. 물론 식량도 준비해야 한다. 6일분의 식량과 3일분의 비상식량 정도면 대원들이 충분히 버틸 수 있을 것이다. 만약 그 정도로 충분하지 않다면 적의 영토에서 연합군을 피해 도망치는 신세가 되었을 테니 어차피 식량 따위는 중요한 우선순위가 아니겠지.

스코르체니는 목록을 완성한 후 베를린의 본부에 텔레타이프로 보내려고 전신실을 찾았다. 그다음에는 그를 위해 준비된 티하우스의 간이침대로 돌아왔다. 어느새 자정이 가까워졌고 피곤한 하루도 끝났지만 좀처럼 잠을 이룰 수가 없었다. 침대에서 엎치락뒤치락하면서 생각을 떨쳐 버리려고 노력했지만, 5분 후에는 또다시 문제들과 씨름하고 있었다. 임무에 대해 곰곰이 생각할수록 성공 가능성이 더욱더 낮아 보였다.

스코르체니는 알지 못했지만 기나긴 바로 그날 밤 베를린에서는 셸렌베르크가 놀라울 정도로 비슷한 전술 문제에 대해 고민하면서 뒤척이고 있었다. 그 역시 아무리 생각해 보아도 절망적인 결말에 이를 뿐이었다.

힘든 시기였다. 스코르체니는 부관들에게 일러 대원들이 언제든 전투할 수 있게끔 준비하도록 했다. 그리고 그 자신은 한 가지 목표에만 집중했다. 바로 무솔리니를 찾는 일이었다. 그가 어디에 포로로 잡혀 있는지 알기 전까지는 공격 작전을 세우는 것은 의미가 없었다. 일단 그 문제부터 풀어야만 다음 문제에 달려들 수 있었다.

그는 무솔리니의 소재에 대해 온갖 소문이 떠돈다는 사실을 발견했다. 소문을 하나씩 직접 캐보는 수밖에 다른 방도가 없었다. 식료품 잡화상은 유형지로 유명한 외딴 폰자섬에 '고위층 죄수'가 있다는 말을 들었다고 했다. 이탈리아 선원 출신의 정보원은 무솔리니가 라 스페치아 항구에서 순항하는 군함에 감금되어 있다고 확신했다. 우체부는 사르데나섬에 있는 저택에서 삼엄한 경비에 둘러싸인 무솔리니를 목격했다고 했다. 카나리스도 무솔리니 추적에 뛰어들었다. 그는 무솔리니가 엘바 근처의 작은 섬에 임시로 만든 감옥에 수감되어 있다는 믿을 만한 정보를 입수했다고 주장했다. 하지만 작은 수확이라도 올리게 해준 소문은 하나도 없었다. 3주가 지나도 아무런 진전이 없자 스코르체니는 원점으로 돌아왔다며 분노했다. 히틀러에게 다시 불려가 '내 친구 무솔리니가 하루빨리 석방되어야 한다'고 거듭 강조하는 말을 들었을 때 그의 기분은 더욱더 바닥을 쳤다. 스코르체니 같은 자기중심주의자에게 실패는 최악의 비운이었다.

그렇게 그가 모든 희망을 포기할 무렵, 이탈리아 고위직 관계자 2명이 연루된 자동차 사고가 아브루치산맥에서 벌어졌다는 보고서를 받았다. 그들은 그 산악 지대에서 무엇을 하고 있었던 것일까? 스코르체니는 의아했다. 그곳은 전투나 그 어떤 군사 시설에서도 멀리 떨어진 곳이었다.

그 길을 따라가자 무솔리니에게 가까워졌다. 마침내 구출 작전이 구체화되기 시작했다.

글라이더 12대가 있었다. 급강하해서 고양이처럼 부드럽게 착지하는 것이 목표였다. 그렇게 하면 적의 허를 찌르는 이점을 얻을 수 있을 터였다. 철저하게 세워진 계획은 아니었기에 불확실하거나 알 수 없는 부분이 너무 많았다. 무솔리니가 처형되기 전에 경비원들을 제압할 수 있을지 의문은 남았지만, 다른 모든 선택지를 고려한 결과 조금이라도 가능성이 있다고 판단된 방법은 이것뿐이었다.

스코르체니는 드디어 원하는 정보를 확인하고 흡족했다. 무솔리니는 해발 7,000미터에 이르는 아펜니노산맥 꼭대기에 위치한 스키 리조트에 붙잡혀 있었다. 계곡에서 꼭대기까지 올라가는 케이블카는 한 대뿐이고, 중무장한 파견대가 케이블카 승강장 주변을 지키고 있었으며, 헌병대가 그곳으로 접근하는 도로를 차단했다. 무솔리니가 연금되어 있는 캄포 임페라토레 호텔은 견고한 벽돌로 지어진 4층 건물로 요새나 마찬가지였다. 방도 100개가 넘어서 무솔리니가 어느 방에 있는지 모를 일이었다. 게다가 보고서는 산꼭대기에서 진을 치고 호텔과 유일한 손님을 지키는 군인이 150명은 될 것으로 추정했다. 스코르체니는 같은 전문가로서 이탈리아인들의 치밀함을 인정하지 않을 수 없었다. 만약 그가 누군가를 안전하게 숨겨 두어야 한다면 이렇게 했을 것이다. 아니, 이만큼 잘하지 못할 것 같았다.

본격적으로 무솔리니 구출 계획을 세우기 시작하면서 이탈리아인들의 빈틈없음에 대한 존경심은 더욱 커졌다. 스코르체니는 지상 공격은 일찌감치 제외했다. 가파른 산허리를 올라간다면 장기전이 될 텐데 적들이 위쪽의 요새에서 아래쪽으로 사격해 올 테니 질 게 뻔했다. 무엇보다 지상 공격으로는 기습이 불가능했다. 총격과 폭발 소리가 로마까지 들릴 정도로 요란하게 날 테고, 그 사이에 이탈리아인들이 무솔리니를 데리고 다른 곳으로 피하거나 그의 머리에 총알을 박을 시간은 충분했다.

생각하면 할수록 기습이 필수라는 사실이 분명해졌다. 이 임무는 도박이고 기습은 그의 비장의 카드가 될 것이다. 그래서 그는 특공대가 비행기에서 뛰어내리는 낙하산 공격을 떠올렸다. 하지만 루프트바페 전문가들은 그 선택지를 제외했다. 그렇게 공기가 희박한 높은 고도에서는 납덩이처럼 바닥으로 쾅 착륙할 수밖에 없다는 것이었다. 무겁게 착륙하는 것조차 운이 좋을 때의 이야기였다. 그 일대 산꼭대기에는 검처럼 날카로운 삐죽삐죽한 바위가 사방에 흩어져 있었다.

글라이더를 이용할 수밖에 없었다. 비행기에서 연결을 풀고 글라이더가 착륙하려면 넓고 평평한 지대가 필요했는데, 사진 자료에 따르면 호텔에서 멀지 않은 삼각형의 초원이 그나마 가장 쓸 만해 보였다. 그러나 루프트바페의 똑똑한 양반들은 이 방법에도 재빨리 거부권을 행사했다. 글라이더가 제대로 된 착륙장 없이 그만한 고도에서 착륙하는 것은 어리석은 행동이란 것이다. 글라이더가 바위투성이의 초원에 착륙하는 동안 부대원의 80퍼센트가 사망할 것이고, 호텔을 습격할 충분한 인원이 남아 있지 않으리라는 예측이었다.

스코르체니는 대답하기 전에 충분히 생각했다. "물론입니다. 신사분들." 그가 마침내 조심스럽고 정중한 태도로 입을 열었다. "나는 여러분이 제안하는 그 어떤 대안이라도 실행할 준비가 되어 있습니다."

결국 그가 제안한 방법으로 결정되었다. 1943년 9월 12일 오후 1시쯤, 찢어지는 듯한 바람 소리와 함께 상공에서 글라이더들이 아래로 빠르게 떨어지기 시작했다. 글라이더 한 대가 돌풍에 휩싸였고 마치 하늘에서 발사되기라도 한 것처럼 바위투성이 비탈길에 세게 부딪혀서 산산조각이 났다. 다른 두 대는 바람에 날아가 경로를 크게 벗어났다.

스코르체니의 글라이더는 엄청나게 빠른 속도로 추락했고, 수제비 뜨기로 던진 돌이 물 위를 스치듯 튕겨 나갔다. 하지만 그가 볼트를 당겨서 출구 해치 밖으로 기어나가 보니 호텔에서 약 20미터밖에 떨어져 있지 않았다.

이어진 싸움에 대해서는 별로 말할 것도 없다. 그것은 싸움이라고 할 수도 없었다. 충격에 휩싸인 경비원들은 스코르체니의 명령에 따라 항복의 의미로 손을 들었고 그의 부대원들이 입구 안으로 돌진했다. 본능적으로 스코르체니는 계단을 선택하고 한 번에 세 걸음씩 올라갔다. 그는 방문을 열어젖히기 시작했고 세 번째 시도 만에 이탈리아 군인 2명이 지키고 있는 무솔리니를 발견했다. 군인들을 거칠게 방에서 몰아냈다. 공격 시간은 고작해야 총 4분밖에 걸리지 않았다.

그들이 안전하게 점령한 산꼭대기에 날개가 긴 초소형 비행기가 착륙했고 무솔리니는 하나뿐인 뒷좌석에 올라탔다. 다른 사람이 탈 공간은 없었다. 하지만 스코르체니는 맡은 임무를 포기할 마음이 없었다(힘들게 구해 낸 대상을 히틀러에게 바칠 때 온전히 그의 것이 될 승리도 포기하고 싶지 않았다). 그는 비좁은 공간에 몸을 끼워 넣듯 무솔리니 뒤쪽에 앉았다. 적재량이 초과된 비행기는 위로 올라가려고 안간힘을 써야 했다. 하지만 고원 끄트머리에 이르러 아래쪽의 도랑으로 급강하할 것 같던 순간, 거센 바람이 불어와서 푸른 하늘로 높이 올라갔다.

3일 후 자정에 스코르체니와 무솔리니는 볼프산체에서 총통과 차를 마셨다. 히틀러는 SS 특공대원 스코르체니에게 기사십자 훈장을 수여하고 소령으로 진급시켰다. "자네에게 진 빚을 잊지 않을 것이네." 총통이 격해진 감정으로 약속했다.

선전부 장관 파울 요제프 괴벨스는 온 세상이 스코르체니의 업적을 잊지 않을 것이라고 말했다. 독일 전역의 신문들도 1면에서 대담한 임무에 대한 긴장감 넘치는 이야기를 전했다. 나치 기자들도 이번만큼은 사실을 말할 수 있었다. 진실이 정말로 비범했기 때문이다. 짧은 뉴스 영화가 제작되어 널리 상영되었고 관객들은 박수갈채를 보냈다. 스코르체니의 잘생긴 웃는 얼굴은 독일 전역에 빠르게 알려졌다. 미국과 영국의 신문들도 나치가 놀라운 성공을 거두었다는 사실을 인정해야만 했다. 그들은 '유럽에서 가장 위험한 사나이'라는 제목의 기사를 내보냈다.

그 순간의 영향력을 가장 잘 포착한 사람은 괴벨스였을 것이다. "이 작전은 전 세계에 가장 깊은 인상을 남겼다." 그는 일기에 이렇게 적었다. "전쟁이 시작된 후 이렇게까지 사람들을 뒤흔들고 열광하게 한 군사 작전은 없었다. 우리가 축하하는 것은 정말로 위대한 도덕적 승리일 것이다."

셸렌베르크도 스코르체니가 이룬 것에 대해 생각했다. 그의 머릿속에서는 난공불락의 이탈리아 산꼭대기 습격 장면이 곧바로 연합군 지도자 암살 장면으로 이어졌다. 그러자 그의 마음에 희망이 가득 넘쳤다. 모든 역경에도 불구하고 불가능한 일이 실제로 일어났다. 스코르체니가 기적을 이뤄 냈으니 또 다른 기적도 가능하지 않을까? 처음으로 셸렌베르크는 루스벨트와 처칠, 스탈린을 한꺼번에 죽이고 전쟁의 결과뿐만 아니라 평화 협상도 바꾸는 것이 가능하리라는 믿음이 생겼다.

하지만 헤아리기 힘든 요소가 너무 많았다. 3자 회담이 어디에서 열리는지도 알지 못했다. 언제 열리는지도. 이 중요한 정보 없이는 그 무엇도 가능하지 않았다. 시간을 모르면, 장소를 모르면, 작전에 따를 수 있는 구체적인 함정을 알지 못한다면 아무리 스코르체니 같은 사람이 이끄는 특공대라도 성공시킬 가능성이 없었다. 알지 못하는 만약의 상황이 너무 많았다. 모두가 답 없는 질문이었다.

-17-

1943년 초가을, 워싱턴과 베를린에 단풍이 들기 시작할 때, 마이크 라일리와 발터 셸렌베르크의 머릿속에는 똑같은 질문이 들어찼다. 세 연합국 지도자들의 만남이 언제 어디에서 이루어질 것인가? 3명의 연합국 지도자들은 아직도 그 답을 전혀 알지 못했고, 심지어 답을 찾을 수 있을지도 알 수 없었다. 처칠은 오랜 세월이 지나서도 그 기억을 떠올리며 불평했다. "당시 빅3라고 불렸던 이들의 첫 회담은 문제투성이였다. 시간, 장소, 조건을 정하는 데 대한 걱정과 복잡함이 어느 정도였는지 겪어 보지 않은 사람은 절대로 알 수 없다."

논의할 사안은 다름 아닌 전쟁의 마지막 대공격 계획을 세우는 일이었다. 미국과 영국이 언제 유럽 침공을 시작할지 말이다. 3명의 지도자들은 이 질문이 얼마나 중대한지 인지하고 있었지만 어떤 식으로 진행할지에 대해서는 좀처럼 합의가 이루어지지 않았다. 루스벨트는 프랑스 쪽으로 대담하고 지속적인 공격을 추진하되, 무시무시한 침략군과 전투함대와 상륙정들을 소집한 뒤에 적절한 시기를 기다리자는 쪽이었다. 처칠은 신중해야 한다는 점에는 찬성하지만 이탈리아를 전략적 발판으로 삼은 후 체계적으로 유럽의 심장부로 진군하자는 입장을 펼쳤다. 그리고 수년 동안 계속된 나치와의 무자비하고 필사적인 싸움으로 사망자 수가 수백만 명에 육박한 소련의 스탈린은 동맹국들이 신속하게 움직여 조국을 짓누르는 압력을 줄여 줄 것을 요구했다. 이것만으로도 해결하기가 복잡한 문제인데 루스벨트에게는 선지적인(무모한 희망 사항에 불과할 수도 있는) 계획이 있었다. 그는 스탈린과 개인적인 이해에 도달함으로써 서구 민주주의와 공산주의가 화해한다면 미래의 혼돈에 종지부를 찍을 수 있을 것이라고 생각했다. 서로 우정을 나누는 훈훈한 분위기 속에서 미래의 두 초강대국이 힘을 합쳐 세계의 악동들을 통제할 수 있기를 바란 것이다.

이렇게 역사적인 문제가 걸린 일이니 3자 회담에 따르는 물류쯤은 신속하게 해결될 수 있는 단순한 집안일처럼 느껴졌을지도 모른다. 루스벨트는 힘찬 낙관주의가 빛나는 어느 화창한 날에 정말로 그런 생각이 들기 시작했다. 그는 매력적인 자신감으로 스탈린에게 전보를 보냈다. "나는 당신과 처칠, 내가 나눌 개인적이고 친밀한 대화를 대단히 중요하게 생각합니다. 그 대화가 세계의 미래에 대한 희망을 크게 좌우할 것이기 때문입니다." 그러나 스탈린은 회담이 자신의 조건에 따라 진행되기를 바란다는 장애물을 하나 더 보냈다.

스탈린의 완고함이 어디에서 비롯되었는지는 수많은 추측이 가능하다. 아직 서부 전선에서 계속되는 전투를 예의주시해야만 하는 필요성 때문일까? 아니면 미국 대통령과 영국 총리도 냉정하게 따지면 적이니 변덕스러운 태도를 보여도 된다는 깊은 확신이 작용한 것일까? 일각의 주장처럼 비행 공포증 때문에 무슨 일이 있어도 장기 비행을 피하려는 것이었을지도 모른다. 아니면 독재자의 침착하고 자신감 넘치는 성격 때문이었을 수도 있고. 자기 마음대로 하는 것에 워낙 익숙한 사람 아닌가. 스탈린의 변덕이 어떤 이유와 특징이 복잡하게 얽힌 탓이었든 결과는 명확했다. 스탈린은 루스벨트와 처칠의 콧대를 꺾을 생각이었다. 장기간의 구애가 끝나 가기 시작했다.

열성적인 구혼자들처럼 루스벨트와 처칠은 스탈린에게 상냥하게 맞춰 주면서 내키지 않아 하는 그의 마음을 흔들려고 했다. 미국 대통령은 넓은 바다를 두고 유럽 대륙과 떨어져 있는 데다 보행도 불가능하고 비록 61세로 셋 중에 가장 젊었지만 그렇게 기운 넘치고 건강한 상태는 아니었다. 전시의 여행은 힘들고 피로한 일인 데다가 건강에 크나큰 위험이 따를 수도 있었다. 대통령의 안전을 보장하는 일을 맡은 마이크로서는 그런 여행을 생각하는 것만으로도 공포 그 자체였다. 하지만 이는 그가 결정할 사안이 아니었다. 게다가 보스의 결심은 단호했다. 스탈린이 후보지로 알래스카와 런던을 단박에 거절하자 루스벨트는 재빨리 전보를 보내 스스로 관대한 타협 이상이라고 생각하는 것을 제안했다. "나는 11월 15일에서 12월 15일 사이에 북아프리카처럼 아주 멀리 떨어진 곳에서 만나도 좋습니다."

그럼에도 스탈린은 좀처럼 설득당하지 않았다. 그는 자신에게 맡은 의무가 있다고 단호하게 설명했다. 마치 그의 군대가 현재 전투가 벌어지고 있는 곳에 배치된 유일한 군대인 것처럼 보일 정도였다. "소련-독일 전선에는 500개 이상의 사단이 전투를 벌이고 있고 소련 최고사령부의 통제권이 거의 매일 필요한 상황입니다." 그리고 구애자들이 격분하리라는 것을 뻔히 아는 제안을 했다. "세 국가의 대표가 모두 주재하는 국가를 회담 장소로 선택해야 편리할 것입니다." 그러면서 짓궂게 덧붙였다. "이란이라든가."

이란? 워싱턴에서 대양과 대륙을 가로질러 약 9,600킬로미터 이상 떨어진 곳이다. 그것도 예측할 수 없는 위험이 1킬로미터마다 늘어나는 전시에 말이다. 루스벨트는 처음으로 그가 성미 고약한 상대와 협상하고 있다는 사실을 깨달았다. 하지만 여전히 열렬한 구혼자로서 침착하게 스탈린을 달래려고 노력했다.

"내가 당신이 제안한 장소로 가는 데는 극도의 문제점이 따릅니다. 헌법상의 이유로 위험을 감수할 수 없다는 말을 솔직하게 드려야 할 것 같습니다." 그는 부드럽게 시작했다. "의정 활동이 곧 시작됩니다. 의회에서 통과된 새로운 법안을 받으면 10일이 지나기 전에 서명하거나 의회로 돌려보내야 하죠… 산을 넘는 것이 지연된다면 되돌리기 어려운 결과가 닥칠지도 모릅니다."

인내심이 약한 사람이라면 이 시점에서 어조를 바꾸어 스탈린 원수에게 그가 제안한 장소는 백악관에서 멀리 떨어진 만큼 크렘린궁에서도 멀지 않느냐는 사실을 퉁명스럽게 상기해 주었으리라. 하지만 오로지 목표에만 집중했던 루스벨트는 가장 확실한 방법을 썼다. 그는 기꺼이 도와주려는 여행사 직원처럼 대안이 될 만한 장소들을 제시했다. 모든 장소가 제각각의 매력을 담고 있었다.

"카이로는 여러 면에서 매력적입니다." 그가 열성을 담아 적었다. "피라미드 근처에 완전히 격리 가능한 호텔과 저택이 있다고 합니다."

스탈린이 거만하거나 정신없는 분위기가 없는 덜 이국적인 곳을 원할 수도 있었다. "에리트레아의 옛 수도 아스마라에는 훌륭한 건물과 착륙장이 있다고 하고요." 대통령이 제안했다.

바닷바람은 심신 회복에 좋을 것이다. "동쪽 지중해의 항구에서 만날 수도 있겠군요. 각자 배를 타고요. 이 아이디어가 끌린다면 당신 전용으로 훌륭한 배를 준비해 두겠습니다."

불편한 것도 그 나름의 매력이 있었다. "또 다른 제안은 바그다드 근처에서 만나자는 것입니다. 소련, 영국, 미국 경비대를 두고 편안한 막사를 3개 마련하면 됩니다."

대통령이 피곤하지만 위엄있는 침묵으로 스탈린의 답장을 기다리는 동안 처칠이 끼어들었고 약간 변덕스러운 재미를 즐겼다. "나에게 유레카(회담의 코드명이었다)에 대한 새로운 아이디어가 있습니다… 사막에 한 장소가 있는데 3개의 막사를 세우고 완벽하게 격리된 상태로 편안하게 있을 수 있습니다." 처칠은 규칙에 얽매이는 교구 목사처럼 그 특별한 모임의 선례가 있다고 말했다. "마태복음 17장 4절을 참고하십시오"라고 친절하게 지적했다.

그러나 소련 독재자는 대안으로 제시된 장소들에 유혹당하지 않았다. 그는 꿈쩍도 하지 않았고 외무부 장관 뱌체슬라프 몰로토프에게 의견을 전달하는 일을 맡겼다. "테헤란이 아닌 다른 장소로 정하는 것은 그 무엇보다 어려운 문제입니다." 몰로토프는 외교관답게 절제된 표현으로 도피했다.

그는 대통령이나 총리가 자신의 융통성 없는 요점을 이해하지 못할 경우를 대비해 좀 더 강력한 어조로 덧붙여 납득시켰다. "회담을 내년 봄까지 연기하는 것도 가능할 것 같습니다. 그때가 되면 페어뱅크스가 적절할 수도 있겠군요."

루스벨트가 몇 달 전에 제안했다가 거부당한 장소였다.

한편 베를린의 셸렌베르크는 이 밀고 당기는 협상에 대해 전혀 알지 못했다. 하지만 가능한 것을 알아내려는 의지는 여전했다. 롱 점프 작전의 유일한 희망은 그가 빅3의 회담 날짜와 장소를 알아내는 것에 달려 있었다. 너무도 중대한 것이 걸린 일인 만큼 셸렌베르크도 루스벨트와 마찬가지로 자존심은 물론이고 상식까지 제쳐 둘 각오가 되어 있었다. 그는 힘러가 연합군의 계획을 알아낼 방법이 있다고 말했을 때 터무니없는 짓이라고 외치고 싶은 본능을 억누르고 귀를 기울였고 시도해 볼 가치가 있다고 동의했다. 어쨌거나 제3제국에서는 절망이 이성을 지배하던 시기였다. 위협의 기운이 감돌았다.

그리하여 몇몇 강제수용소의 지휘관들에게 명령이 전달되었고, 독일어, 프랑스어, 러시아어로 수감자들에게 알렸다.

"SS 국가지도자 겸 독일 경찰청장께서는 제3제국의 안보에 매우 중요한 임무를 위해 신비주의, 손금, 방사 감지(수맥 탐지처럼 땅에 묻힌 물체를 찾는 것) 전문가들을 찾고 계신다."

수용소에서 약 80명의 지원자가 모였는데 오합지졸의 모임 같았다. 교활한 사기꾼, 약삭빠른 전문 홍행사, 스스로 재능이 있다고 확신하는 사람들. 힘러가 가장 가능성 있어 보이는 이들을 직접 골랐고 마지막 테스트를 위해 사무실로 불렀다.

"몇 사람이 곧 만날 예정이다. 그들은 누구인가? 이름은 무엇인가?" 프랑스 최면술사 장-자크 베긴의 전후 인터뷰에 따르면, 힘러가 그들에게 그렇게 물었다. 첫 번째 시험 문제였다.

참가자들은 침묵 속에서 깊은 생각에 잠기더니 그 '몇 명'이 누구인지에 대한 온갖 추측을 내놓았다. 운이었는지, 기발한 영감이었는지, 몇몇은 그 질문이 연합국 지도자들과 관련 있다고 추측하는 데 성공했다. 몇 명이 즉각 탈락한 후 SS 국가지도자는 다음 질문으로 넘어갔다. "이 만남이 열릴 장소와 시간을 말해 봐라." 그가 간절함이 느껴지는 어조로 물었다.

이 질문에는 엄청나게 다양한 답이 나왔다. 모호한 단서에 불과한 것부터 대담하고 구체적인 답들까지 제시되었다.

간절한 힘러는 그들의 대답에 감탄하면서 하늘이 내린 정보를 셸렌베르크에게 전달했다. 셸렌베르크는 장소를 하나씩 제외해 나갔고, 결국 빅3가 어디에서 만날지 전혀 알 수 없다는 암울한 결론에 도달했다. 필수적인 정보가 없는 그는 마이크와 똑같이 절망스러운 상태에 놓였다. 맡은 일을 할 수가 없었다.

협상이 계속 지루하고 실망스러운 방향으로 진행되자 루스벨트의 억눌린 분노가 점점 커졌고 마침내 폭발했다. 그는 더 이상 참을 수 없었다. 스탈린에게 굽실거리며 받아 주기도 지쳤다. 이제는 자신과 미국의 자존심을 굽히며 소련 독재자의 엄청난 변덕에 맞춰 주고 싶지 않았다.

"나는 오늘 받은 우리의 만남에 관한 당신의 메시지에 매우 실망했습니다." 대통령은 스탈린에게 짜증이 담긴 긴 편지를 보냈다. 그는 단호하고 확고한 결론을 발표했다. "테헤란에서 만날 가능성은 제외입니다. 시간에 따른 위험을 감수할 수 없기 때문입니다."

그렇게 테헤란은 회담 후보지로 완전히 탈락했고 회담 가능성 자체가 연기처럼 사라졌다.

18

연합국 지도자들 간의 협상이 논쟁 속에서 은밀하게 계속되고 있을 때 '유럽에서 가장 위험한 사나이'는 황금 총을 찾느라 바빴다. 무솔리니를 산꼭대기 감옥에서 탈출시키고 영웅이라는 찬사를 즐기고 있던 오토 스코르체니는 오라니엔부르크 SS 특공대 학교로 돌아왔지만, 순금 발터 PPK 권총을 준비하라는 명령을 수행해야만 했다.

총 자체는 문제가 아니었다. 정확하고 위협적인 그 반자동 권총은 독일군 전체에 지급되는 표준 무기였다. 심지어 루프트바페의 조종사들은 미국 카우보이처럼 허리춤의 홀스터에 PPK를 달랑 매달고 다녔다. 하지만 제조업체인 카를 발터 사는 전시의 임시 노동자들은 연금술사가 아니라고 설명했다. 그들에게는 순금 권총을 만들 만한 기계나 전문 지식이 없었다. 게다가 SS의 금고에서 금을 빼내기도 쉬운 일이 아니었다. 추방당한 유대인들과 그 밖의 열등하다고 여겨진 이들에게서 재산을 모조리 압수하고, 심지어 수용소에서 목숨을 잃은 이들의 치아에서 뽑아낸 금이 산더미처럼 쌓여 있다는 것은 중요하지 않았다. 더럽혀진 부에 대한 SS 지도부의 집착은 상상을 초월했다. 이미 그들은 연합군이 전쟁에서 이긴 후 그들을 사냥하기 시작하면 필요해질, 새로운 신분과 새로운 삶에 쓸 자금을 생각하고 있었다. 스코르체니는 독일 전역의 문을 두드렸지만 별다른 수확이 없자 자존심을 죽이는 수밖에 없다는 것을 깨달았다. 그는 셸렌베르크에게 도움을 청했다.

셸렌베르크는 전장이 아니라 SS 관료제의 참호에서 장군의 별을 얻었다. 그 야만적인 전투를 치른 군인으로서 그는 나치 독일에서 일을 처리하는 방식을 잘 알고 있었다. 셸렌베르크는 스코르체니가 감탄할 정도의 효율적인 민첩성으로 일련의 명령을 내리고 간결한 메모로 뒷받침했다. 발뒤꿈치를 딸깍거리는 소리와 함께 신속한 외침이 후렴구처럼 뒤따랐다. "알겠습니다, 장군님." 금고가 활짝 열리고 금이 제공되었다. 다음으로 국가보안본부의 온갖 첩보 도구를 만드는 제6국의 장인들이(한 보고서에 따르면 작센하우젠 강제수용소에 갇혀 있던 전문가의 도움이 있었다) 그들의 독창적인 생각과 기술을 쏟아부었다. 약 2주 후 SS 직원용 차가 순금 발터 PPK를 18세기에 지어진 작은 탑이 있는 웅장한 성으로 배달했다. 그곳은 최근에 스코르체니가 새로운 본부로 사용하게 된 건물로, 예전 SS 특공대 학교가 있던 곳 바로 근처였다.

유럽에서 가장 위험한 사나이는 황금 권총을 들고 무게를 가늠하면서 밝은 노란색의 광택에 감탄했다. 그의 마음이 즐거움으로 가득 찼다.

왕에게, 더 정확히 말하면 족장에게 걸맞은 선물이 마련되었다.

그 족장은 카슈카이족의 강력한 우두머리 나스르 칸이었다. 아마도 이란에서 가장 강력한 권력을 가진 남자, 60만 유목민의 지도자이자 2만 명의 전사들로 이루어진 상비군의 사령관, 의심할 여지 없이 이란에서 가장 부유한 사람. 그의 비밀 동굴에는 금은보화가 넘쳐날 터였다. 카슈카이족은 칭기즈 칸 시대부터 남부를 가로지르는 부족의 땅에서 살았고, 모닥불에 둘러앉아 온갖 역경에도 불구하고 티무르와 몽골군과의 전투에 뛰어들어 결국 무릎을 꿇린 조상들의 용맹함과 기백을 찬양하는 이야기를 들었다. 유럽 전쟁이 국경을 넘어 부족의 땅까지 들어오고 있는 지금, 모닥불 주변에는 그들의 몸에 흐르는 영웅의 피를 자극하기 위해 계산된 새로운 이야기가 울려 퍼졌다. 바로 독이 든 면도기에 대한 이야기였다.

카슈카이족이라면 누구나 외우고 있는 이야기에 따르면 —그것이 완전한 진실인지, 새롭게 지은 것인지는 더 이상 중요하지 않았다— 레자 샤가 현 족장의 아버지인 이스마일 칸을 궁으로 초대했다. 하지만 그는 살아서 돌아오지 못했다. 샤는 카슈카이족이 유전을 테러할까 봐 두려워한 영국의 명령에 따라 이스마일 칸을 외딴 지하 감옥에 가두었다. 그러나 영국인들은 그것으로 만족하지 않았다. 그가 살아 있는 한 위협이 제거되지 않으리라는 생각에 그를 확실히 죽음에 이르게 할 음모를 꾸몄다. 이스마일 칸은 샤가 가둔 축축하고 어두운 지하 감옥에서도 그의 신분에 걸맞게 깔끔한 상태를 유지하고 싶어 했고, 몸단장을 위해 면도기를 요구했다. 간수도 동의했다. 이때 영국은 빠르게 효과가 나타나는 독약을 면도기에 묻혀서 주었다. 이스마일 칸은 면도를 마치기도 전에 죽었다.

복수심에 불탄 그의 아들은 보복을 위해 이란 남부를 점령한 영국군을 상대로 게릴라전을 벌였다. 전쟁의 날카로운 고함과 총성, 칼 휘두르는 소리가 사막의 모래벌판에 울려 퍼졌고 나스르 칸의 군대는 1,900명의 영국군을 갈가리 찢어 놓았다. 생존자들은 공포와 혼란 속에서 후퇴했다.

총성에 굴하지 않는 전사 나스르 칸은 스코르체니의 마음을 사로잡을 만했다. 그는 이란에서 독일을 위해 싸운 족장이기도 했다. 아프베어 요원 슐체-홀투스는 연합군이 이란으로 진군해 그의 머리에 500만 토만toman[페르시아의 화폐 단위-역주]을 걸어 몸을 숨겨야만 했을 때 카슈카이족의 땅으로 피신했다. 칸의 측근으로 군사 고문 역할을 하고 있는 그가 베를린으로 보내는 보고서는 첫 번째 안톤 작전의 계획을 도왔다.

하지만 그것은 아무런 전략적 성취도 없는 예비 작전에 불과했다. 이제 새로운 낙하산 작전—작전명은 안톤 2—이 계획 중이었다. 셸렌베르크와 스코르체니는 미국이 소련군에 보내는 귀중한 전쟁 물자를 실은 이란 횡단 철도의 파괴 공작을 시작하고자 했다. 그들은 독일의 형제와 다름없는 나스르 칸과 말에 탄 그의 용맹한 부하들이 연합군과의 전쟁에서 앞장서 주기를 원했다.

이를 위해 안톤 2 작전의 지휘관 마틴 쿠르미스 대위가 20만 영국 파운드와 순금 발터 권총이 든 배낭을 단단히 메고 융커스 Ju-290기에서 뛰어내릴 예정이었다. 이것은 독일에 대한 충성심을 공고히 해 주기를 바라며 히틀러 샤가 존경을 담아 나스르 칸에게 주는 선물이었다. 영국 지폐는 위조품이었다. 베른하르트 작전(원래 영국 경제를 무너뜨리기 위해 고안된 국가보안본부의 프로젝트였지만 1942년 이후에는 규모가 축소되어 제6국의 임무에 자금을 제공하는 일만 맡게 되었다)에 투입되었던 작센하우젠 수용소의 기술자들이 만든 작품이었다. 하지만 셸렌베르크와 스코르체니는 족장이 절대 눈치채지 못하리라고 코웃음을 주고받았다. 솔직히 그가 그 돈을 쓸 일이나 있겠는가? 게다가 황금 총은 진짜이니 전사의 마음을 사로잡기에 충분할 터였다.

이날은 매우 고되었던 지난 2년 동안 슐체-홀투스가 맞이한 두 번째로 행복한 날이었다. 가장 행복했던 날은 1941년 5월, 스파이 임무를 위해 외교관으로 위장하고 꿈과 계획에 가득 부풀어 이란에서 살기 시작했을 때였다.

오늘 그는 이란 남부의 언덕 지대에 있는 은신처에서 거의 승리감을 느꼈다. 몇 년 만에 처음으로 낙관적인 기분이 들었다. 나스르 칸이 멋진 소식을 가져왔다.

"독일인 4명이 낙하산으로 우리 땅에 떨어졌다." 족장이 발표했다. "그들은 금과 다이너마이트, 히틀러 샤가 나스르 칸에게 보내는 메시지를 가져왔다." 그는 올바른 단어를 찾으려는 듯 잠시 멈추었다가 덧붙였다. "그리고 재미있는 기둥도 가져왔다." 슐체-홀투스는 그것이 무선 전송 안테나라는 것을 깨닫고 큰 기쁨을 느꼈다.

늘 긴장 상태에 있던 베테랑 스파이는 예상치 못한 소식을 듣고 온

몸에 전류가 흐르는 것 같았다. 타이밍이 예술이었다. 족장이 공개적으로 이런저런 의문을 세기하는 등 점점 독일에 대한 환상이 깨지고 있음이 명백해지는 상황이었기 때문이다. 얼마 전에도 족장은 낮은 목소리로 으르렁거리듯 물었다. "카슈카이 영역에서 무장 반란이 일어나면 독일군 사령부가 곧바로 움직여 줄 수 있는가?"

그때 슐체-홀투스는 거짓말을 할 수도 있었지만 자신도 모르게 진실을 내뱉었다. 이유는 그도 좀처럼 알 수 없었다. 독일의 잇따른 전투 패배로 희망을 완전히 잃었기 때문인지, 단순히 카슈카이족과 지내는 동안 속임수의 기술이 무뎌졌기 때문인지.

"전하." 그가 엄숙하게 대답했다. "카슈카이족의 반란 같은 국지적 사건은 독일 참모부의 기본 계획을 바꾸지 못할 것입니다."

그런데 오늘 독일인들이 왔다! 희망을 포기했던 그가 얼마나 어리석었던가. 더 이상 잠입이 가능하리라고 감히 기대하지 못했었다. 그는 말을 세차게 몰았다. 약 30킬로미터 정도 떨어진 곳에서 위장한 독일군 캠프를 발견했다. 가파른 절벽이 기다란 그림자를 드리운 은밀한 곳이었다.

그 어떤 상황에서도 임무를 포기하지 않은 자랑스러운 아프베어 요원은 말에서 뛰어내린 뒤 동포들에게 자신을 소개했다. 하지만 그들의 대화는 전혀 순조롭게 이루어지지 않았다.

이 늙은 스파이가 특공대원들이 수준을 깨닫기까지는 오래 걸리지 않았다. 그들에게는 신중한 본능도, 적진에서의 위험하고 비밀스러운 생활에 필요한 스파이의 섬세한 기술도 없었다. 쿠르미스는 대위였지만 노련한 슐체-홀투스의 눈에는 자기 나이의 절반밖에 안 되는 20대 초반의 어린아이일 뿐이었다. 쿠르미스 같은 애송이에게 "명령은 명령입니다. SS 국가지도자 힘러가 우리의 양심을 지켜보고 있습니다" 같은 말을 듣는다면, "우리는 오라니엔브루크에서 스코르체니에게 특별 훈련을 받았습니다. 송유관과 펌프장을 폭파하는 훈련 말입니다"라는 말을 듣는다면 뭐라고 대답해야 한단 말인가? 국가보안본부는 '이런 방식', 즉 강압적인 전술이 실수라는 것을 아직도 깨닫지 못한 것인가? 그들의 야망이 너무 편협하고 근시안적이라는 것을? 전문적인 현장 요원들, 부족민들에게 영감을 주는 발로 뛰는 요원들은 어디 있단 말인가? 오랜 전통을 가진 부족의 영혼을 사로잡고, 무모한 용기를 맹세하게 만들어서 대대적인 반란에 필요한 믿음을 심어 줄 남자들은 어디에 있는가? 구식의 아프베어 요원은 '나는 실망했고 우울했다'라고 당시를 회상했다. 그날 하루가 시작되기 전보다도 더 의욕이 꺾였다. 그는 이곳으로 달려왔을 때보다도 더 빠르게 말을 몰아 SS 특공대를 떠났다.

슐체-홀투스의 판단이 옳았음은 시간이 증명해 주었다. 특공대의 강압적인 방식과 거들먹거림은 처음부터 카슈카이족과 거리를 만들었고 나스르 칸의 명령에 따라 그들은 검과 소총으로 무장한 30명의 부족원으로부터 엄중한 감시를 받았다. SS 대원들은 맨몸 운동을 하고 게르만인의 꼼꼼함으로 무기를 닦고 또 닦고 술을 퍼마시며 시간을 보냈다. 하지만 부족 생활의 지루함은 쿠르미스에게 너무 견디기가 힘든 것이었고, 이 열혈 SS 대원은 끝내 자살했다.

이 안톤 2 작전은 겉으로는 전혀 중요해 보이지 않는 사소한 일에 불과했다. 하지만 나중에 셸렌베르크의 관심을 끌고 인정받게 된 몇 가지 성과가 있었다. 첫째, 이 임무는 스코르체니의 훈련을 받은 특공대가 이란에 성공적으로 잠입할 수 있다는 것을 증명했다. 또 다른 하나는, 독일이 무선 전송기의 설치에 성공했다는 것이다. 베를린과 슐체-홀투스의 통신이 가능해진 것이다. 마찬가지로 중요한 점은 나스르 칸이 황금 권총을 받고 무척 고마워했다는 것이다. 그는 받은 친절을 무조건 갚는 사람이었다.

19

그리고 프란츠 팀이 있었다. 남쪽 산기슭의 카슈카이족의 땅에서 번화한 수도 테헤란까지는 낙타로 험난한 시골길을 가로질러 나흘을 가야만 했다. 환멸을 느낀 슐체-홀투스가 무식한 SS 특공대와 가시 돋친 말싸움을 하고 있을 때, 이 활기찬 대도시에서는 또 다른 잔류 요원이 프란츠 특공대를 그의 비밀스러운 세계로 잠입시키려 하고 있었다. 하지만 수많은 역경과 문제를 헤쳐 온 프란츠 마이어—암호명 막스의 국가보안본부 요원—조차, 자신이 파괴 공작원의 시체를 토막 내 팔, 다리, 몸통은 작은 여행 가방 2개에 담고 머리는 배낭에 넣어 테헤란 외곽 도로 옆의 잡초 무성한 들판에 묻게 될 줄은 꿈에도 몰랐다.

프란츠 작전-셸렌베르크와 카나리스가 계획한 첫 번째 무모한 잠입 계획—은 처음부터 실패할 운명인 것처럼 보였다. 낙하산 대원들은 착륙지를 밝히는 모닥불이나 착륙을 안내해 주는 일행도 없이 달 없는 캄캄한 밤에 무작정 하늘에서 뛰어내렸다. 마이어는 튀르키예에 있는 독일 소식통을 통해 시아 쿠 언덕 기슭을 착륙지로 제안하는 메시지를 보냈다. 그곳은 테헤란에서 약 100킬로미터 떨어진 초록의 광활한 평지라서 안성맞춤이었다. 하지만 6명의 낙하산 대원들은 착륙 지점에서 수십 킬로미터나 벗어났고, 착륙하자마자 목숨을 걸고 싸워야 했다.

그들은 '검은 진흙'에 착륙했다. 거대한 소금 호수의 꼬불꼬불한 해안선은 언뜻 보기에 쾌적해 보였지만, 모래와 소금이 혼합된 실트질 토양 아래에는 낙타를 통째로 삼키고 같이 빠진 사람도 집어삼킬 수 있는 깊고 까만 진흙이 있었다. 원주민들은 이 모래 늪 같은 것을 검은 진흙이라고 불렀다.

그들이 검은 진흙을 빠져나올 수 있던 것은 순전히 팀워크와 엄청난 절박함 덕분이었다. 대원 하나가 가라앉으며 진흙이 무릎까지 닿더니 순식간에 허리에 이르고 어깨까지 삼켜져 버리자, 가까스로 빠져나간 나머지 동료들이 인간 사슬을 만들었다. 그들은 순수한 공포로 마지막 힘까지 쥐어짜 줄다리기를 한 끝에 동료를 안전하게 끌어낼 수 있었다. 하지만 그들의 물품은 운이 좋지 못했다.

융커스 Ju-290기의 승무원들은 빠르게 비행하는 항공기의 화물칸 문에서 화물을 잔뜩 떨어뜨렸다. 제6국의 기획부가 세심하게 준비한 파괴 공작에 필요한 물품들이었다. 자동 권총 9정, 리볼버 권총 6정, 저격총 1정, 50파운드 이상의 젤리그나이트[고성능 폭약-역주], 장거리 무전기 4대, 송신기 1대, 발전기 4개, 약 2만 달러, 600프랑, 필요한 경우

대부분의 난관에서 벗어날 길을 열어 줄 금화 2,200파운드. 하지만 검은 진흙이 가장 좋은 물건을 대부분 먹어 치웠고 살아남은 것들은 인접한 사막에 수 킬로미터에 걸쳐 흩어졌다.

하지만 특공대원들은 무사했다. 이제 그들은 다음 문제를 해결해야 했다. 그들을 통제할 프란츠 마이어와 접선하는 것. 지도를 확인한 그들은 당혹스러울 정도로 착륙 지점에서 멀리 벗어났다는 사실을 깨달았다. 테헤란은 320킬로미터나 떨어져 있었고, 그 사이에는 불타는 듯한 사막이 펼쳐져 있었다. 어떻게든 그 기나긴 여행에서 살아남는다고 해도 백만 명이 사는 도시에서 스파이를 찾는다는 것은 너무도 어려운 일이었다. 그들은 프란츠 마이어가 어디에 숨어 있는지, 연락할 수 있는 방법은 무엇인지 전혀 알지 못했다.

하지만 그들은 군인이니 계속 앞으로 나아가는 수밖에 없었다. 한 팀을 이루어 사막을 가로지를 생각이었다. 검은 진흙 사건이 보여 준 것처럼 함께라면 예상치 못한 문제가 발생해도 운 좋게 해결할 수 있을 것이다. 하지만 황야에서의 첫날 밤이 저무는 가운데 좀 더 신중하게 토론한 결과, 경솔한 계획이라는 판단이 섰다. 그들 6명이 사막을 건너려면 낙타를 여섯 마리 사거나 훔치거나 해야 하는데, 그러면 그 어떤 마을에서도 관심을 끌 수밖에 없었다. 독일어로 말하는 군인들을 신고하면 보상금을 받을 수 있을 테니, 마을 사람들이 당장 달려가 신고할 테고. 하지만 그것도 이란에 흩어져 있는 영국군이나 소련군, 미국군에 발각되지 않을 때의 일이었다. 전시의 군인들은 질문도 하기 전에 먼저 총을 쏠 것이다. 적어도 그들이라면 그럴 것이다.

결국 이치에 맞는 계획은 딱 하나뿐이었다. 대원 중에는 페르시아어를 할 줄 알고 낙타 타는 법까지 터득했으며 테헤란에서 시간을 보낸 적도 있는, 독일령 주데텐 출신이지만 약간이나마 페르시아인처럼 보이는 사람이 하나 있었다. 팀에서 두 번째로 나이가 많은 38세의 카를 코렐 상병은 나무젓가락처럼 말랐고 조심스러운 가게 점원 같은 면모가 있었다. 그는 상대의 말을 열심히 듣고 충분히 생각해 본 뒤 중얼거리는 듯한 작은 목소리로 답했다. 하지만 그는 베테랑 아프베어 요원이었고 타고난 조용함은 곤란한 상황에서 좋은 위장이 되어 주었다. 그는 그 누구도 스파이라고 의심하지 못할 남자였다. 게다가 몇 년 전에 프란츠 마이어와 시간을 보낸 적까지 있었다.

소금 호수 위로 해가 떠올랐을 때, 코렐 상병은 이른 아침의 햇살 속에서 사막을 가로지르는 기나긴 여행을 떠났다. 환상에 가까운 그의 목표는 테헤란에 도착해 백만 명 중에서 단 1명을 찾는 것이었다.

테헤란은 카페의 도시였다. 큰 대로에도, 자갈 깔린 골목길에도 카페가 있었다. 널찍한 곳도 있고 좁은 방에 불과한 곳도 있지만, 하나같이 의도적으로 어둑했고 격렬한 대화가 불꽃처럼 탁탁 튀었다. 물 담뱃대 연기와 현지 산 에스프레소의 자극적인 향기 때문에 어느 시간대든 숨이 막힐 정도였다.

붉은색과 하얀색 차양이 피난처 역할을 하는 나데리 카페의 테라스에 앉아서 양고기와 병아리콩으로 만든 걸쭉한 스튜인 디지(이곳 사람들은 매일 적어도 한 끼는 이걸로 즐겁게 해결하는 듯했다)나 감초 맛이 톡 쏘는 아라크 한 잔을 마시면 오후를 기분 좋게 보낼 수 있었다. 페르도시 카페도 있었다. 이곳에는 고대 페르시아의 영웅들을 기념하는 벽화가 그려져 있고, 저녁에는 왕국의 위대한 장편서사시 낭독이 이루어졌다. 좀 더 국제적인 도시의 느낌을 원하는 사람들을 대상으로 하는 컨티넨탈 카페도 있었다. 검은색 양복을 입은 외교관들과 자기만족에 빠진 이란 공무원들, 영향력을 가진 상인들이 근심에 사로잡혀 묵주 알을 하나씩 넘기거나 아편 파이프를 빠는 곳이었다.

프란츠 마이어는 낮과 밤의 대부분을 테헤란의 여러 카페를 드나들면서 보냈다. 그는 남들 앞에서 대화하는 어조로 말하는 비밀이 제일 눈에 띄지 않는다는 것을 경험으로 배웠다. 위대한 게임을 오랫동안 해온 스파이에게는 그의 시그니처로 자리 잡는 고유한 방식이 생기기 마련이다. 그가 으레 일을 처리하는 스타일 말이다. 암호명 막스 요원의 시그니처는 관심 있으면 누구라도 다 볼 수 있는 이렇게 북적거리는 카페의 테이블에서 그의 비밀 정보원과 만나는 것이었다.

막스는 그동안 바빴다. 연합군의 침공 이후 당국에 잡히지 않기 위해 도주 중이긴 했지만 그는 비밀스러운 생활을 버리지 않았다. 오히려 근면함과 매력적인 화술, 두툼한 외국 돈(그와 베를린 관계자들만의 비밀이지만 위조지폐였다)을 이용해 공작원, 아니, 노련한 스파이들이 애정과 동지애를 담아 부르는 것처럼 수많은 '조Joe'들을 모았다. 그는 이란에서 일어나고 있는 일들에 관해 샤만큼이나 정통했다.

그의 공작원으로는 착실한 스위스인 사업가 에른스트 메르세르가 있었다. 메르세르는 이란에서 사업을 하는 수많은 미국과 유럽 기업들의 대리인이었다. 대형 메르세데스 세단을 굴리고 여러 하인이 딸린 멋진 2층 저택을 소유했다. 키가 작고 뚱뚱했지만 흠잡을 데 없이 매너가 뛰어났고, 그 어떤 주제든 매력적으로 이야기해서 초대받지 않는 곳이 없었다. 게다가 메르세르에게는 들은 것을 전부 기억하는 뛰어난 능력도 있었다. 동기가 무엇이든 간에—돈? 독일에 대한 충성? 위험천만한 스릴?— 그는 꾸준히 정보를 제공했다. 일부는 사실로 밝혀지기까지 했다.

힘쓸 일에 이용하는 어깨들로는 미스바 에브테하지와 그를 충실하게 따르는 오합지졸 불량배들로 이루어진 패거리가 있었다. 약삭빠르고 가슴 근육이 돌덩이 같은 거구의 에브테하지는 테헤란의 유명 인사였다. 그는 팔레바니 선수로 명성을 얻었다. 팔레바니는 매우 인기 있는 전통 맨손 무예의 일종으로, 레슬러의 무자비한 근력과 수피의 깊은 성찰과 영성이 모두 필요했다. 에브테하지의 주변에는 그의 명령에 따라 즉시 행동을 개시할 준비가 된 잡다한 싸움꾼 군단이 몰려들었는데, 감질나게 소문을 퍼뜨리거나 사람들의 이목을 끌 때 좋았다.

하지만 마이어가 가장 아끼는 공작원은 릴리 산자리였다. 그녀는 이란 태생이었지만, 미망인인 어머니가 랑게라는 이름의 부유한 독일인과 결혼하면서 함께 베를린으로 떠났다가 10대 때 테헤란으로 돌아왔다. 그녀는 교육을 잘 받았고 두 문화에 모두 익숙했다. 몇 가지 언어를 할 줄 알았고 역사, 물리학, 화학, 수학에 정통했으며 아코디언으로 묵직한 저음을, 피아노로 협주곡을 연주할 수 있었다. 그녀를 만나는 사람들은 누구나 크고 아름다운 갈색 눈과 새까만 머리카락을 가진 유쾌한 미인에게 깊은 인상을 받지 않을 수 없었다. 친구 루실과 함께 일하는 릴리가 맡은 임무는 그녀가 표현했듯이 '프로파간다의 관점'을 홍보하는 것, 즉 독일군이 들어오면 얼마나 영광스러울지에 대한 진지한 이야기를 퍼뜨리는 것이었다.

하지만 스물두 살의 릴리에게는 작전상의 가치를 제외하고도 마이어의 관심을 끄는 무언가가 있었다. 그녀는 그의 정부였다. 하지만 그들의 오랜 관계는 단순한 불장난이 아니었다. 마이어는 그녀와 결혼하고 싶었다. 그는 그녀를 사랑했다. 릴리 역시 나름대로 그를 사랑했다.

결혼에 대한 이야기만 나오고 행동으로 옮겨지지 않아서인지, 신부가 될 수 없을지도 모른다는 사실이 불안했는지, 아니면 비밀스러운 삶을 살다 보니 배신에 익숙해져서였는지는 몰라도, 이 이야기에 파묻힌 진실은 미스터리로 남아 있다. 하지만 확실하게 알려진 것은 릴리가 이 국가보안본부 요원과 밤을 보내면서 낮에는 도시의 방을 빌려 스물셋의 로버트 J. 메릭과 껴안고 있었다는 것이다.

운송 직원 메릭은 댄스 밴드에서 연주를 했는데 음악을 좋아하는 두 연인이 처음 만난 곳도 콘서트였다. 보통 로맨스는 우연한 사건으로 시작되지만 스파이의 세계에 우연은 없다. 메릭도 스파이였다. 그는 미 육군 방첩단 요원이었다. 릴리를 처음 만난 날 그의 임무는 우연을 가장한 첫 만남으로 대화를 시작한 뒤 상황을 지켜보는 것이었다. 결국 두 사람은 방을 빌려서 침대에 나란히 눕는 사이로 발전했고 메릭은 침대에서 나눈 대화를 꼼꼼하게 타자로 쳐서 상관들에게 보고했다.

릴리는 그녀가 배신의 바다에서 헤엄치고 있는 줄은 까맣게 몰랐다.

마이어는 더더욱 몰랐다.

스파이, 현지 공작원, 기만하는 연인들이 있는 세계가 바로 코렐 상병이 도착한 세계였다. 오랫동안 낙타를 타고 사막을 가로질러 테헤란에 도착한 그는 곧바로 페르도시 카페로 들어가 실내를 힐끗 둘러보았다. 그리고는 면도를 하지 않은 햇볕에 그을린 얼굴에 미소를 띠더니 깜짝 놀라는 프란츠 마이어의 맞은편으로 가서 앉았다.

코렐도 마이어만큼이나 놀랐다. 타는 듯한 사막을 가로지르는 고난 속에서, 그는 전략을 세워 두었다. 마이어의 시그니처를 아는 그였기에 그와 마주칠 때까지 테헤란의 카페를 모조리 방문하기로 결심했던 것이다. 하지만 그 계획을 세우면서도 무모한 도박과 다를 바 없음을 알고 있었다. 두 사람이 똑같은 카페에 시간 맞춰 나타나 마주칠 확률이 과연 얼마나 될까? 절대로 마주치지 못할 가능성이 컸다. 그런데 코렐 상병은 테헤란에 널린 수십 개의 카페 중 처음으로 방문한 카페에서 그가 찾는 남자를 찾았다.

두 남자는 그들의 재회가 프란츠 작전의 특공대원들이 머지않아 더 큰 성공을 이루는 징조라고 여겼다. 코렐 상병이 에브테하지의 부하가 급하게 마련해 준 트럭을 사막으로 몰아 헤어진 곳에 그대로 남아 있는 동료들을 찾아 무사히 테헤란으로 돌아왔을 때, 그 예측은 정말로 진실인 것처럼 느껴졌다. 마이어의 지시에 따라 특공대는 두 그룹으로 나뉘었고, 그의 공작원들이 마련해 준 은신처로 따로 옮겨졌다. 그편이 더 안전하다고 마이어는 설명했다. 신중한 접근이 필요하고 천천히 움직여야 한다고도 주장했다. 자신처럼 이 도시에 대한 감을 얻고 지리를 익히고 자연스럽게 스며들라고, 준비에 걸리는 시간은 절대로 낭비가 아니라고 설교했다. 그런 뒤에 철도를 살펴보고 언제 미국의 수송품이 오는지 확인한 뒤 폭탄을 설치하기 위한 중요한 결정들을 내려야 한다고 말이다.

그런데 그들이 첫 공격을 개시할 준비를 하고 있을 때 코렐이 티푸스에 걸려 쓰러졌다. 처음에는 가벼운 감기처럼 보였지만 정말로 순식간에 끔찍한 상태로 변했다. 상병은 눈에 띄게 쇠약해져 갔다. 릴리가 믿을 만한 의사를 찾았지만 의사는 땀에 흠뻑 젖은 유령처럼 창백한 남자를 한 번 보더니 절망하며 양손을 마구 휘저었다.

코렐의 죽음은 놀라운 일이 아니었지만 그래도 충격이었다. 남겨진 마이어와 동료들은 동요했다. 상황이 그들에게 불리한 쪽으로 방향을 틀었다. 그리고 전열을 가다듬기도 전에 새로운 걱정거리가 그들의 사기를 떨어뜨렸다. 다름 아니라 화장을 하든 땅속 깊이 묻든 시체를 처리해야만 한다는 신중하고도 불길한 깨달음이었다. 치명적인 전염병이 무자비한 속도로 테헤란 전역에 퍼지고 있었다. 시체 처리는 적진에 숨은 스파이들에게는 난제였다. 도시 어디에도 남의 이목을 끌지 않고 시체를 태울 만한 곳이 없었다. 시체를 사막으로 운반하다가 경찰에 제지당해 대답할 수 없는 질문을 받을까 봐도 두려웠다. 어쩔 수 없이 마이어는 실행 가능한 유일한 해결책을 쓰기로 했고, 릴리도 냉혹한 실용주의적 태도로 이를 도왔다.

시체를 토막 내는 작업에서 가장 큰 일은 마이어가 했다. 톱을 구하지 못해 마체테를 써야 했다. 끔찍하고도 지루한 일이었다. 생각보다 여러 토막이 나와서 릴리가 막판에 서둘러 집으로 돌아가 삼촌의 옷장에서 작은 여행 가방을 하나 더 가져왔다. 마침내 토막 난 시체를 운반할 준비가 되었다.

테헤란을 벗어나자마자 나오는 바라민 도로 근처에 인적 드문 들판이 있었다. 스파이와 그의 젊은 정부가 키 큰 풀밭에 누워 나른한 여름 오후를 보낸 적 있는 그곳이 코렐 상병의 묘지가 되었다. 경의를 표시하기 위해 살아남은 특공대원들이 전부 다 모였다. 따로 의식은 없었다. 혹시라도 쓸데없는 관심을 끌지도 모른다는 두려움이 너무 컸다. 그들은 모두가 함께 모인 침묵만으로 추모의 마음이 충분히 전해지기를 바랐다.

팀은 은신처로 돌아왔다. 재정비 후 공격을 시작하려는 계획이었다. 하지만 그들은 의지를 잃었다. 마치 그들의 일부와 남아 있던 투지가 이란의 외로운 들판에 묻힌 느낌이었다. 대원 2명은 카슈카이족의 땅으로 향했다. 그저 도시를 탈출하려는 열망뿐 계획이랄 것도 없었다. 나머지 생존자 셋은 이 은신처에서 저 은신처로 옮겨지며 시간을 보냈다. 몇 주 동안 특공대원들은 공격을 개시하자는 이야기를 나누기도 했지만 확신이 부족했다.

한때 독일의 신사 스파이로서 그가 수행할 역할에 큰 희망을 품었던 에른스트 메르세르는 점점 체념하게 되었다. 파괴 공작 계획이 용두사미로 변해 가자 그는 역사의 흐름 밖에서 살아가는 것이 자신의 운명인 것 같다는 서글픈 생각이 들었다. "테헤란은 내가 전쟁이 끝날 때까지 파묻혀 있고 싶은 곳이 절대로 아닙니다." 메르세르가 마이어에게 불평했다. 마이어도 그즈음에는 같은 생각이었다. "테헤란에서 무슨 일이 일어나든 일어나지 않든 전쟁의 운명이 여기에서 결정될 것 같지는 않군요."

그러나 베를린의 제6국의 내근 요원들에게 임무의 성공을 측정하는 기준은 실질적인 행동이 아니라 장기적인 교훈이었다. 그들은 다수의 실패를 단 한 번의 놀라운 승리를 거둘 수 있는 가능성과 기꺼이 바꾸었다. 프란츠 작전은 그 형제 원정대인 안톤 2 작전과 마찬가지로 그들의 중요한 능력을 확실히 증명해 주었다. 특공대가 테헤란으로 가서 당국에 들키지 않고 미로 같은 안가에 숨는 데 성공했다는 것 말이다. 게다가 적의 도시에 유능하고 지략이 뛰어나고 신뢰할 수 있는 첩보망이 이미 가동 중이었다. 이것들을 고려할 때 셸렌베르크는 큰 성취감을 느꼈고 많은 것을 배웠다. 이제 그는 조심스럽게 모든 것을 문서로 정리했다. 언젠가 어렵게 얻은 이 지식을 비밀스러운 용도로 사용할 날을 고대하면서. 카나리스는 티어가르텐에서 말을 타고 걷는 유쾌한 아침 산책에서 첩보는 체스와도 같아서 항상 몇 수 앞을 내다보아야만 한다고 설교했다. 셸렌베르크는 처음으로 그 지혜가 와닿기 시작했다.

셸렌베르크는 많은 전선에서 전진하고 있었다. 그는 이란의 특공대 임무에만 초점을 맞추지 않았다. 연합군이 언제 어디에서 만날지 모른다는 사실이 자신을 가로막는 것을 보고만 있지 않았다. 대신 그는 대단할 정도의 꾸준한 목적의식으로 롱 점프 작전의 계획을 계속 구상해 나갔다. 그것이 서류함 신세로 전락하는 터무니없는 프로젝트로 끝날지는 아직 예측할 수 없었다. 하지만 계획의 잠재력 자체는 여전히 어마어마했다. 그것은 평화 협상을 좌우할 열쇠였고, 전후의 상황이 바뀌면 셸렌베르크의 예정된 미래도 바뀔 수 있었다.

연합국의 무조건적인 항복 요구는 자비의 여지를 남기지 않았다. 셸렌베르크는 모든 것이 까발려지는 군사재판의 피고석에 순종적이고 공손하게 선 자신의 모습과 날카로운 칼날처럼 파고들 온갖 혐의를 상상해 보았다. 그는 나치 독일을 위해 인생을 바쳤다. 그가 어떻게 자신을 변호할 수 있겠는가. 자신 또한 광기라는 가해자의 희생자일 뿐이라고 주장할 수 있을까? 심판의 날이 오면, 민간인 학살 전문 부대 아인자츠 그루펜이 동부 전선에서 자행한 '과한 행위'에 그가 반대 목소리를 냈다는 사실도 전혀 중요하지 않을 것이다. 그들은 어떻게 나치 친위대 장군의 손에 피가 묻지 않았겠느냐고 반박할 것이다(그도 속으로는 그렇게 생각하는 것이 당연하다고 인정했다). 그는 정복자의 교수형 집행인이 자신의 목에 올가미를 씌우는 일이 없도록 노력해야 한다고 마음을 다잡았다. 그러한 자각과 함께 스파이마스터의 안에서는 속수무책의 두려움이 샘솟았다. 아무것도 하지 않으면 결과는 죽음뿐이었다. 독일의 유일한 희망이자 그의 유일한 희망은 독일과 타협하지 않으려는 세 연합국 지도자를 없애는 것뿐이었다.

그는 알지 못하는 것에 시간을 낭비하는 것은 의미가 없다고 결정했다. 현재 그는 3자 회담에 대한 정보를 알 수 없었으므로, 민첩한 실용성을 발휘해 그가 아는 것으로 생각을 돌렸다. 합리적으로 예상할 때, 세 연합국 지도자들이 만났을 때 발생할 수 있는 일에 대해서.

암살을 계획하는 사람답게 논리적으로 가장 먼저 보안에 대해 생각했다. 3명의 우두머리를 보호하기 위해 군대가 모일 것이다. 전시 체제로 완전무장한 군대. 그 불길한 이미지가 머릿속에 자리 잡자마자 그는 생각을 정확하게 바로잡았다. 하나의 군대가 아니고 3개의 군대가 존재하겠지.

그 사실은 그를 생각에 잠기게 했다. 운영을 맡는 것은 보안 전문가들이 아니라 정치인들이었다. 정치인들이 그들의 우두머리를 어떻게 보호해야 하는지에 대한 최종 결정권을 행사할 테고, 그들의 피에 흐르는 맹목적인 애국심은 자국 군인이 최고사령관을 보호해야 한다고 주장할 것이다. 따라서 회의 테이블에 둘러앉은 지도자들만큼이나 그 주변에 배치된 경호원들도 다국적인 특징을 띨 게 분명했다.

그것은 혼란을 조장하는 방식이었다. 세 보안팀은 이전에 함께 일한 적이 없을 것이다. 그들은 서로를 알아보지 못할 테고, 낯선 군복을 입은 무장 군인이 진짜인지 가짜인지 구별할 수 없을 것이다. 소통 역시 문제였다. 바벨탑 같은 소동이 일어날 수밖에 없으리라. 미국인과 영국인들은 러시아인들의 말을 알아듣지 못하고 그 반대도 마찬가지일 테니까. 그리고 셀렌베르크의 경험상 똑같은 영어를 쓰더라도 영국인의 런던 말씨와 미국인의 남부 말씨는 특별한 지식이 없는 사람에게 외국어처럼 들릴 것이 분명했다. 그는 갑자기 자신감이 샘솟는 것을 느끼면서 이런 요소들을 이용해 보기로 했다.

첫 번째 임시 시나리오가 구체화되기 시작했다. 그가 처음 구상한 아이디어는 브란덴부르크에서 영어나 러시아어를 할 줄 아는 독일인이나 전투 경험이 풍부한 독일인을 찾는 것이었다. 그들에게 연합군의 군복을 입혀 목표물에 가까이 접근시킨다. 굳이 무기를 숨기지 않고 중무장을 한 채로 안으로 들어갈 수 있겠지. 군인이 총을 들고 있는 것은 너무도 당연하지 않은가? 어떻게 회의장으로 들어갈 것인지는 나중에 회의 장소를 알게 되었을 때 고민하면 된다.

셀렌베르크는 그런 위장술 작전의 선례가 있다는 것을 알고 있었다.

전쟁 초기인 1940년 5월에 특공대가 벨기에와 네덜란드 국경수비대의 제복을 입고 앞장선 덕분에 저지대 국가들을 빠르게 점령할 수 있었다. 그리고 그가 입안에 참여한 힘러 작전도 있었다. 이것은 폴란드 군복으로 위장한 독일 공작원 150명이 라디오 방송국을 공격해 나치가 폴란드를 침공할 구실을 마련한 자작극이었다.

하지만 그는 작전 초안을 구상하면서도 선뜻 마음이 가지 않는 무언가를 발견했다. 미국인, 영국인, 러시아인인 척한다고? 계획의 엄청난 규모가 문제를 더욱더 복잡하게 만들었다. 우선 이 세 나라의 군인처럼 생긴 군인들을 찾아야 한다. 더 심각한 문제는 총에서 불이 뿜어나오기 시작할 때 임무를 확실하게 끝낼 수 있는 믿음직한 이들이 필요하다는 것이었다. 빅3를 죽이러 가는 임무는 자살 임무라 해도 과언이 아니었고, 그런 강철 같은 숙명적 용기를 가진 사람은 드물었다. 다양한 언어에 능통하고, 여러 국가의 관습에 익숙하고, 진짜 그 나라 사람을 사칭할 수 있는 사람을 찾으려고 여기저기 수소문하다 보면, 수상쩍은 이들을 끌어들일 가능성이 컸다. 게다가 세 국가의 군복을 입은 3개의 다른 팀이 침투해 회의장으로 들어가야 하는 필요성까지 추가된다.

셸렌베르크는 잠깐 속도를 늦추고 생각을 정리하기로 했다. 모든 것을 다시 정리하는 고통스러운 과정에서 그는 새로운 질문을 만지작거리는 자신을 발견했다. 암살자 팀이 꼭 3개나 필요한가? 세 국가의 군인을 사칭하는 것이 작전상의 이익보다 문제를 더 많이 가져오지 않겠는가? 이런 의문이 제기되자 그의 마음은 다른 방향으로 향하기 시작했다. 마침내 좋은 생각이 떠올랐다.

안드레이 블라소프는 변절자지만 이제는 우리 편이다. 이것이 지난 3월 동부 전선에서 포로로 잡힌 후 독일 측으로 전향해, 소련 변절자들의 군대를 이끌고 조국과의 전투에 나가겠다고 선언한 그 러시아 장군에 대한 셸렌베르크의 확고하고 전문적인 평가였다. 스파이마스터는 블라소프의 전향을 아무런 비난 없이 그저 어깨 한 번 으쓱하며 받아들였다. 배신이 특징인 이 직업군에서 절대적이라는 것은 존재하지 않았다. 덕분에 얻은 것도 많았다. 다년간의 경험은 셸렌베르크에게 첩보의 세계에서 마음의 변화야말로 위대한 낭만이라는 것을 가르쳐 주었다. 한 국가의 변절자는 다른 국가의 비밀 정보원이었다.

사실 그는 이미 제플린 작전의 일환으로 소련 변절자들을 다시 전쟁터로 돌려보내고 있었다. 지난 1년간 루프트바페의 특별 중대는 이 새로 모집한 요원들을 동부 전선 전체로 깊숙이 잠입시켰다. 그들의 은밀한 임무는 파괴, 전복, 그리고 정보 수집이었다. 셸렌베르크는 그들이 적진에서 세운 공적을 보고 그들의 용기와 지략에 여러 번 감탄했다. 그는 내근 요원만의 자부심으로 이렇게 자랑하곤 했다. "한번은 블라디보스토크로 이송되는 소련군에 섞여서 그곳에 도착하는 데 성공한 요원도 있었다. 그곳에서 그는 특정 병력의 이동을 관찰하고 모든 세부사항을 보고했다."

롱 점프의 전술적인 문제와 씨름하다 보니, 그의 생각은 블라소프가 모은 소련 해방군으로 향했다. 전원 변절자로 이루어진 천여 명에 가까운 강력한 군대였다. 그들 중 다수가 목숨을 걸고 싸워 전투 훈장을 받았다. 하지만 가장 큰 장점은 이들이 러시아인처럼 보여야 하는 테스트를 통과할 필요가 없다는 점이었다. 러시아인이니까. 원래의 삶이니까 연기를 할 필요가 없었다. 심지어 그들은 이미 소련 군복을 입고 있었다. 그야말로 자연스러운 위장이었다. 셸렌베르크는 스스로에게 박수를 보냈다. 만약 블라소프의 가장 유능한 군인 50명을 선발한다면, 어쩌면, 어쩌면 빅3에 가까이 접근할 수 있을지도 모른다. 작전 통제는 경험이 풍부한 쿠엔츠호수 특공대나 오라니엔부르크 특공대의 핵심 멤버—6명? 그 이상? 아직 예비 단계라서 셸렌베르크는 정확한 숫자를 다룰 준비가 되어 있지 않았다—가 맡는다. 하지만 블라소프의 러시아인들이 전투력의 대부분을 차지할 것이다.

그는 이 시나리오의 결점까지 모두 고려해 보고 성공할 수도 있겠다는 확신이 들었다. 독일 최고의 인재들이 이끌고 블라소프의 러시아인들이 뒷받침해 주는 암살자 부대라면, 주목을 끌지 않고 가까이 다가갈 가능성이 충분했다. 그리고 그들은 절대 물러서지 않을 것이다. 임무를 완수하거나 완수하려다가 죽을 것이다.

하지만 문제가 하나 있었다. 바로 히틀러였다.

총통은 군인의 전향을 믿지 않았다. 그의 독기 가득한 세계에서 그냥 변절자보다 더 나쁜 것이 바로 소련 변절자였다. '나는 절대 소련 군대를 만들지 않을 것이다'라고 총통은 소리쳤고, 블라소프와 그의 변절자들과 절대로 얽히고 싶어 하지 않았다.

제플린 작전이 효과를 거두는 동안에도 이 문제는 사라지지 않았다. 힘러는 셸렌베르크를 불러 '믿을 수 없는' 소련 요원들에 의존한다고 큰 소리로 나무랐다. 힘러는 "자네가 맡은 그 자리가 점점 감당하기 어려워지는 모양이군"이라고 위협하기도 했다. 그것은 매우 거친 면담이었지만, 그는 힘러의 비판에 미소를 지었다. 그 약간의 반항이 그에게 승리를 가져다주었다. "무서운 사람이로군!" 힘러는 통탄스러운 듯 머리를 흔들 뿐이었다. 그게 다였다. 분노의 파도는 지나가 버렸다.

그러나 이번엔 히틀러가 쉽게 납득하거나 분노가 금방 수그러들 것이라는 확신이 없었다. 전쟁을 통틀어 가장 중요한 독일 특공대 작전에서 블라소프의 부하들─소련 변절자들─이 핵심 병력이라는 것을 총통이 알게 된다면? 셸렌베르크는 이 상황을 어떻게 교묘하게 넘길 수 있을지 고민했다. 히틀러에게 계획의 전부를 다 알리지 않으면 어떨까? 하지만 러시아인들의 역할을 전부 다 밝히지 않는다면 논쟁에서 이길 수 없을 것이다. 그의 일자리는 물론이고 어쩌면 목숨까지 날아갈 수도 있었다.

셸렌베르크가 그의 경솔함이 가져올 위험을 저울질하고 있을 때 힘러에게 호출이 왔다. 그는 언제나처럼 무엇이 기다리고 있을지 모르는 상태로 갔다. 변덕스러운 나치 독일에는 항상 훈장 아니면 총알이 멀지 않은 곳에 있었다. 한번은 힘러가 셸렌베르크의 약혼녀 사진을 건넸는데, 거기엔 녹색 색연필로 그녀의 립스틱과 눈썹에 동그라미가 쳐져 있었다. '과함'이라는 잔인한 평가가 딱 한마디 적힌 채였다. 하지만 이번에 사진은 없었다. 알고 보니 스코르체니에 대해 이야기하고 싶어서 부른 것이었다.

힘러는 평소의 비음 섞인 바이에른 말씨로 총통이 스코르체니 소령의 능력을 높이 평가한다고 설명했다. 확실히 무솔리니의 구출은 기적이었고 독일에 영광을 가져다준 승리였다. 거기에 총통은 안톤 2 작전에도 깊은 인상을 받았다. 스코르체니 소령은 이란에 특공대를 잠입시켰고, 총통이 족장에게 보낸 개인적인 메시지도 잘 전달했다.

셸렌베르크는 모두 성공한 일이라는 데 동의했다. 힘러가 무슨 꿍꿍이인지 알 수 없었다. 열 받게도 그는 직접적으로 말할 때가 거의 없었다.

힘러가 드디어 자신의 용무를 밝혔다. 총통이 소령에게 새로운 임무를 맡겼다고. 그는 히틀러의 말을 그대로 인용해서 "해낼 수 있는 사람은 세상에 단 1명뿐이야"라고 말했다. 히틀러는 오토 스코르체니가 롱 점프 작전을 지휘하기를 원했다.

셸렌베르크는 2개의 승리를 거두었다고 확신하며 자리를 떠났다. 첫 번째 승리는 명백했다. 불가능한 임무를 완수할 수 있는 사람이 있다면 야심 차고 대담하고 무자비한 스코르체니뿐이다. 그는 암살자의 임무 역시 해낼 수 있을 것이다. 둘째, 셸렌베르크는 개인적인 승리도 거두었다. 당분간 변덕스러운 히틀러의 관심은 스코르체니 소령에게 집중될 것이다. 총통이 나머지 팀원들의 구성에 대한 질문으로 압박하는 일은 없을 것이고 셸렌베르크가 먼저 꺼내지도 않을 것이다. 만약 롱 점프가 성공한다면, 루스벨트와 처칠, 스탈린이 죽는다면 스코르체니의 이름이 역사적인 신문 기사의 제목을 장식할 것이다. 만약 실패한다면 소련 변절자들이 그 임무에 포함되었다는 사실 따위는 셸렌베르크에게 걱정거리조차 되지 않을 것이고.

하지만 셸렌베르크는 그가 마주한 위험이 예측 불가능하다는 것도 잘 알고 있었다. 그러므로 경계 태세를 갖추는 것이 현명할 터였다.

-21-

셸렌베르크와 마찬가지로 마이크도 빅3의 만남이 성사될 경우 필요해질 인재들에 대해 생각했다. 독일의 스파이마스터는 군인들을 보내 명령을 실행시킬 생각이었지만, 마이크의 관심사는 더 직접적이었다. 그는 옆에 둘 요원들을 훈련시키고 있었다. 상황이 나빠질 경우, 그가 의지해야 할 사람들이니까 말이다.

모든 기준을 정리하는 데는 꼬박 일주일이 걸렸다. 처음에는 시간 날 때마다 틈틈이 큼지막한 필기체로 적어 두었고, 다 끝났을 때는 타자기가 있는 백악관 수위실 책임자의 방으로 갔다. 백악관 현관문 바로 옆이라서 항상 지나가는 사람들이 많았지만 마이크는 신경 쓰지 않았다. 떡 벌어진 어깨의 거구 요원은 커다란 원목 책상에 거대한 조각상처럼 앉아서 독수리 타법으로 오래된 레밍턴 타자기를 눌렀다. 어색한 타법이지만 대학교 때부터 이렇게 쳐 와서 꽤 잘 쳤다. 입력한 후에는 다시 읽어 보았다. 사실 조금 전까지만 해도 생각이 확실하지 않았는데 이제 분명해졌다. 그는 부하들에게 전투를 준비시켜야 했다.

또한 그는 개인적인 태도와 행동거지에 많은 신경을 썼다. 특무대의 일원이라면 모범을 보일 필요가 있었다. 백악관에 처음 들어왔을 때만 해도, 그는 어떻게 행동해야 하는지, 심지어 옷은 어떻게 입어야 하는지 전혀 몰랐다. 자신은 몬태나에서 온 시골뜨기에 불과했고, 대통령 집무실 안으로 불려갔을 때도, 대통령에게 얼마나 가까이 있어야 하는지, 어디에 서야 하는지 말해 주는 사람이 아무도 없었다. 물론 대통령도 숨을 쉬어야 하고 비밀이 있을 수 있지만, 대통령 옆을 지키는 것이 그의 의무였다. 주의 깊게 지켜보는 것과 방해가 되는 것은 종이 한 장 차이였다. 첫날 그는 좀처럼 그 경계를 알아차릴 수 없어서 어려움을 겪었다. 하지만 결국은 알아냈다(그 과정은 예상보다 순조로웠는데, 보스가 그를 마음에 들어 했고 그 역시 보스가 좋았기 때문이었다). 이제 책임자가 되었으니 모든 것을 확실하게 할 생각이었다. 그는 세세한 부분에 많은 주의를 쏟았고 부하들도 마찬가지이기를 원했다. 깔끔하게 정리하고 치우는 것은 그의 타고난 성격이었다.

그래서 행동 수칙을 정했다. "경호 임무에 적극적으로 참여하는 동안에는 껌 씹기, 흡연, 그 어떤 종류든 간에 거친 행동을 일절 금지한다." 그는 부하들이 들어가기 쉬운 지뢰밭의 위치도 분명히 밝혔다. "요원들은 임무를 수행할 때 조용히 하고 불필요한 이목을 끌지 말아야 한다… 건물, 구내, 인접 지역을 자주 철저하게 점검하되, 그곳에 있는 사람들에게 불편이나 불안감을 일으키지 않는 방식으로 이루어져야 한다."

내부 관리 문제가 해결되자 문제의 핵심으로 이동했다. "대통령은 육군과 해군의 최고사령관이며 현재 우리나라가 전쟁 중이므로 각 요원의 책임은 몇 배나 커졌다." 중대한 책임에는 냉철한 자격 요건이 따랐다. "탁월한 총기 사용 능력, 믿을 만한 판단력으로 빠르게 생각하고 행동하는 능력… 우리는 60초마다 경계해야 한다." 요원들은 현실에 안주해 체중이 늘고 몸을 유지하지 못하는 일이 있어서는 안 되었다. 마이크는 그처럼 큰 덩치를 가진 강하고 위협적인 운동선수를 원했다. "요원들이 특무대에서 계속 활동하는 것은 이에 필요한 신체적 능력을 어느 정도 가졌는지에 좌우된다는 것을 명심해야 한다."

마이크는 만족해하면서 행동 수칙 선언문을 여러 부 복사했고 함께 카사블랑카에 다녀온 요원들에게 직접 건네주었다. 보스가 처칠과 스탈린과의 만남에 관한 합의를 끌어내면 팀의 핵심 인력이 될 이들이었다. 그는 부하들이 준비되기를 원했다. "전례 없는 사건에 준비가 되어 있어야" 한다고 몇 번이나 강조했다.

한편 블라소프의 소련군에 맡길 일을 구상 중인 셸렌베르크의 목표는 더 간결했다. 그는 암살자들이 필요했다. 그래서 암살자들을 뽑기 위해 암살자를 보냈다.

한스 울리히 폰 오르텔 소령은 쉽게 흥분하고 공격적이며 부도덕한 술주정뱅이였다. 그는 의기양양한 살인 본능으로 전투에 뛰어들었고 자신의 성과 이외에는 안중에 없었다. 죄책감은 그의 야만적인 삶에 들어오기에는 너무 복잡하고 너무 정상적인 감정이었다. 그를 아는 사람들은 그가 속으로 질러야 하는 비명마저도 억누르지 않았다고 말했다. 그만큼 그에게는 불가능한 것도 지나친 것도 없었다. 전해지는 이야기에 따르면, 그는 대단히 훌륭한 SS 사형 집행관이었다.

오르텔은 아인자츠그루펜 장교로서 무자비한 효율성의 모범을 보였다. SS가 '볼셰비키 요원들'과 '유대인 공무원들'을 체포하기 위해 로브노 지역의 게토[유대인 거주 지역-역주]를 돌아다닐 때, 오르텔 소령의 장갑 낀 주먹이 쉬지 않고 문을 두드렸고, 그렇게 색출된 이들은 두 번 다시 볼 수 없었다. 유대인들을 조금씩 제거하는 것만으로는 충분하지 않다는 결정이 내려지고, 게토의 주민 전체가 소센키 숲으로 행진해 줄지어 서서 빗발치는 총알을 힘없이 바라보았을 때도, 오르텔은 제일 먼저 앞장섰다. 그렇게 사형 선고를 받은 영혼이 1만 5,000명이었던가, 아니 1만 8,000명이었던가? 열의에 사로잡힌 사형 집행자들은 굳이 그 숫자를 세어 보지도 않았다.

로브노의 유대인들은 완전히 제거되었다. 연기가 피어오르는 게토에는 순교자들의 유령들만 떠돌았다. 하지만 유대인 박해자 오르텔은 국가보안본부의 지시로 계속 로브노에 주둔 중이었다. 그가 소련의 정치 위원처럼 보일 정도로 러시아어에 능통한 탓이었다. 셸렌베르크는 제플린 작전에서 소련에 침투할 요원들을 훈련시킬 때 그를 사용한 적이 있었다. 오르텔은 붉은 군대에 대항하여 게릴라전을 벌이는 로브노 근처의 빨치산들을 주시하는 첩보 임무도 수행했다.

바로 그 때문에 셸렌베르크는 오르텔을 베를린으로 불렀다. 러시아어를 할 줄 아는 이 SS 소령은 그가 원하는 본능을 가진 남자임에 틀림없었다. 그는 오르텔이 블라소프의 군인들의 어두운 영혼을 들여다보고 암살 임무를 수행할 수 있는 사람들을 골라내 줄 것이라고 믿었다. 물론 오르텔에게는 많은 문제점이 있었지만, 셸렌베르크는 작전에 집중하는 공작관의 임무에 충실해 그냥 무시하기로 결정했다.

그래도 셸렌베르크는 충분히 조심하는 것을 잊지 않았다. 그는 새로 끌어들인 요원에게 구상 중인 임무에 대해 일반적인 것만 이야기했다(이 시점에서는 실제로 세부 사항이 거의 없었기 때문에 별로 어려운 일은 아니었다). 둘의 만남에 대해 전해지는 이야기에 따르면, 그는 오르텔에게 스코르체니가 대단히 중요한 작전을 수행할 예정이며, 그 임무에서 핵심적인 역할을 하게 될 블라소프의 러시아인들을 선발하고 훈련하는 일을 그가 맡게 될 것이라고 말했다. 셸렌베르크는 기밀 유지가 필수임을 강조하면서 면담을 마무리했다. 새로운 임무에 대해 그 누구에게도 말하면 안 된다고. 오르텔은 입도 뻥긋하지 않겠다고 굳건히 약속했다.

오르텔에게 약속은 기껏해야 변덕스러운 합의에 불과했다. 그마저 술이 들어가면 완전히 까먹었다. 로브노로 돌아간 그는 우크라이나를 약탈하는 나치 독일의 경제 조직에서 사무직을 맡고 있는 친구 파울 빌헬름 시버트 중위와 퀴멜주를 연달아 한 병, 그리고 한 병 더 나눠 마시고 잔뜩 들떴다. 그는 요란한 몸짓으로 마구 지껄였다. 처음에는 모의하듯 속삭였지만 이내 고함을 지르다가 아주 가끔 갑자기 은밀한 목소리로 돌아갔다. 그는 자신에게 '큰 비밀'이 있다는 것을 친구에게 알려 주고 싶어 했다.

하지만 시버트는 전혀 감동받은 얼굴이 아니었다. 그는 그저 친구의 잔을 다시 채울 뿐이었다. 오르텔은 더 이상 참을 수 없는 지경이 되었다. 결국 그는 셸렌베르크 장군이 '독일의 미래를 결정할' 작전을 위해 자신을 선택했고, 그 작전이 '전쟁의 결과를 바꿀 것'이라고 떠들기 시작했다. 그리곤 오토 스코르체니의 이름을 깃발이라도 되듯 흔들기 시작했을 때 시버트가 끼어들었다.

"스코르체니가 뭐?" 오르텔의 친구가 물었다. 너무도 자연스러운 질문이었다.

오르텔은 자랑하고 싶어 안달이 났다. 그는 이 중요한 임무에서, 자신이 스코르체니의 옆에서 활약하게 될 거라고 의기양양하게 말했다. 이제 시버트는 무관심한 척하는 것을 포기했다. 그는 친구에게 자세히 말해 달라고 졸랐다. 하지만 오르텔은 그럴 수 없었다. 아는 것을 이미 다 말했으니까. 하지만 그걸로 충분했다. 그의 술친구는 소련 스파이였으니까.

진짜 파울 빌헬름 시버트는 전쟁터에서 사망했다. 엔카베데 제1총국, 즉 모스크바 센터의 사무실에서 대외 비밀공작을 지휘하는 소련의 정보기관은 시버트의 서류를 니콜라이 이바노비치 쿠즈네초프에게 넘겼다. 레닌그라드의 엔카베데 첩보 아카데미의 졸업생인 그는 전사한 시버트를 사칭하게 되었다.

쿠즈네초프는 완벽한 이중 스파이였다. 페름산맥에서 어린 시절을 보낸 덕분에 독일어를 완벽하게 할 줄 아는 것도 있었지만, 그 때문만은 아니었다. 뛰어난 연기력 덕분도 아니었다. 쿠즈네초프의 탁월함은 작전에 대한 뛰어난 직관에 있었다. 한 조각의 뒷말, 옆으로 샌 한마디, 가벼운 소문 속에서 귀중한 정보를 찾아내는 날카로운 감각이었다.

그는 늦은 밤 오르텔과의 만남에서 돌아와 대화를 기록했다. 그다음에는 제1총국의 공작관에게 우선 취급 전보를 보냈다. 이렇게 하여 모스크바 센터는 나치가 스코르체니를 참여시켜서 전쟁의 방향을 바꿀 만한 중요한 특공대 작전을 계획하고 있다는 것을 알게 되었다.

소련 스파이마스터들은 그것이 과연 무엇일지 추측만 할 수 있을 뿐이었다. 그들은 형태가 갖춰지고 있는 위험을 알아내기 위해 바쁘게 움직이기 시작했다.

오르텔이 비밀을 누설한 지 얼마 되지 않아 셸렌베르크의 사무실에 또 다른 방문객이 있었다. 그 방문은 축하할 일이었다.

로만 가모사—3년 전에 마이어와 함께 이란에 갔지만 흔적도 없이 사라졌던 암호명 모리츠 국가보안본부 요원—가 베를린으로 돌아왔다. 숨 막히는 위대한 탈출 이야기를 들고 말이다.

가모사의 이야기를 요약하자면 이러했다. 연합국이 이란을 침공했을 때 그는 마이어와 작별하고 북쪽으로 급하게 도망쳤다. 비록 모호하긴 했지만 계획이 있었다. 소련이 점령한 지역을 지나 아제르바이잔으로 가는 것이었다. 그곳에 그를 받아 줄 만한 연줄이 있었다. 하지만 국경에 도착하기 전에 소련 소대에 포로로 붙잡혔고, 그들은 그를 두들겨 패면서 엄청나게 많은 질문을 했다. 그럼에도 그가 무너지지 않자 소련 강제수용소에 집어넣었다. 그는 수용소에 갇혀 힘든 노동과 적은 식량, 총살대의 끝없는 위협에 시달렸다. 하지만 갇힌 지 1년이 넘어가자 교도관들의 감시가 느슨해졌다. 그는 한밤중에 울타리 밑으로 기어가 힘들게 튀르키예까지 갔다. 튀르키예에서는 그를 3개월 동안 요즈가트 감옥에 가두었는데, 마침내 독일 당국의 도움으로 석방될 수 있었다.

가모사는 영웅으로 환영받았다. 국가보안본부는 그에게 1만 마르크의 포상금을 지급했다. 힘러는 히틀러에게 보내는 야단스러운 편지에서 이 용맹한 비밀 요원에게 일급 철십자 훈장을 수여할 것을 제안했고 총통은 즉시 승인했다. 선전부는 충실한 비밀 요원의 흔들림 없는 용기를 독일인들에게 널리 알리고자 라디오 인터뷰와 신문 기사를 잔뜩 준비했다. 추가 포상으로 셸렌베르크는 가모사를 대위로 승진시켰을 뿐만 아니라 제6국에 신설된 이란 부서의 책임자로 임명했다.

하지만 가모사의 고무적인 이야기에는 문제가 하나 있었다. 완전히 정확한 이야기가 아니라는 점이었다. 포로로 붙잡힌 것까지는 사실이었다. 하지만 가모사는 소련 심문자들을 마주했을 때 무너졌고, 아는 것을 전부 말했다. 그다음 소련이 그를 전향시켰고 이중 스파이로 만들어 국가보안본부로 돌려보냈다.

모스크바 센터는 비밀리에 환호성을 질렀다. 나치 보안국에서 대외 첩보 업무를 담당하는 제6국 중심부에 첩자를 집어넣는 데 성공했기 때문이다. 그 와중에 한 가지 실망스러운 점이라면, 그들의 첩자가 전쟁의 소용돌이에서 한참 떨어진 이란 담당자로 배정되었다는 것뿐이었다.

22

트리피츠퍼 76/78번지는 가늘게 뻗은 베를린 란트베어 운하의 둑에서 솟아난 암울한 돌 요새였다. 제3국의 의기양양했던 초기에 아프베어가 그 건물로 들어왔고, 수백 명의 교양 있는 첩보 장교들이 닫힌 마호가니 문 뒤에서 비밀 작전을 계획했다. 하지만 고전을 면치 못하고 있는 1943년 가을, 이 스파이 본부의 널찍한 공간은 거의 비어 있었다. 베를린의 그 어느 곳도 안전하지 않은 데다가, 특히나 이 건물의 긴 붉은 판석 지붕은 연합군 폭격기에게 적국 스파이들의 위치를 알리는 표시와 같았다. 카나리스 제독을 포함해 많은 고위 관리들이 그곳을 떠나 상대적으로 안전한 베를린 남쪽 조센 군사 복합단지의 콘크리트 벙커로 옮겼다. 그러나 두려움에 굴복하기를 거부한 사람들도 있었는데(그저 장소 이전의 선택권이 주어지지 않은 것일 수도 있고) 이 외골 수 중에는 아프베어의 기술을 담당하는 파괴 공작 부서가 포함되었다.

1943년 10월 말, 오토 스코르체니는 아프베어 전문가와 만나기 위해 트리피츠퍼로 갔다. 그는 폭탄이 필요했다.

암살에는 많은 방법이 있었다. 하지만 히틀러가 롱 점프 작전의 리더로 스코르체니를 임명했으므로, 암살은 그가 최선이라고 생각한 방식으로 이루어지게 되었다.

작전 관련 정보가 별로 없다는 점은 그다지 거슬리지 않았다. 그에게는 ─적어도 지금 단계에서는─ 회담이 어디에서 열릴지, 도시일지, 시골일지, 아니면 바다에 띄운 배 안에서일지는 전혀 중요하지 않았다. 빅3의 만남이 언제 일어날지, 다음 주인지 다음 달인지 아니면 그다음 해일지 모른다는 것도 신경 쓰이지 않았다. 장소에 상관없이, 시간에 상관없이, 그는 임무를 시작해야 했다. 어떤 방법으로 임무를 실행할지는 처음부터 알고 있었다.

그는 자신의 공격적인 전투 신조에 대해 항상 말하곤 했다. "결투할 때 적의 뺨에 집중해야 하는 것처럼 전쟁에서도 그래야 한다. 상대방을 속이는 동작을 하거나 옆으로 슬쩍 피하느라 시간을 낭비하면 안 된다."

스코르체니는 롱 점프 작전에서도 옆으로 슬쩍 피할 생각이 없었다. 그는 사냥감을 몰래 쫓는 사냥꾼처럼 저격수의 소총을 들고 지붕에 홀로 있지 않을 것이다. 교활하게 음식이나 물에 독을 타지도 않을 것이다. 1만 피트 상공에서 조종사 옆에 무표정하게 앉아 "폭탄 투하!"라고 명령을 내리지도 않을 것이다. 안전하게 떨어진 거리에서 포병대 공격에 필요한 좌표를 불러주고, 강력한 88mm 대공포가 연합국 지도자들을 저세상으로 날려 버리는 모습을 지켜만 보지 않을 것이다.

이번 전쟁뿐만 아니라 역사를 통틀어서도 중요한 특공대 작전은 그를 역사에 길이 남을 전설로 만들어 줄 게 분명했다. 그는 전사다운 방법으로 적을 죽이기로 결심했다. 루스벨트와 처칠, 스탈린이 최후의 순간에 오토 스코르체니가 그들을 끝장내러 왔다는 것을 꼭 알게 할 것이다. 그는 그들의 눈을 빤히 들여다보고 그들이 죽는 순간을 지켜봐야 했다. 그러려면 특별한 폭탄이 필요했다.

카나리스는 오스트리아 태생의 귀족 에르빈 폰 라후센 장군에게 선임 폭발물 전문가 1명을 스코르체니와 만나게 하라고 지시해 두었다. 하지만 스코르체니의 뛰어난 명성 때문에 굳이 그럴 필요도 없었다. 그가 직접 개입한다는 사실만으로 새로운 작전의 중요성이 명백하게 드러났으니까. 폭발물 전문가는 전폭적인 협조를 약속했다. 하지만 논의에는 상당한 제약이 따랐다. 스코르체니는 그가 맡은 임무의 성격을 정확하게 밝힐 수 없었다. 독일 전체에서 연합국 지도자들의 암살 기도에 대해 아는 사람은—총통을 포함해—대여섯 명뿐이었으므로 기밀 유지가 필수였다. 이런 작전이 진행 중이라는 풍문만 들려도 연합군은 당장 달려가 보호책을 강화할 게 분명했다. 어쩌면 세 지도자가 한곳에 모이는 것이 과연 옳은 것인지 다시 생각해 보려고 할 수도 있다. 그래서 스코르체니는 대략적이고 제한된 범위의 설명만으로 그에게 필요한 무기가 무엇인지 전달할 수밖에 없었다. 단서를 거의 주지 않은 채 수수

께끼를 내는 것이나 마찬가지였다.

이 대화에 대한 브리핑을 받은 사람들의 기억에 따르면, 스코르체니는 한 무리의 사람들을 근거리에서 공격하고 싶다는 말로 설명을 시작했다.

"인명 살상용이군요." 전문가가 말했다. "충격 수류탄을 생각하고 계십니까? 그게 밀폐된 공간에서 가장 많은 사상자를 발생시킬 수 있습니다."

"아니오." 스코르체니가 말했다. 죽거나 다치거나 둘 중 하나여서는 안 되었다. 무조건 확실히 죽여야 한다. 목표물을 반드시 제거해야 한다. 가까이 있는 사람들이 살든지 말든지는 전혀 상관이 없었다.

"그럼 살상 지대가 좁은 파쇄 폭탄으로 하죠." 전문가가 결정했다. 그는 잠시 생각해 보더니 '골리앗'이 좋겠다고 했다. 그것은 밟으면 작동하는 원격 제어 장치였다. 장갑을 둘러서 매우 튼튼하고, 탱크를 움직이지 못하게 할 수 있을 정도로 장약량이 많았다. 약 70킬로그램으로 무게도 비교적 가벼운 편이었다.

스코르체니는 그것으로는 안 될 것 같다고 말했다. 우선 너무 무거웠다. 아마도 그는 낙하산을 타고 목표 지역으로 들어가거나 작은 배를 타야 할 가능성이 높았다. 아직 확실히는 모르지만 모든 만일의 사태에 대비할 필요가 있었다. 운반하기 쉬운 가벼운 폭탄이 필요했다.

"폭탄을 여러 개 설치할 수 있을 정도로 시간이 많은 편입니까?" 전문가가 물었다.

스코르체니는 확실히 모르지만 탈출하기 전에 적어도 두 번은 시도할 시간이 있기를 바란다고 말했다. 하지만 재빨리 정정했다. 기회는 단 한 번뿐일 것이다. 자기 말이 너무 모호하게 들린다는 것을 그도 알고 있었다.

그러나 전문가는 시종일관 객관적인 태도를 잃지 않았다. 전문가끼리 살인에 대해 이야기를 나눌 때 느껴지는 자연스러운 동지애가 있었다. "긴 퓨즈가 필요합니까?" 전문가가 간단히 물었다.

"아니오." SS 소령이 답했다. 그는 폭탄이 순식간에 터지기를 원했다. 하지만 잠깐 생각해 보더니 생각을 바꾸었다. 조절 가능한 퓨즈가 나을 것 같았다. 시간이 얼마나 필요할지 예측할 수 없다고 밝혔다.

"장약은요? 표적이 야외에 있습니까, 아니면 차량이나 실내에 있습니까?" 전문가가 물었다.

스코르체니는 아직 그 부분도 확실하지 않다는 것을 인정했다. 공격 당일까지 목표물의 위치를 알 수 없을 수도 있었다. 처음 든 생각은 아니지만 여러 가지 가능성을 염두에 둬야만 했다.

아프베어 전문가는 장약량이 늘어나면 폭탄의 무게도 늘어나는 것을 염려했다. 그러면 운반에 문제가 생길 수도 있다. 전문가는 잠자코 고민에 잠겼다. "그러면 폭탄의 장약량이 유동적이고 임무 당일에 적당히 조정할 수 있다면 어떻겠습니까?"

"괜찮을 것 같습니다." 스코르체니도 동의했다. 그는 자신의 재단사와 대화를 나누는 듯한 기분마저 들었다. 정중하고 진지한 분위기가 비슷했다. 물론 지금은 군복 재킷의 재단을 논의하는 것이 아니었지만.

전문가는 마지막 질문이 있다고 했다. "폭탄이 비교적 조용해야 합니까? 탈출을 위해 꼭 그래야 할 필요가 있습니까?"

스코르체니는 정반대라고 말했다. 소리가 클수록 더 좋다고. 공포와 대혼란이 일어나 그 자리에 있는 사람들이 필사적으로 도망치기를 원했다. 그 혼란을 틈타 자리를 벗어날 수 있을 터였다.

전문가는 잠시 모든 요구 사항을 검토해 볼 시간을 요청했다. 마침내 입을 열었을 때는 꼼꼼한 권위자 같은 태도로 결론을 이야기했다.

"당신이 찾는 것은 수류탄이 아닌 수류탄이군요." 그는 일반적인 수류탄은 기동성이 높고 퓨즈가 금방 타서 사용하기가 쉽다고 설명했다. 적의 총알을 피하느라 바쁘지 않은 한 연속으로 던질 수 있다. 그러나 표준 수류탄은 스코르체니가 설명한 것과 같은 임무에서는 용납할 수 없는 단점이 있었다. '포테이토 매셔'로 유명한 나치의 표준 막대형 수류탄은 휴대성이 충분하고 밀폐된 공간에서 강력한 폭발을 일으킨다. 하지만 목표물이 차 안에 있을 경우(특히 장갑차) 그 효과에 문제가 생겼다. 그것은 매우 변덕스러운 무기였다. 비좁은 장소에서 폭발한다든가 할 경우 초기 폭발의 열로 인해 암살자의 주머니에 남아 있는 수류탄의 퓨즈가 점화될 수도 있었다. 그러면 두 번째로 던질 기회는 물 건너간다. 목표물은 탈출하고 암살자 자신이 폭발에 휩싸이는 것이다.

전문가의 설명이 연합군의 Mk2 수류탄으로 넘어갔다. 홈이 있는 겉 부분이 파인애플의 겉면과 비슷하다고 하여 '파인애플'이라고 불리는 이 주철 무기를 개조한다면, 수류탄의 폭발력이 커지고 작전에 필요한 크게 울리는 소리가 날 수 있었다. "하지만 핀을 당기고 폭발이 일어날 때까지 평균 4~5초의 지연이 있습니다. 타이밍을 바꿀 방법은 없습니다. 또 다른 문제는 퓨즈가 타기 시작할 때 희미하게 쉭쉭 거리는 소리가 나서 목표물에게 도망갈 시간을 줄 수 있다는 거지요."

그는 계속해서 설명했다. "일본군이 사용하는 97 수류탄은 더 조용하지만 퓨즈의 지연 시간이 깁니다. 거친 낙하산 착륙이라든지 바리케이드 쳐진 문으로 돌진하는 경우에는 신뢰할 수가 없지요. 점화 핀이 매우 불안정해 충격이 가해지면 신관이 작동해서 터질 가능성이 있습니다. 7초 만에 핀을 벗겨야 하고요. 총격전 중이라면 폭탄이 스스로 작동되었다는 사실조차 눈치채지 못할 수도 있습니다."

스코르체니의 낙담이 점점 커지고 평소 넘치는 자신감이 줄어들고 있을 때, 전문가는 재빨리 종이에 대략적인 스케치를 했다. 그가 그린 것은 작은 머리에 모자를 쓰고 하체와 엉덩이가 널찍한 모양이었다.

개면 폭탄이라고 전문가가 설명했다. 영국 제1낙하산연대를 이끈 R. S. 개면 대위가 발명해서 그의 이름을 딴 이 폭탄은 매우 독창적이고 효과적인 투척 무기였다.

우선 개면 폭탄은 폭발력이 굉장했다. 새로 개발된 TNT보다 몇 배나 더 강력한 RDX 장약이 가득 들어 있었다. 하지만 스코르체니가 요청한 대로 장약량이 유연해서, 폭발을 위한 장약량을 빠르고 쉽게 조절할 수 있었다. 뚜껑 아래는 천 주머니로 되어 있었는데, 그 주머니에 작은 막대형의 RDX를 추가해 면도칼처럼 날카로운 파편 효과가 일어나게 하면 살상 범위의 치명적인 힘을 높일 수 있었다. 좁고 붐비는 방에서 적을 제거하기 위한 완벽한 무기가 될 것이다. 거기에 주머니에 RDX를 가득 채우면 탱크도 폭파할 수 있을 정도였다.

퓨즈도 교체할 수 있었다. 충격으로 폭발하도록 설정할 수도 있고 최대 5분 후에 폭발하도록 설정할 수도 있었다. 목표물이 도착하기 전에 폭탄을 설치해 두고 불꽃놀이가 벌어지기 전에 몰래 도망치는 것도 가능했다.

그리고 휴대성도 완벽했다. 개면 폭탄은 탱크를 작동 불능 상태로 만들기에 충분할 정도의 장약량을 채워도 500그램이 조금 넘을 정도로 가벼웠다. 바닥 부분이 넓어서 손에 쥐기도 쉬웠다. 약 30미터 이상 정확하게 던질 수 있고 연습으로 다져진 강인한 팔로 던진다면 더 멀리까지도 가능했다.

스코르체니는 열심히 듣고 한 가지 질문을 했다. "즉시 이용 가능한 개면 폭탄이 몇 개나 됩니까?" 임무를 시작하기까지 시간이 얼마나 남았을지 알 수 없었다. 전문가는 정확한 숫자를 알지 못했다. 그는 질문에 답하기 위해 전화를 걸어야 했다.

전문가가 잠시 자리를 비우자 스코르체니는 혼자 남겨진 틈을 타서 모든 정보를 정리해 보기 시작했다. 그는 공격 장면을 상상했다. 표적들은 테이블에 앉아 있든지 저녁을 먹고 있든지 할 것이다. 다들 뛰지 못하는 노인들이었다. 루스벨트는 걷지도 못했다. 그들은 결코 폭발에서 탈출하지 못할 것이다. 폭발이 일어나면 경호원들은 상관없다. 칼처럼 날카로운 파편 조각이 날아오면 지켜야 할 대상은 물론이고 자신의 목숨도 지키지 못할 테니까 말이다.

전술이 빠르게 명확해졌다. 공격 장면을 떠올리는 과정에서 에너지가 샘솟은 것 같았다. 불과 몇 분 만에 전술이 구체적인 모양을 취했다.

폭탄을 던지는 일은 그와 엄격하게 선발된 특공대가 맡을 것이다. 블라소프의 러시아인들은 군인들을 상대해야 할 것이고 대부분은 그 과정에서 살육당할 것이다. 그러라지. 러시아인들이 누구에게 충성을 맹세했든 그는 그들에게 별로 동정을 느끼지 않았다. 중요한 것은 러시아인들이 힘껏 잘 싸워주는 것뿐. 모든 것이 계획대로 잘 되어 무사히 빠져나갈 시간을 벌려면 러시아인들이 필요했다. 잘 훈련하고 책임을 주입한다면 분명 제 몫을 해 줄 수 있을 것이다. 스코르체니는 개먼 폭탄을 이용하는 방법이 성공할 수 있으리라는 확신이 생기기 시작했다.

돌아온 전문가는 조센에 두 상자분의 개먼 폭탄이 있다고 전했다. 영국 공군이 저항군을 지원하기 위해 벨기에에 떨어뜨린 것을 회수한 것이라고 설명했다. 얼마 전 아프베어가 은닉처에서 우연히 발견했는데 유용하게 쓰일 기회가 생기기를 바라며 무기고에 저장해 두고 있었다고. 스코르체니는 한 상자에 폭탄이 몇 개가 들어 있는지 물었다.

25개라고 했다.

총 50개! 스코르체니는 기뻐했다. 그 정도면 유럽에서 가장 위험한 사나이가 역사상 가장 위험한 사나이가 되기에 충분할 것 같았다.

"오라니엔부르크의 내 본부로 얼마나 빨리 옮길 수 있습니까?" 스코르체니가 물었다.

마이크는 명사수였다. 몬태나에서 유년기를 보내는 소년들이 으레 그렇듯 그는 일찍부터 총에 익숙해졌다. 소총을 들 수 있을 만큼 자라자 아버지와 사냥하러 다녔고, 아홉 살 때 첫 사슴을 사냥했다. 열 가닥의 뿔이 달린 흰꼬리사슴 수컷이었다. 하지만 사슴은 대응 사격을 하지 않는다. 빅3 회담 날짜가 다가오고 있음을 감지한 그는 마주할지도 모르는 위험에 대비하기 시작했다.

백악관에서 나와 조금 걸어가면 나오는 재무부 건물 지하 2층에 사격장이 하나 있었다. 진주만 공습이 있기 얼마 전에 지어진 이 사격장은 사격 부스가 3개뿐인 작은 공간이었지만 세심하게 계획된 것이었고, 이번만큼은 돈이 문제가 되지 않았다. 표적은 전자장치로 제어되었다. 버튼 하나만 누르면 6미터나 14미터 거리의 표적이 설정되었고, 방음장치도 되어 있었다. 보호망으로 덮인 고강도의 전등이 어둑한 지하 2층을 밝혔고, 환풍기가 끊임없이 윙윙거리면서 발사된 총알 냄새를 매우 효율적으로 제거했다.

그해 가을 마이크는 규칙적으로 사격 연습장을 찾기 시작했다. 매주 적어도 한 번은 갔고 종종 두 번도 갔다. 다른 요원들처럼 콜트 폴리스 스페셜 권총으로 무장했고(재무부가 무기 사용료 명목으로 그의 급여에서 28달러를 강제로 빼갔다) 6연발 38구경 총알이 가득 채워져 있었다. 그 총은 치명적으로 보였다.

그는 천천히 6발을 모두 쏘고 총알을 재장전했다. 다시 한번 천천히 신중하게 과녁을 보며 한 발씩 발사하면서 총알을 비웠다. 하지만 상황이 나빠지면 이렇게 할 수 없을 것이다. 보스의 목숨이 위태로운 상황에서는 거친 기술이 필요했다.

그래서 다음에는 속사포 훈련에 돌입했다. 콜트의 방아쇠를 최대한 빠르게 당기고 순식간에 재장전했다. 총이 쉬지 않고 불을 뿜어 댔다. 그는 속도와 정확성이 난제라고 스스로를 몰아세웠다. 사살할 것 그리고 빠르게 쏠 것, 이 두 가지가 중요했다.

곧 마이크는 속사포 연습에 능숙해졌지만 이내 무기의 한계가 거슬리기 시작했다. 분명 6연발 권총은 대통령을 향해 맹렬한 기세로 돌진하는 광기의 암살자를 쓰러뜨릴 수 있다. 하지만 만약 빅3 회담에서 적이 보스를 노린다면, 그들은 잘 훈련받은 군인일 확률이 높았다. 그들이 단발의 공격이 아닌 전투 태세로 돌격해 올 거라는 사실도 충분히 예상 가능한 일이었다. 그런 상황에 준비가 되어 있어야 했다. 38구경 6연발 권총은 너무 보잘것없는 무기였다. 분명 적에게 밀리고 말 것이다.

마이크는 재무부 장관에게 그런 우려를 전했고 모겐소는 그의 걱정을 곧바로 이해했다. 다음번에 사격장을 찾았을 때 마이크는 M1 톰슨 기관단총을 발사하고 있었다. 30연발 탄창이 머리가 아찔해지는 완전 자동 사격으로 카트리지를 뱉어 내고 패대기쳤다. 군인들은 M1을 '참호 청소부'라고 불렀다. 적의 참호에 들어 있는 병사들을 살육하는 힘과 속도, 정확성 때문이었다. 자동으로 설정하고 방아쇠를 당기면 도저히 이기기 어려운 싸움도 동점으로 만들어 준다. 마이크가 목표 지점에 명중시키는 요령을 터득하기까지는 시간이 좀 걸렸다. 하지만 그에게는 타고난 운동신경과 사격수의 본능이 있었고, 그의 손에 쥐어진 기관단총은 상당히 위험한 무기가 되었다.

만약 나치가 공격해 온다면 분명 완전무장을 하고 올 것이다. 마이크는 군인이 아니었으므로 그들이 어떤 종류의 화기를 발사할지 추측해 보려고 하지도 않았다. 누가 전투에서 우위를 점할 것인지를 판단하는 것은 무의미했다. 그는 과연 무엇을 마주하게 될지 헤아려 보고자 적도 똑같은 인간이라는 사실을 떠올렸다. 분명 그쪽에도 어떤 위험 속에서든 반드시 맡은 일을 해내려는 강력한 의지를 가진 그 같은 전문가가 있을 터였다.

멀리 떨어진 독일 오라니엔부르크의 특공대 훈련 캠프에서 전투를 준비하는 스코르체니도 총으로 생각을 옮겼다. 그는 임무를 위해 팀원들을 어떻게 무장시켜야 할지 고민하다가 문제를 발견했다. 이제야 깨달은 자신을 자책했다. 빨리 움직여 상황을 바로잡지 않으면 롱 점프 작전에서 살아남을 가능성이 거의 없었다.

자신의 무기는 고민 대상이 아니었다. 그는 수년 동안 똑같은 총으로 무장했는데, 이 무기는 언제나 효과적이었다. 네덜란드에서 영국군이 낙하산으로 투하한 스텐 기관단총 하나를 회수한 후로, 그는 그것을 자신의 시그니처 무기로 삼았다. SS의 병참 장교들이 맹목적 애국심으로 스텐의 정확성이 독일의 기관단총보다 떨어진다고 주장하면 스코르체니는 곧바로 반박했다. 그들은 사무원이지 전사가 아니라고 날카롭게 지적했다. 스텐이 장거리 표적을 맞힐 수 없다는 것은 문제가 되지 않았다. 스코르체니는 스텐 기관단총을 꽉 쥐고 방안에서 마구 갈겨 대는 사람의 위엄으로 말했다. "스텐 총은 근접용 무기야."

하지만 스코르체니의 마음을 진정 사로잡은 것은 독일의 휴대용 기관총들과는 달리 스텐 총에는 소음기를 달 수 있다는 점이었다. 머릿속에서 롱 점프 작전을 그려 보니, 개면 폭탄의 요란한 굉음도 소중하지만, 소음기가 장착된 스텐 총의 조용한 총성이 생명의 은인이 되어 줄 때도 있으리라는 확신이 들었다.

문제는 약 50명 정도 되는 블라소프의 러시아인들을 어떻게 무장시키느냐였다. 그들의 임무는 스코르체니와 그의 오라니엔부르크 특공대가 개면 폭탄을 투척하고 탈출할 시간을 벌어 주도록 연합군 경비대를 막는 것이다. 러시아인들이 그런 상황에 놓이기만 한다면 성공 가능성이 있었다. 애초에 러시아인들을 이 작전에 포함하기로 한 셸렌베르크의 빈틈없는 결정이 나오게 된 이유도, 그들이 소련 군인처럼 보인다는 때문이었다. 아무런 의심도 받지 않고 안으로 들어갈 수 있다는 건 중요한 문제였다. 하지만 만약 그들이 영국제 스텐 총이나 독일 국방군에 합류한 이후에 얻은 독일제 무기를 가지고 있으면, 스탈린의 호위병 하나가 의심스럽게 힐끗 쳐다보는 것만으로도 위장이 발각될 수 있었다.

그렇다면 러시아인들에게 소련군에서 지급한 무기를 들고 가게 해야 하나? 하지만 그는 곧바로 자신을 거세게 비난했다. 블라소프의 군인들이 독일로 전향할 때 어깨에 걸치고 있던 소련 보병의 표준 무기인 5연발짜리 모신나강 소총만 가지고는 완전무장한 연합군 경비대와 제대로 싸우지 못할 것이다. 그러면 스코르체니와 그의 특공대가 50명의 소련군이 적과 싸우는 동안 무사히 도망칠 가능성이 없어진다.

그는 필요한 것을 손에 넣기 위해 조센에 있는 아프베어의 군수품 창고를 방문했다. 역시나 운이 좋았다. 그곳에 '파파샤[러시아어로 아빠라는 뜻-역주]' 상자가 있었다. 이것은 소련 군인들이 PPSh-41 기관단총을 부르는 이름이었다. 원래 발음은 '페페샤'였지만, 소련 군인들에게는 '파파샤'라는 단어와 비슷하게 들렸기 때문에 그 별명이 굳어졌다. 하지만 친근하게 느껴지는 별명과 달리 이 총은 잔인한 무기였다. 최대 1분에 1,000발이라는 맹렬한 속도로 연사가 가능했다. 35발 드럼 탄창에 비축된 화력에 대해 생각하자 그의 자신감이 회복되기 시작했다. 이 기관단총으로 무장한 블라소프의 소련 군인 50명은 연합국 경비원들을 충분히 바쁘게 만들 수 있을 것이다. 그 사이 특공대는 불꽃 튀는 총격전을 엄호 삼아서 도망칠 수 있을 것이다.

그는 기관단총을 사격장으로 가져가 시험해 보았다. 역시나 이거면 확실히 임무를 완수할 수 있겠다는 생각이 들었다. 킬러의 무기였다. 하지만 새로운 우려가 생겼는데 특별히 설계가 잘된 총이 아니라는 점이었다. 약간의 연습을 통해 마침내 요령을 터득할 수 있었지만, 소련군에게 이 성미 고약한 소총 사용법을 철저하게 교육하려면 숙련된 교관들을 데려와야 했다.

그는 카나리스를 찾아가 오라니엔부르크 특공대 학교로 아프베어의 포격술 교관을 몇 명 파견해 달라고 요청했다. 그런데 제독이 이를 거절했다. 셸렌베르크에게 롱 점프 작전의 제반 업무를 넘긴 때문일 수도 있고, 거만한 스코르체니가 마음에 들지 않아서일 수도 있다. 아니면 그는 셸렌베르크가 아프베어를 국가보안본부에 합치려고 계획하는 이 시기에 아프베어의 인력을 빌려주는 것이 전술적인 실수라고 생각하는지도 몰랐다. 이유가 무엇이든 카나리스는 확고했다. 카나리스와의 맹렬한 언쟁이 시작되었다. 훗날 스코르체니는 '카나리스 제독은 내가 상대해야 했던 가장 어려운 적수였다'라고 말했다. 농담으로 한 말은 아니었다.

스코르체니는 카나리스를 건너뛰고 힘러에게 가는 수밖에 없었다. 그러자 제독도 어쩔 수 없었다. 결국 베테랑 아프베어 특공대 훈련 교관 10명이 쿠엔츠호수에서 오라니엔부르크에 있는 스코르체니의 웅장한 성으로 옮겨 왔다.

그 교관 중 하나가 루돌프 폰 홀텐-플루크 소령이었다. 몇 달 전 그가 훈련생에게 50명이 해낼 수 있는 불굴의 도전에 대해 자신감 넘치는 어조로 장담하던 것을 셸렌베르크가 엿들었고, 그 대담한 말의 메아리가 셸렌베르크의 아이디어를 촉발시켜 여기까지 이르지 않았는가. 그러나 그게 끝이 아니었다. 홀텐-플루크가 롱 점프 작전에 다시 등장한 것은 머지않아 역사적으로 더 많은 결과를 초래하게 된다.

그렇다면 스코르체니가 히틀러의 명으로 롱 점프 작전 전반을 맡게 된 이후, 셸렌베르크는 뭘 하고 있었을까? 사실 그는 그 어느 때보다 능력을 마음껏 발휘하는 중이었다.

그는 항상 매우 신중한 스파이였다. 그 자신도 인정했다. "나는 그 어떤 국가이든 해외로 파견되는 조직에는 무조건 따로 은밀하게 움직이는 두 번째 조직을 심어 두었다. 정규 요원에게서 받는 정보를 확인하고 통제하기 위해 꼭 필요한 일이었다."

셸렌베르크는 이러한 그의 시그니처에 걸맞게 롱 점프 작전에도 엄격한 통제를 유지하기로 했다. 이전에 프란츠와 안톤 작전을 감시하기 위해 테헤란으로 파견했던 스파이 비니프레드 오베르크는 임무를 제대로 수행하지 못했다. 이란으로 가는 데 실패한 것이다. 튀르키예까지 갔지만 상황이 여의찮아서, 어쩌면 나태함 때문에 더 이상 움직이지 않았다.

셸렌베르크는 이스탄불에 있는 오베르크를 불러 새로운 임무를 맡겼다. 기꺼이 두 번째 기회를 주겠지만 세 번째는 없을 것이라는 점을 확실히 했다. 동시에 그는 당근을 흔들었다. 이 임무를 잘 수행하면 모든 것을 용서해 줄 것이고, 보상과 승진을 보장하겠노라고.

오베르크가 받은 임무는 오라니엔부르크에 가서 눈과 귀를 활짝 열고 있는 것이었다. 즉, 그곳에서 들은 것에 대해 매일 상세한 보고서를 보내야 했다. 또 있었다. 장소가 어디가 될지 몰라도 마침내 롱 점프 작전 특공대가 출동하게 됐을 때, 오베르크는 선발대로 먼저 가 있어야 했다. 팀이 도착했을 때 현장에서 그들을 이끌어 모든 조각이 확실히 맞춰지도록 하는 게 임무였다.

오베르크는 질책과 함께 오라니엔부르크에 배치되었다. 앞으로 복잡하게 뒤엉킨 길이 기다리고 있고 그 끝에 수많은 시체가 누워 있다는 것을 꿈에도 모른 채였다.

워싱턴과 베를린의 냉혹한 남자들이 상황이 점점 무르익어 가고 있음을 느낄 때, 빅3가 한자리에 모일 가능성이 끽 소리를 내며 멈췄다. 루스벨트가 인내심을 잃었고 여기에 처칠이 퉁명스럽게 동의한 때문이었다. 분노와 좌절을 느낀 두 사람은 더 새롭고 더 작은 정상회담을 준비하기 시작했다.

그리고 셸렌베르크는 마이크보다 먼저 이를 알았다.

스파이의 세계에서 예약되지 않은 손님이란 선물을 들고 찾아오는 초대 받지 않은 손님을 말한다. 여기에는 무수히 많은 의혹이 제기되고, 그 결과 분노가 뒤따른다. 손님은 왜 유혹적인 선물을 제시하면서 문을 두드렸는가? 돈을 원하는가? 애국심 때문인가? 자만심? 세계 무대의 한가운데에 서고 싶은 욕망? 아니면 이쪽에 발을 들여놓기 위해 신중하게 계획된 적의 방문인가? 그렇다면 손님이 가져온 빛나는 선물은 가짜 금 혹은 가짜 정보일 뿐인가? 하지만 진정으로 스파이마스터들을 잠 못 이루고 뒤척이게 만드는 것은 끔찍한 실수를 저질렀다는 두려움이었다. 이중 스파이를 집에 들였거나 아니면 뜻밖의 횡재를 차단해 버렸다는 악몽 말이다.

워낙 의심이 흩뿌려진 불안정한 업계이다 보니, 셸렌베르크는 1943

년 10월 28일 사무실에 걸려온 한 통의 전화를 끊은 후 신중하게 머리를 굴렸다. 전화를 건 사람은 공사 참사관 바그너였다. 그는 외무부 장관 리벤트로프의 보좌관이었는데, 평소 동요하는 법이 없는 귀족이었다. 하지만 그날 아침은 평소와 다르게 몹시 다급한 듯했다. 그는 '당장' 만날 수 있느냐고 물었다. '매우 긴급한 문제'라고 덧붙였지만 자세하게 설명하지는 않았고, 전화로 논의할 수 없는 사안이라며 이해할 수 없는 고집을 피웠다.

1시간쯤 후에 바그너가 숨 가쁘게 말한 이야기는 예비 보고에 불과했다. 아직 확실한 것은 아니었다. 튀르키예 앙카라에 있는 독일 대사 프란츠 폰 파펜이 보낸 최초의 전보에도 세부적인 사항은 거의 없었다. 하지만 그것만으로도 셸렌베르크는 이 사건에 '매우 충격적인' 의미가 담겨 있음을 알아차렸다.

사건은 이러했다. 앙카라 주재 영국 대사의 하인이라고 주장하는 남자가 독일 참사관 알베르트 젠케를 찾아와 거래를 제안했다. 약속 없이 찾아온 그 손님은 2만 파운드(당시 미국 달러로 약 10만 달러, 당시 미국인의 평균 연간 소득의 5배에 해당하는 액수)를 주면 '영국 대사관의 가장 비밀스러운 문서를 찍은 사진'을 건네주겠다고 했다. 일회성 제안도 아니었다. 필름 한 통에 1만 5,000파운드를 주면 앞으로 기밀문서의 사진을 정기적으로 전달하겠다고도 했다. 하지만 시간이 촉박했다. 하인이 제시한 기한은 사흘이었다. 그는 그때까지 자신의 손에 현금이 들어오지 않으면 소련 대사관으로 가겠다는 의사를 분명히 밝혔다.

외무부 장관 리벤트로프는 첩보국 수장 셸렌베르크의 조언을 얻고자 했다. 장단을 맞춰야 할까? 눈 꽉 감고 지갑을 열어야 하나?

셸렌베르크는 문제에 대해 생각하기 시작했다. 고려할 만한 확실한 정보 자체가 거의 없다는 것을 곧바로 깨달았지만, 그래도 최선을 다해 현재 아는 정보를 모았다.

국가보안본부의 앙카라 지국 책임자는 외교관으로 위장한 루트비히 모이지쉬였다. 그는 나이 많은 유능하고 신뢰할 수 있는 스파이였다. 돈이 건네지기 전에, 그가 현장에서 상황을 감시하면서 정보 판매자를 파악하고 문서 사진이 든 필름을 살펴볼 수 있을 것이다. 튀르키예에서 이루어질 거래를 감독할 노련한 전문가가 있다는 사실이 셸렌베르크에게 큰 안도감을 주었다.

만약 그 자료가 연합국이 손 쓴 속임수로 밝혀져도 정보의 가치가 있을 터였다. 셸렌베르크는 적이 나를 어떤 수단으로 속이려는지 아는 것이 중요하다고 여러 번 설교했다. 만약 하인이 제공한 물건이 위조품이라면 그것은 연합국이 독일이 가기를 원하는 가짜 길을 보여 주는 지도가 된다. 연합국이 과연 무엇을 지키려는 것인지 국가보안본부가 역으로 추적해 그들의 계획에 좀 더 가까이 다가갈 수 있을 것이다.

하지만 그 문서를 조사하려면 정보 자원과 분석가, 내근 요원이 투입되어야 했다. 시간도 낭비될 것이다. 게다가 2만 파운드의 비용도 든다. 물건에 대한 보장이 없는 상태로 지불하기에는 엄청난 금액이었다.

솔직히 그냥 무시하는 것이 간단할 터였다. 사실 그의 업무에서는 무언가에 개입하지 않기로 결정하는 것이 대부분의 시간을 차지했다. 아무리 유혹적이어도 유령을 쫓지 않기로 결정하는 것 말이다. 제안을 받아들이려면 대담한 용기가 필요했다. 그것이 어리석은 결정이 아닐지 어떻게 알겠는가.

하지만 영국 대사관의 가장 비밀스러운 문서의 사진이라니, 셸렌베르크는 결국 그 점이 가장 중요하다고 판단했다. 그가 그 물건을 원하는지 원하지 않는지를 생각하면 된다.

셸렌베르크는 제안을 받아들이기로 했다.

다음날 국가보안본부 운반원이 앙카라행 특별기에 올랐다. 2만 영국 파운드가 빼곡하게 든 서류 가방을 들고. 그것이 베른하르트 작전의 솜씨 좋은 기술자들이 만든 위조지폐라는 사실이 셸렌베르크가 여전히 품고 있는 불안감을 그나마 달래 주었다.

'앙카라 주재 영국 대사관과 런던 외무부가 비밀리에 주고받은 서신'이 제6국으로 꾸준하게 전달된 그 후 몇 주 동안, 셸렌베르크의 마음속에는 점점 더 의심이 싹텄다. 믿어지지 않을 정도로 너무 좋은 것은 거짓일 때가 많은 법이었다. 하인은 독일이 원하는 정보를 정확하게 전달했다. 셸렌베르크의 냉소적인 세계에서는 그 이유만으로 의심할 이유가 충분했다. 의심의 소용돌이 속에서 그는 자신이 속고 있는지 알아보기 위한 검증에 돌입했다.

활기찬 성격의 독일 대사 파펜은 그 하인에게 '시서로'라는 별명을 붙였다. 우선 그는 암호명 시서로라는 이 스파이가 현실 세계의 본명 엘리사 바즈나로서는 어떤 인물인지 알아보기 시작했다. 바즈나와 직접 접촉하는 공작관 모이지쉬는 그가 '화장을 하지 않은 광대처럼 생졌다'고 했다. 유고슬라비아 출신의 이 지저분하고 체구가 작은 남자는 프랑스군에 입대했다가 차와 무기를 훔친 죄로 끌려갔다. 하지만 지금 바즈나는 정말로 이튼 학교 출신의 늙은 영국 대사 휴 내치불-허거슨 경을 위해 일하고 있었다. 대사는 이 작은 체구의 하인에게 아라비안나이트에 나오는 등장인물처럼 정교한 자수가 놓인 비단옷을 입히고, 발가락 끝부분이 올라간 실내화, 경쾌한 술 장식이 달린 페즈 모자, 무시무시한 언월도가 달랑거리는 허리띠 차림을 시키는 게 아주 재미있는 일이라고 생각하는 듯했다. 모이지쉬가 또 확인해 준 바에 따르면 대사는 하인이 수도 앙카라의 푸르른 언덕에 자리 잡은 널찍한 저택 안을 아무런 제한 없이 자유롭게 다니도록 허락했다. 그들의 관계는 매우 우호적이어서 심지어 휴 경은 하인이 비서의 10대 보모와 불륜 관계라는 사실을 알고도 너그럽게 모른 척했다. 국가보안본부 현장 요원은 바즈나가 대사의 비밀 서류를 몰래 사진으로 찍고도 들키지 않을 수 있는 완벽한 상황에 있다고 셸렌베르크에게 보고했다. 그리고 모이지쉬는 바즈나가 사기꾼인지를 테스트하기 위해 질문했을 때 그의 대답이 확실하고 정확했다면서, 그를 '무자비하고 매우 유능한 남자'라고 평가했다. 셸렌베르크는 그것이 스파이에게 필요한 자격 요건임을 인정하지 않을 수 없었다.

그래도 꼼꼼하고 신중한 셸렌베르크는 의심을 거두지 않았다. 그는 계속 파고들었다. 이번에는 시서로의 '동기'를 파악하려고 애썼다. 물론 돈도 그중 하나일 것이다. 거액을 요구했으니 매우 설득력 있는 동기였다. 하지만 셸렌베르크의 요구에 따라 모이지쉬가 시서로를 계속 압박하자 추가적인 이유가 밝혀졌다. 시서로의 아버지는 알바니아에서 사냥하던 중 영국인이 쏜 총에 맞았고, 그 후로 시서로는 영국인을 싫어하게 되었다고 했다. 그 이야기는 영국의 기밀 서류를 건네고 받은 포상금으로 독일에 가려는 그의 계획을 깔끔하게 뒷받침했다. 그런데 이전에 바즈나는 모이지쉬에게 아버지가 제1차 세계대전 당시 콘스탄티노플에 살고 있었고 그의 여동생 일로 아버지가 불쾌한 싸움에 휘말린 나머지 총에 맞았다고 말한 적이 있었다. 셸렌베르크는 두 이야기의 불일치에 대해 걱정했고, 시서로의 진정성을 의심하게 되었다.

시서로가 기밀을 빼내는 방식 또한 셸렌베르크의 우려를 키웠다. 그는 정보를 빼내는 방식을 이렇게 설명했다. 시서로는 대사가 오후에 아래층 살롱에서 그랜드피아노로 베토벤을 연주하는 동안 위층 금고에서 서류를 꺼내거나, 아니면 그가 수면제를 먹고 곧바로 깊은 잠에 빠질 때 청소나 다리미질을 하는 척하고 주인의 방에 남았다가 코 고는 소리가 들리는 순간 침실용 탁자에서 열쇠를 가져와 금고와 공문서 송달함을 차례로 연다고 했다. 시서로의 말에 따르면 낮이나 밤에 이루어지는 도둑질에는 공통적인 요소가 있었다. 바로 혼자 하는 일이라는 것이다. 믿음직한 라이카 카메라로 서류를 찍고 대사가 알아차리기 전에 금고에 돌려놓으면 끝이다.

하지만 셸렌베르크는 뭔가를 알아차렸다. 최근 국가보안본부가 현상한 사진에서 시서로의 손가락 2개가 등장했다. 셸렌베르크는 의아했다. 한 사람이 문서를 잡고 있으면서 카메라를 사용하는 것이 가능한가? 그는 제6국의 사진 전문가들에게 자문을 구했다. 그들은 시서로의 행동을 재연한 후 만장일치로 불가능하다는 결론을 내놓았다. 스파이에게 공범이 있다는 뜻이었다. 그렇다면 누구인가? 그는 왜 거짓말을 하고 있는가?

스파이들을 많이 상대해 본 셸렌베르크는 스파이란 족속은 천성적으로나 후천적으로나 기만적인 인간이라는 결론에 이른 터였다. 그들이 첩보라는 이중적인 일 자체에 끌리는 이유이기도 했다. 시서로가 거짓말을 하고 있을 수도 있지만, 공작관에게 모든 것을 다 털어놓는 공작원도 별로 없다. 셸렌베르크는 철저한 실용성으로 중요한 것은 단 하나라는 결론에 이르렀다.

"서류들이 대변해 주는 거지." 그가 단호하게 말했다. 셸렌베르크는 오랫동안 집중적으로 분석한 결과 그 정보의 조각들이 자신이 아는 정치적 상황의 큰 그림과 잘 들어맞는다고 판단했다.

흔들림이 끝났다. 그는 더 이상 의심하지 않았다. 시서로의 정보는 진짜였다.

정보국의 가치는 금고 안에 넣어둔 개인적인 보물이 아니라 실체가 있는 행동으로 평가된다는 것이 셸렌베르크의 신조였다. 그래서 그는 개인적인 위험을 무시하고 대담하게 리벤트로프와 전쟁을 벌였다. 리벤트로프는 여전히 시서로의 정보에 냉담한 의구심을 보였다(어쩌면 외무부 장관은 그저 셸렌베르크의 성공을 지원하기가 내키지 않았을 수도 있다). 셸렌베르크는 목표에 집중하면서 '정보의 활용'으로 넘어갔다.

그는 지체하지 않고 당장 히틀러와 힘러에게 전달할 요약 보고서를 준비했다. 또한 국가보안본부 전문가들에게 총통이 물을 게 분명한 질문 목록을 작성하게 함으로써 앞으로 기다리고 있을 내부 전쟁을 약삭빠르게 대비했다. 답을 미리 준비해 두면 주저할 일이 절대로 없었다. 동시에 질문 목록을 준비하는 동안 대담하게 다른 영역으로도 돌진했다. 그는 독일 국방군의 무선 보안 및 해독 부문 책임자 프리츠 틸레 장군을 사무실로 불렀다. 그리고는 아직 암호화가 되지 않은, 영국 대사와 런던의 외교 통신 내용이 담긴 시서로의 사진을 장군에게 넘겼다. 무선 보안부가 이미 가로챈 암호화된 통신 내용과 비교해 보기 위함이었다. 이를 통해 영국 외교 암호를 해독하기 위한 실마리를 찾을 수만 있다면, 영국 대사관이 전 세계와 주고받는 암호화된 전보를 모조리 해독할 수 있을 게 분명했다.

하지만 처음부터 셸렌베르크의 관심이 집중된 것은 —물론 모이지쉬나 리벤트로프, 틸레에게는 표가 나지 않도록 주의했다— 시서로가 처음 제공한 자료 속에 포함된 단일 문서였다. 그것은 영국 외무부 장관 앤서니 이든이 10월 말에 미국 국무부 장관 코델 헐, 소련의 외무부 장관 뱌체슬라프 몰로토프와 함께한 모스크바 회의에 관한 보고서였다.

빅3의 만남이 취소되었음이 분명하게 드러났다.

"스탈린을 움직일 수 있는 가능성은 전혀 없었습니다." 이든은 노골적인 단호함으로 적었다.

그 말에서 셸렌베르크는 롱 점프 작전도 더 이상 가능성이 없다는 것을 알 수 있었다. 세상에 나와보지도 못한 롱 점프 작전을 떠올리자 분노가 치밀어 올랐다. 하지만 억지로 문서를 계속 읽었다.

"엉클 조의 대답을 기다리고만 있는 것은 곤란합니다. 날짜를 정하고 준비를 하는 것이 시급합니다." 이든의 보고서를 읽고 분명 좌절감을 느꼈을 영국 총리가 미국 대통령에게 전화를 걸었다.

루스벨트도 동의했다. 그 역시 완고한 소련 원수에게 합의를 끌어내려고 노력하는 것에 지쳤다. 언짢아진 루스벨트는 민주적으로 선출된 지도자 두 사람만 만나자면서 11월에 카이로로 갈 수 있다고 했다.

처칠은 흔쾌히 동의했다. "당신의 제안대로 20일에 카이로에서 만납시다."

그 순간 셸렌베르크의 원대한 계획이 되살아났다. 연합국 지도자 셋이 아니라 둘을 암살하는 것도 충분할 것 같았다. 처칠과 루스벨트가 죽으면 독일에 대한 연합국의 무조건 항복 요구도 함께 죽을 것이다.

작전에 대한 확신이 생긴 셸렌베르크는 서둘러 오라니엔부르크로 갔다. 이제 됐다! 오랫동안 그를 괴롭혔던 두 가지 질문, 당혹스러운 만약의 상황에 대한 답을 발견했다. 그가 베를린에서 북쪽으로 잠깐 차를 몰고 가는 동안 무슨 생각을 했는지에 대한 기록은 없다. 하지만 공격 가능성이 갑자기 활기를 띠었고 전쟁의 바람이 얼마나 변덕스러운지도 실감했을 것이다. 조금 전까지만 해도 모든 것을 잃고 절망했는데 앙카라의 영국인 외교관이 수면제를 먹고 부주의하게 금고 열쇠를 침대 옆 탁자에 놓아둔 덕분에 전쟁의 방향과 독일의 미래가 영영 바뀔 수도 있게 된 것이다. 연합국의 회담이 언제 어디에서 열릴지 그가 알게 되었으니 말이다.

그는 이 사실을 스코르체니에게 알렸다. 그렇게 롱 점프 작전의 카운트다운이 시작되었다. 특공대는 3주 안에 낙하산을 타고 이집트로 떠날 것이다. 동시에 셀렌베르크는 자신의 특별 요원인 비니프레드 오베르크에게 지시했다. 카이로로 떠날 준비를 하라고.

마이크는 키 큰 올리브나무가 몰려 있는 곳에 서서 무자비한 햇살을 피했다. 그는 지난 며칠 내내 비행기를 타고 돌아다녔다. 뉴욕에서 쿠바 트리니다드로, 브라질 벨렝으로, 아프리카대륙 서남쪽의 다카르로, 마지막엔 모로코 마라케시를 짧게 다녀오는 갑작스러운 일정이었다. 지금은 마라케시 메나라 공항 터미널 근처에서 기진맥진한 채로 약속 상대를 기다리는 중이었다. 공군수송부 소대의 하얀 천막이 세워진 들판의 건너편에서 끊임없이 이어지는 젤라바 차림의 분주한 공항 짐꾼들이 그를 볼 수 없도록 간신히 몸을 숨긴 채였다.

마이크는 처음부터 이 계획이 마음에 들지 않았다. 무엇보다 너무 위태로웠다. 양복, 넥타이, 중절모 차림의 그는 절대 군인처럼 보이지 않았고 현지인인 척할 수도 없었다. 차라리 이마에 '비밀 요원'이라고

써 붙이는 편이 나을 것 같았다. 공항에서 잠복근무하는 스파이가 있다면 분명 순식간에 알아볼 터였다.

확인 신호도 그에게 큰 위안을 주지 못했다. 간단히 눈으로만 확인한 뒤 진행하라니. 마이크가 지시받은 내용은 이러했다. "그 사람이 차 안에 혼자일 때까지 기다려라. 뒷문이 열려 있을 테니 타라." 마이크가 보기에는 재앙을 부르는 계획 같았다.

만남의 타이밍은 더 엉성했다. 마이크는 며칠 동안 세계의 절반을 이동했는데 놀랍게도 정해진 시간과 장소에 1시간이나 일찍 도착했다. 하지만 연락책도 모스크바에서 먼 길을 올 예정이었다. 둘 다 시간 맞춰 도착한다는 생각 자체가 지나친 낙관이리라. 유능한 현장 요원들과 마찬가지로 마이크는 항상 무언가 잘못될 가능성을 염두에 두었다. 모스크바에 때 이른 눈보라가 쳐서 비행기가 뜨지 못했다거나 비행기 착륙 장치에 결함이 발생했는데 부품을 당장 구할 수 없다거나 조종사가 독감으로, 아니면 보드카 때문에 숙취가 심해서 출근하지 못했을 수도. 만약 연락책이 나타나지 않는다면 얼마나 더 기다려야 할까? 하루? 일주일? 그 부분도 분명하게 전달받지 못했다. 심지어 마이크는 기한 안에 처리해야 할 다른 임무가 하나 더 있었기 때문에, 그 경우 어쩔 수 없이 둘 중에서 하나를 선택해야만 했다.

마이크는 얄팍한 그늘에 서 있었다. 1시간이 느리게 흘렀다. 생각할 시간이 너무 많았다. 작전 수행 시 생각할 시간이 있다는 건 위험했다.

어떤 만남이든 현장 요원이 조건을 정하는 것이 기본적인 규칙이었다. 결국 위험을 감수하는 건 그이기 때문이다. 하지만 마이크의 공작관이 모든 것을 다 정해 버렸다. 그는 이렇게 말했다. 모스크바에서 온 남자가 메시지를 가지고 올 것이다. '켜짐'이나 '꺼짐' 같은 한 단어일 수도 있고 한 문장일 수도 있다. 어쨌든 별로 길지는 않을 것이다. 그 말을 잘 들어라. 그다음에 할 일은 그 말에 따라 결정될 것이다.

마이크는 반박하지 않았다. 작전에 대한 우려를 드러낼 생각조차 들지 않았다. 그는 그저 "예, 알겠습니다"라고 말했고 그로부터 일주일도 안 되어 마라케시 외곽에 있는 메나라 공항의 올리브나무 숲에서 그의 연락책이 모스크바에서 도착하기를 기다렸다. 그에게 명령을 내린 공작관이 미국의 대통령인데 어떻게 항의할 수 있겠는가?

마이크가 대통령에게 불려간 것은 1943년 11월 2일이었다. 셸렌 베르크가 이집트 정상회담에 관한 소식을 들은 날로부터 적어도 하루 후였다. 루스벨트는 평소와 달리 농담을 한마디도 곁들이지 않고 곧바로 본론을 말했다. 그는 처칠을 만나러 카이로에 갈 것이라고 발표했다. 중화민국의 장제스 총통도 그 회담에 참석할 것이라고.

마이크의 눈에 보스는 평소와 달리 유달리 건강해 보였고 심지어 젊어 보이기까지 했다. 보통의 여행자처럼 해외여행을 앞두고 들뜬 것 같았다.

이어서 루스벨트는 장제스 총통이 카이로에 올 것이므로 스탈린이 등장할 가능성은 없다고 말했다. 스탈린은 절대로 일본 황제에게 소련이 청일전쟁에서 한쪽 편을 드는 것처럼 보이고 싶어 하지 않기 때문이라고 친절하게 설명까지 해 주었다.

그다음에 루스벨트는 새로운 주제를 꺼냈다. 그는 비밀을 털어놓았다. 마이크는 보스가 들뜬 이유를 이해할 수 있었다. 대통령은 처칠과 스탈린과의 만남이 성사될 가능성에 대해 여전히 낙관적이라고 밝혔다.

루스벨트가 설명했다. "지금 코델 헐이 모스크바에 있어. 스탈린과 나의 만남에 대한 합의를 위해 애쓰고 있지."

하지만 대통령은 현장으로 보내는 요원에게 필요 이상의 정보를 드러내지 않는 베테랑 스파이마스터의 치밀함도 보였다. 그는 스탈린에 대한 언짢은 기분을 이겨 냈다는 사실을 말하지 않았다. 전쟁을 끝내고 세계의 평화를 도모하는 일에 자신의 불안정한 건강 상태를 방해물로 삼지 않기로 했음을, 국무부 장관 코델 헐에게 기꺼이 테헤란으로 가겠다는 메시지를 소련 측에 전달하라고 했음을, 루스벨트는 마이크에게 말하지 않았다.

루스벨트는 그저 마이크에게 임무를 주었다. "국무부 장관이 곧 돌아올 거야. 그러니 자네는 아프리카로 가서 그를 만나게. 그가 어떤 식으로 협의했든 다 괜찮네."

국무부 장관이 마이크에게 빅3의 만남이 과연 성사되었는지, 어디에서 진행될 것인지를 알려 줄 것이다. 루스벨트는 유감스러워하면서 자신이 알기도 전에 마이크가 먼저 듣는 것이라고 했다.

만약 국무부 장관이 어떻게든 일을 성사시켰다면 다음에 무엇을 해야 하는지, 마이크는 누가 알려 주지 않아도 잘 알고 있었다. 그의 마음은 이미 미래를 바라보며 여전히 알 수 없는 경호 문제와 씨름했다. 먼저 합의된 회담 장소로 가서 그곳에 도사리고 있을지 모르는 모든 위험을 감지해야 한다. 구식 요원들은 그 업무를 '온도를 재다'라고 표현했다. 그다음에는 세 연합국 지도자들의 안전을 보장하는 현실적인 계획을 세우는 일에 돌입해야 한다.

마이크가 떠나기 전에 대통령은 마지막으로 엄숙하게 지시했다. "절대 아무도 몰라야 하네." 마이크가 코델 헐을 만나러 간다는 것을 누구도 알면 안 된다. 국무부 장관이 어떤 내용의 협상을 했는지도 절대로 새어 나가서는 안 된다. 무엇보다도 헐이 성공했다면 미국 대통령과 영국 총리, 소련 원수의 만남이 어디에서 언제 이루어질지 그 누구도 알아서는 안 된다. 적들이 사방에서 주시하고 있으므로, 비밀 유지가 앞으로의 전쟁 방향을 좌우할 것이다.

첩보의 세계에서 1분의 기다림은 바깥세상에서의 1시간에 해당한다는 말이 있다. 마이크는 만약 모든 것이 계획대로 흘러갈 경우, 헐이 탄 자동차가 와서 멈출 키 큰 나무의 길게 갈라진 잎을 응시하면서 고통의 시간을 보냈다. 잘못되었을 수도 있는 온갖 만약의 상황과 곧 착수해야 할 과제들을 떠올리는 동안 그나마 한 가지 위안이 있다면, 헐이 꽤 괜찮은 사람이라는 사실이었다. 이 국무부 장관에게는 마이크의 경험상 정치인에게는 거의 존재하지 않는 진정성과 단순명쾌함이 있었다. 마이크는 그가 백악관에서 만난 사람들 가운데 "삐걱거리는 목소리에 점잖지만 단호하고 촌스러운 그 테네시 출신의 판사만큼 마음을 끄는 사람은 없다"라고 자신 있게 말할 수 있었다.

마침내 마이크는 야자수 아래에서 멈추는 차를 보았다. 뒷좌석에 통통한 백발의 남자가 앉아 있었다. 앞에는 2명의 미군이 앉았다. 그는 뒷좌석의 남자가 군인들에게 몇 마디 하는 것을 보았다. 군인들은 경례하고 차에서 내려 터미널로 걸어갔다.

마이크는 숨어 있는 곳에서 곧바로 나가지 않았다. 그는 헐이 혼자가 될 때까지, 군인들이 돌아오지 않고 차에 접근하는 사람이 없을 때까지 기다렸다.

그는 산책이라도 하듯 일부러 천천히 걸었다. 적의 감시자들이 이미 국무부 장관을 발견했다면 그가 지금 아무리 조심한다고 해도 소용없을 것이다. 그렇더라도 지금 활주로를 가로질러 달리느라 사람들의 이목을 끌어서, 왜 그렇게 서두르는지 궁금해하거나 차 안을 응시할 이유를 제공하고 싶지는 않았다.

지시받은 대로 뒷문 손잡이를 잡아당기자 문이 열렸다. 마이크는 차에 탔다. 헐은 빨리 소식을 전하고 싶어 견딜 수 없다는 미소를 짓고 있었다. "스탈린은 어떤 식으로든 멀리 이동하고 싶어 하지 않아." 그는 마이크에게 자신이 모스크바에서 보스를 위해 얼마나 끈질기게 싸웠는지 알려 주고 싶은 듯했다. 그가 의기양양하게 말을 이었다. "하지만 내가 스탈린이 대통령과의 만남을 위해 테헤란까지 가도록 만들었네."

"그래. 테헤란이야." 헐이 다시 말했다.

셸렌베르크는 이미 외교관으로 위장시킨 국가보안본부의 사진 기술자를 장비가 든 상자와 함께 앙카라에 보냈다. 지금은 독일 대사관 근처의 은신처에서 비밀 사진 현상소가 돌아가고 있었다. 모이지쉬가 하인에게 필름을 받으면 몇 시간 내에 사진이 현상되었고, 그것을 받아볼 본국의 관계자 몇 명을 위한 사본이 만들어졌다. 곧 대기 중인 특별 운송기가 물건을 베를린으로 가져오는, 매우 효율적인 시스템이었다.

그런 식으로 1943년 11월 둘째 주, 셸렌베르크는 빅3가 테헤란에서 만나기로 한 것을 알게 되었다.

"방금 엉클 조가 테헤란으로 올 것이라는 소식을 들었습니다." 미국 대통령이 11월 11일에 영국 총리에게 전보를 보냈다.

"우리가 27일~30일에 그를 만날 수 있다는 것은 의심의 여지가 없을 것입니다."

"이것으로 매우 어려운 상황이 마무리되었으니 기뻐해야 할 것 같군요."

셸렌베르크가 이 정보를 얻자마자 카이로 계획은 취소되었다. 당연히 훨씬 더 유망한 새로운 작전으로 교체되었다. 이제 타협할 필요가 없다. 2명이 아닌 3명을 죽일 수 있는 것이다! 그것도 테헤란에서! 테헤란에는 그가 구축해 둔 첩보망이 돌아가고 있었고, 이미 그곳에서 사냥에 성공한 전적도 있었다. 잇따른 승전보를 울리며 확신에 차서 마지막 전투를 계획하고 있던 적들이, 잔혹한 평화를 휘두르려고 굳게 결심했던 적들이, 갑자기 엄청난 실수를 저질렀다. 적이 무심코 저지른 실수 덕분에 롱 점프 작전은 불가능하고 허무맹랑한 작전이 아니라 진정한 기회로 거듭나게 되었다.

3부

페르시아 나들이

26

작전의 신이 셸렌베르크를 환하게 비춘 것만 같았다. 빅3가 테헤란에서 만날 것이라는 사실을 처음부터 알고 조심스럽게 한 걸음씩 내디디며 기반을 닦아 놓은 것처럼 느껴질 정도였다. 언뜻 연관성 없어 보이는 일련의 사건들이 선견지명과 타이밍과 운과 합쳐져서 마지막 무대가 마련된 것이다.

전쟁 초기에 아프베어와 국가보안본부 요원들은 이란에 몰래 잠입해 공작원 네트워크를 구축하고 안가를 마련했다. 연합군이 이란을 점령한 후에도 2명의 요원이 위험을 피해 이란에 남는 데 성공했고, 하나는 테헤란에서 다른 하나는 카슈카이족이 사는 산악 지대에서 활동을 계속했다. 그 뒤 프란츠와 안톤 작전으로 특공대가 낙하산을 타고 이란으로 잠입했다. 그 과정에서 공중 잠입 작전의 절차가 마련되었고, 카슈카이족의 땅과 테헤란의 안가에 베를린과 통신을 할 수 있는 무선 전송기가 설치되었다. 또한 족장 나스르 칸에게 황금 권총 선물을 무사히 전하여 나치 독일에 흔들리고 있던 그의 마음을 굳건히 할 수 있었다. 이란 비밀 작전의 훈련과 실행을 감독했던 오토 스코르체니가 총통에 의해 연합국 지도자 3명의 암살 작전 지휘관으로 선택되었다.

그리고 이제 빅3의 회담 장소가 테헤란으로 정해졌다.

모든 것이 그에게 유리한 쪽으로 진행되어 마치 운명인 것만 같았다. 하지만 셸렌베르크는 전문가답게 절제하는 모습을 보였다. 신중하게 검토해 본 결과, 여전히 당혹감을 주는 반드시 풀어야 할 결정적인 문제가 두 가지 남아 있었다.

첫째, 언제 공격할지 결정해야 했다. 세 남자가 다 모인 자리여야만 했다. 3명 중 1명만 죽이는 것만으로는 충분하지 않을 것이다. 그렇게나 먼 길을 돌아 이제 이렇게 가까이 왔는데 고작 1명만 죽이는 것으로 만족할 수는 없었다. 빅3가 테헤란에 도착해 자동차 행렬이 끝난 후 각자 숙소로 향할 때 노리는 방안은 바로 제외했다. 물론 그 방법은 비교적 실행하기가 쉽고 성공 가능성도 높다. 문제는 세 사람이 같은 날에 도착할지는커녕 같은 시간에 도착할지 알 방법이 없다는 것이었다. 하지만 1명이 공격당하면 곧바로 회담이 취소되고 나머지 2명은 몇 단계나 철저해진 보안 속에서 이란을 빠져나갈 것이다. 셸렌베르크는 세 사람이 개별적인 일정이나 피로, 심지어 고약한 성미에 상관없이 의무적으로 한자리에 모여야만 할 때를 노려야 한다고 생각했다. 3명을 동시에 공격해야 한다.

수수께끼를 풀려고 애쓸수록 비공개 회담 시간에 정면으로 공격하는 것은 실수라는 생각이 분명해졌다. 확실히 그 자리에 세 사람 모두 참석하기는 할 것이다. 하지만 극비로 토론이 진행될 때 외부인이 방에 침투할 기회는 없을 터였다. 문이 꽉 닫혀 있을 뿐만 아니라 3개국 군대가 저지선을 이루고 있을 테니 요새화된 진지로 직접 돌격하는 것은 자살 행위나 다를 바 없었다. 세 사람이 모이는 공개 또는 반공개 행사를 찾아야 한다. 특공대원들이 주의를 끌지 않고 침투할 수 있는 호의적인 관객들이나 인파가 있는 시간. 보안 팀조차도 약간 편안하게 느낄 정도로 경계의 정도가 완화되는 시간. 문제가 생기리라고 예상하지 않을 시간. 허 찌르기는 셸렌베르크의 대표적인 무기였다. 그 무기를 꺼낼 최고의 타이밍을 결정할 필요가 있었다.

또 다른 문제는 목표물에 접근하는 방법이었다. 스코르체니의 특공대와 러시아인들이 맡은 일을 잘 해내겠지만, 충분히 가까이 다가갈 필요가 있었다. 일단 공격 장소가 정해진 후에도 암살자들을 학살의 현장으로 데려갈 은밀한 방법이 필요할 것이다.

셸렌베르크는 서로 연결된 이 두 가지 문제의 답을 가지고 있지 않았다. 떠오르는 아이디어마다 너무 많은 미지의 요소 때문에 보류되었다. 결정을 내리려면 더 확실한 정보가 필요했다. 그는 그것들을 얻기 위한 행동에 착수했다.

그는 대외정보국의 연구 부서인 G그룹을 만나 동기를 드러내지 않기 위해 최선을 다하면서 문제를 살짝 공유했다. 11월 말에 처칠, 루스벨트, 스탈린이 만날지도 모르는 가능성이 있다고 확실하지 않은 듯이 말했다. 그는 세 남자의 파일을 뒤져서 회담 이외에 공동 행사를 위해 만날 만한 일이 있는지 찾아보라고 명령했다. 이전에 승리한 전투의 기념일이나 국경일 같은 것. G그룹은 셸렌베르크가 속내를 감추고 있음을 알았다. 그의 관심사와 질문의 구체성이 더 큰 그림의 일부임을 말해 주고 있었다. 하지만 그들은 친위대 장군을 압박할 만큼 어리석지 않았다. 그들은 의심을 속으로만 간직하고 그의 말대로 파헤치기 시작했다.

또한 셸렌베르크는 선발대원이자 해결사 역할로 미리 뽑아 둔 비니프레드 오베르크를 만나 이전 임무는 잊어버리라고 말했다. "카이로는 잊어. 며칠 후에 테헤란에 가면 돼. 이번에는 낙하산으로." 그는 오베르크에게 즉시 크림반도의 융커스 기지로 가라고 명령하고 새로운 임무를 주었다. 특공대를 위해 안가를 마련하는 것 외에도 '감정'을 맡겼다. 신중한 감시 작업을 그렇게 불렀다. 테헤란에 있는 세 대사관—미국, 영국, 소련—의 보안 조치가 어떤지 확인해 보라는 것이었다. "갑옷의 틈새, 즉 약점을 찾아내는 거야. 빅3가 도착한 후에는 적들의 갑옷이 소규모 군대로 강화될 것이라는 점을 명심하고. 옆문이든 지붕을 타고 내려가든 배달차에 숨든 안으로 들어갈 방법을 찾아. 스코르체니와 팀원들이 목표물에 가까이 갈 수 있는 방법이라면 뭐든지. 절대 빗나갈 수 없을 만큼 가까이 갈 수 있도록." 그리고 셸렌베르크는 경고했다. "오베르크, 신중해라. 잡히거나 이목을 끌기만 해도 유감스러운 일이 될 거야. 임무뿐만 아니라 너에게도." 그가 위협적으로 말했다.

마지막으로 셸렌베르크는 돌아온 영웅 로만 가모사가 담당하는 이란 부서에 연락했다. 가모사가 테헤란을 잘 알고 그 거리에서 활동했으니 조언을 받고자 했다. 영국, 미국, 소련 대사관에 대해 무엇을 알고 있는가? 어느 곳이라도 건물 안에 들어가 본 적이 있는가? 평면도에 관한 지식이 있는가? 손님들이 공식 일정 이외에 방문할 만한 곳을 알고 있는가? 왕의 궁전에서 열리는 의식에 참석한다거나 시장으로 쇼핑을 하러 가거나?

셸렌베르크는 가모사에게 직접적인 경험을 토대로 테헤란에 관한 보안 보고서를 작성하라고 명령했다. 그는 테헤란에 대한 관심의 이유가 스파이마스터들이 일상적으로 진행하는 정보 수집 차원인 것처럼 완곡하게 표현하는 것도 잊지 않았다.

셸렌베르크는 계획의 마지막 요소들에 대한 해결책을 찾기 위해 노력하면서 상황이 갑자기 자신에게 유리하게 변했다는 사실에 감사했다. 연합국이 많고 많은 장소 중에서도 국가보안본부가 오래전부터 자주 들락거린 이란을 선택하다니. 사냥꾼은 자신에게 닥친 행운이 믿어지지 않았다.

사냥감도 운이 좋다고 생각하기는 마찬가지였다. 미국 대통령은 11월 11일 밤 9시 30분에 백악관을 나와 어둠을 틈타 버지니아주 콴티코에 있는 해병대 기지로 갔다. 그는 날렵한 대통령 전용 요트에 탔다. 표면적으로는 전시의 고된 국정에서 잠시 벗어나 일주일간의 유람선 여행을 즐기기 위해서였다. 하지만 다음 날 아침 9시 15분에 요트는 체사피크만의 잔잔한 바다에 정박했고, 대통령은 조심스럽게 무색의 작은 포함으로 옮겨졌다. 잠시 후 빛나는 요트는 적어도 일주일 동안 해안에서 보이지 않도록 하고 모든 무선을 무시하라는 명령에 따라 더 먼 바다로 나아갔다. 과로한 대통령이 회복을 위해 바다에서 긴 휴가를 보내기로 했다는 소설의 아귀가 들어맞으려면 그래야만 했다.

한편 대통령을 태운 포함은 까만 강을 헤치고 나아갔다. 머지않아 그것은 이른 아침의 안개 속에서 원시 바다 괴물처럼 우뚝 솟아난 철회색의 거대한 덩어리로 다가갔다. 세계에서 가장 강력한 전함 아이오와 USS Iowa였다. 길이가 엠파이어 스테이트 빌딩 높이만 하고 두꺼운 강철 갑옷을 둘렀으며 무시무시하고 거대한 총포대로 무장한 배. 2,700명이 생활하고 약 21만 마력의 엔진으로 작동하면서 감히 앞을 막아서는 것은 그 무엇이든 전멸시키고 뚫고 나가기 위해 설계된 배. 작은 포함은 거대 괴물을 빙 돌아 선미로 갔고 우현으로 들어 올려졌다. 두 배 사이에 도교가 연결됐고 비밀경호국 요원들의 초조함 속에서 장애인 대통령은 그 좁은 통로를 통해 옮겨졌다.

대통령의 믿을 만한 친구이자 합참의장인 해리 홉킨스와 약 100명에 이르는 군사 및 외교 정상회담 관계자들이 루스벨트를 맞이했다. 아이오와호로 대서양을 가로질러 북아프리카로 갔다가 카이로로 날아가서, 루스벨트가 장난스럽게 말했듯 '페르시아 나들이'를 떠나려는 계획이었다. 비밀경호국은 당시의 불안을 극비 문서에서 이렇게 기록했다. 이 긴장감 가득한 비밀 여행의 모든 구간에서 "대통령은 막대한 개인적인 위험을 무릅써야 했다… 만약 적이 그의 행방을 안다면 항공, 잠수함 또는 암살자를 이용해 공격하기 위해 노력을 아끼지 않을 것이다."

이 끊임없는 위협의 세계에서 대통령은 가능한 안도감을 느끼고 싶어 했다. 그래서 그는 그날 저녁 10시쯤 아이오와가 노퍽에서 재급유를 마치고 바다로 나가기 위한 마지막 준비를 끝마쳤을 때 존 맥크리 함장을 대면했다. 변호사 출신의 맥크리는 새로 건조된 이 배의 사령관을 맡기 전에 루스벨트의 해군 보조관으로 일한 적이 있어서 잘 아는 이였고, 마음에 들기까지 해서 더 큰 위안을 주는 사람이었다. 루스벨트는 망설이지 않고 솔직하게 말했다.

"존, 오늘은 금요일이네." 그가 불쑥 말했다.

당황한 함장은 그저 공손하게 고개를 끄덕였다.

루스벨트는 계속 말했다. "나는 뱃사람같이 미신을 믿네. 어떤 일이든 금요일에 시작하는 게 꺼림칙해."

대통령은 잠시 생각에 잠기더니 다시 입을 열었다. 은밀하면서도 당당한 어조였다. "이번 만남은 모두를 위해 아주 중요해. 중대한 결정이 내려질 것이고 꼭 성공해야 한다네. 그런데 금요일은 불길해."

아이오와호는 자정에서 5분이 지났을 때 닻을 올리고 여정을 시작했다. 새로운 날인 토요일로 넘어간 지 몇 분 지난 시각이었다. 깊고 까만 대서양으로 이어지는 세찬 물길을 나아갔다.

맥크리 함장은 바다에서의 생활로 선원들이 속절없이 미신에 끌린다는 것을 잘 알았다. 그는 앞으로 수많은 불확실함을 마주할 오랜 친구에게 행운이 최대한 많이 필요하리라고 생각했다.

"안전과 편안함이 소나기처럼 쏟아지고 있다." 전함이 파도를 헤치고 정동쪽으로, 지브롤터를 향해 나아갈 때 대통령은 활기찬 기분으로 편지에 적었다.

아이오와호는 최고사령관을 맞이하기 위해 열심히 준비했다. 배 전체를 반짝반짝 쓸고 닦았다. 대통령이 숙소로 사용할 함장실을 밝은 파란색으로 칠했고, 적어도 스파르타식 전투함의 기준에서는 화려하게 새 단장을 했다. 작은 화장실에는 장애인 대통령에게 적합한 욕조도 들여놓았다. 2개의 휴대용 엘리베이터도 설치했다. 하나는 휠체어에 탄 대통령을 주갑판에서 첫 번째 상부 구조 갑판에 있는 그의 숙소로 올려 주었다. 또 하나는 그를 그 갑판에서 함교로 올려다 주었다. 비상시에는 휠체어를 타고 갑옷을 두른 타원형의 타워로 갈 수 있었다. 그 타워는 배에서 가장 안전한 구역이었다. 변덕스러운 입맛을 맞춰 줄(그리고 대통령의 음식이나 음료에 누군가 독을 타는 일이 없도록) 세심한 필리핀 승무원 6명도 탑승했다. 그리고 맨 위쪽 갑판에는 대통령의 보좌관들만 사용 가능한 고리버들 의자와 스탠드식 재떨이가 드문드문 놓여 있었다. 배를 오래 탄 몇몇은 새로 단장한 아이오와가 유람선 같다고 불평했다. 하지만 뱃머리 너머로 보는 즉시 이 항해의 무게를 확인할 수 있었다. 대포, 대공포, 폭뢰, 어뢰로 무장한 플레처급 구축함 세 척이 저지선을 이루고 아이오와 주위를 맴돌며 보호했다. 상공에서 호위하는 전투기의 으르렁거림도 들려왔다.

"이것은 또 다른 오디세이가 될 것이다." 활기를 되찾은 대통령이 앞으로의 모험에 대한 기대감으로 일기장에 적었다. "강인한 트로이인들이 집을 떠나 간 것보다 더 멀리 항해할 것이다."

맥크리 함장은 길고 지루한 항해에서 잠시 대통령의 기분을 전환해 주고자 했다. 바다에 나간 지 이틀째 되는 날, 휠체어에 탄 대통령은 선실에서 앞머리 쪽 갑판의 좌현으로 옮겨졌다. 그가 바다를 응시할 때 바람이 불기 시작하고 물보라가 얼굴을 핥았다. 합참의장 해리 홉킨스를 포함해 반원으로 모인 참모들과 한 무리의 보좌관들이 대통령 뒤에 공손히 서 있었다.

위쪽의 함교에서 맥크리 함장이 대통령의 신호를 기다렸다. 루스벨트가 마지막으로 합참의장과 몇 마디를 나누었다. 그들은 육군과 해군의 게임에 대하여 자기들끼리 열정적으로 내기를 했다. 해군 출신의 대통령은 작전에 동참하기를 원했다. 그가 함교를 올려다보고 손을 들었다. 거의 경례에 가까운 작은 몸짓이었다.

이 신호에 따라 붉은 수소 풍선 수십 개가 연속 발사되었다. 풍선들이 빠르게 위로 올라가 짙푸른 하늘을 배경으로 실루엣을 그렸다. 기이하고 고요한 기대감이 감도는 가운데 20밀리미터와 40밀리미터 대공포대가 상공의 목표물에 무기를 겨누기 시작했다. 커다란 탄환이 수십 개 발사되면서 엄청나게 큰 쾅 소리가 울려 퍼졌다. 그 소음은 실로 맹렬했다. 배 전체가 흔들렸다. 갑판 위의 구경꾼들은 바다가 화 나서 일어날 준비를 하기라도 하는 것처럼 느꼈을 것이다. 그러다 숨을 확 들이마시듯 소리가 멎더니 배 안에 차분함이 감돌았다. 하지만 오래가지는 못했다.

"우현 빔에 어뢰!" 확성기에서 소리쳤다. "우현 빔에 어뢰!"

이건 예상하지 못했던 일이었다. 곧바로 소용돌이 같은 움직임이 시작되었다. 함선에 가해진 공격에 탑승자 전원이 반응했다. 보좌관들이 인간 벽처럼 대통령을 감싼 가운데 루스벨트의 오랜 개인 수행비서 아서 프리티먼은 본능적으로 무력한 주인의 휠체어를 좌현으로 밀기 시작했다. 그러나 대통령은 반대했다. "우현 난간으로 가게. 어뢰를 봐야겠어." 그가 명령했다. 프리티먼은 온몸이 떨렸지만 대통령의 말대로 할 수밖에 없었다.

함교에서 맥크리 함장은 전속력으로 배를 좌측으로 움직이라고 명령했다. 아이오와호가 어뢰의 경로와 평행하도록 왼쪽으로 맹렬하게 나아갔다. 함장은 어뢰가 부딪칠 면적이 줄어들기를 바랄 뿐이었다.

다행히 어뢰는 앞으로 돌진하면서 곧장 나아갔다. 그리고 폭발했다. 폭발력에 전함이 흔들릴 정도였다. "맙소사!" 폴 사령관이 해도실에 있는 그의 진지에서 소리쳤다. 그는 대통령을 태운 배를 침몰시키려고 나치의 유보트가 구축함 저지선을 몰래 통과하여 어뢰를 발사한 것이라고 확신했다.

하지만 어뢰는 무자비한 유보트가 발사한 것이 아니었다. 당시 아이오와를 호위하는 구축함 중 하나가 목표물 훈련을 하고 있었는데, 그 구축함의 함장은 아이오와에 대통령과 합참의장이 탄 사실을 모르고 있었다. 그래서 통상적으로 그래왔듯이 아이오와를 어뢰 모의 발사 훈련의 목표물로 삼았고, 이를 위해 7개의 텅 빈 어뢰 튜브가 연속으로 빠르게 아이오와에 발사되었다. 그런데 어뢰 부책임자가 여덟 번째 모의 발사를 위해 버튼을 눌렀을 때 날카로운 폭발음을 들었다. 그는 무슨 소리인지 즉시 알아차렸다. 어찌된 일인지 유효한 어뢰가 발사된 것이었다. 빈 튜브가 아니었다.

무시무시한 해프닝이 아닐 수 없었다. 같은 편의 훈련용 어뢰에 격

침당할 뻔했던 사고를 무사히 빗겨 간 루스벨트는, 베를린의 적과 마찬가지로 운이 좋다고 느꼈다.

한편 모스크바 센터 제1총국의 스파이마스터들에게는 변덕스러운 행운 따위가 필요하지 않았다. 적의 집에 심어 둔 첩자들이 전해 주는 정보를 살펴보기만 하면 됐으니까. 우크라이나에서 독일군 중위 행세를 하는 믿음직한 이중 스파이 니콜라이 쿠즈네초프가 전설적인 스코르체니가 주도하는 대형 건수가 있다는 자극적인 내용의 전보를 보냈다. 그리고 소련이 전향시켜 돌려보냈고 대담하게 소련 수용소에서 '탈출'한 것에 대한 보상으로 이란 부서를 맡게 된 국가보안본부 스파이 로만 가모사도 제6국의 상사 발터 셸렌베르크가 맡긴 질문 목록을 전달해 왔다. 빈틈없는 제1총국 국장 파벨 피틴이 모든 점을 연결하는 데는 오래 걸리지 않았다.

27

군인과 스파이들로 이루어진 러시아인들이 맹렬하게 테헤란의 거리로 돌진했다. 그들이 받은 명령은 그 도시에 남은 독일인 민간인들과 나치 동조자들을 체포하는 것이었다. 검거망을 펼쳐야 하는 이유는 전달받지 못했다. 그들은 스탈린 원수가 테헤란에 온다는 소식을 듣지 못했고, 그저 서두르라는 말만 지시받았을 뿐이었다.

루스벨트가 대서양을 가로지를 때, 셸렌베르크가 마지막으로 계획을 손보고 있을 때, 붉은 군대가 이란으로 쏟아져 들어왔다. 독일의 오랜 공작원 에른스트 메르세르는 조심스러운 우려로 상황을 관조했다. 어느 정도 준비가 완료되자, 소련은 안드레이 V. 크루레프 장군의 명령 하에 3,000명의 병력을 추가로 배치했다. 소련의 근동 지역 사무소의 담당자들은 대규모 군대의 존재만으로도 문제아들을 억누르기에 충분하다고 생각했지만, 크루레프는 가장 효과적인 힘의 과시는 힘 그 자체뿐이라고 믿었다.

절대주의를 추구해야 할 때였다. 의심은 유죄의 증거로 충분했고 유죄에는 처벌이 필요했다. 심문이나 재판 같은 형식상의 절차는 중요하지 않았다. 크루레프의 군인들은 강하고 야만적인 방식으로 일을 처리했다.

소련 군인들을 태운 트럭이 테헤란의 현대화된 구역의 널찍한 대로를 나아갔다. 당시 한 벨기에 외교관이 이 모습을 지켜보고 있었는데, 그때 반항적인 이란인 하나가 야유를 내뱉었다. 외교관은 이렇게 회상했다. "소련군 중 누군가가 리볼버 권총을 꺼내 조롱하는 이란인을 사살했다. 더 이상은 필요하지 않았다. 그 이후로 소련군은 공포의 대상이 되었고 감히 그들을 놀리거나 조롱하는 사람은 아무도 없었다."

그러나 도발이 사라져도 소련의 무자비함은 줄어들지 않았다. 테헤란에서는 수많은 '용의자'들이 —정확한 숫자는 집계되지 않았지만 몇몇 추산에 의하면 1만 5,000명 이상의 민간인— 총구가 겨눠진 채 군용 트럭에 올라 북쪽에 있는 암울한 임시 수용소로 옮겨졌다. "이란 내 독일계 유력 인사들이 흔적도 없이 사라졌다"라고, 당시의 검거 현장을 목격했지만 조심스럽게 침묵을 지킨 소련 기자는 그렇게 기록했다.

그리고 불쌍한 폴란드인들이 있었다. 소련군은 실질적인 보안 문제뿐만 아니라 그저 습관적으로도 폴란드인을 쫓았다. 이미 그들은 폴란드인을 모욕적으로 대하는 연습을 많이 하지 않았던가. 1939년에 독일의 단기 동맹이었던 소련은 나치 독일이 폴란드군을 신속하게 처리한 후 동부 폴란드의 대부분을 합병했었다. 폴란드인 125만 명이 추방되어 소련의 광활한 땅으로 흩어졌고, 대다수는 즉시 살해당했다. 카틴 숲의 무덤에서 발견된 시신만 2만 2,000구였다. 그리고 약 50만 명에 이르는 폴란드인들에게는 '사회적으로 위험한' 또는 '반소련파'라는 꼬리표가 붙었다. 시베리아와 카자흐스탄의 황량하고 차가운 강제수용소 '굴라크'가 그들의 운명이었다. 일부 폴란드인들은 이란으로 보내졌고, 굶주림과 병으로 고통받던 약 12만 명이 테헤란에 정착했다.

그런데 이제 소련군은 테헤란에서 전쟁이라도 벌일 태세였고 그들이 오래전 포위한 적 있는 폴란드인들을 다시 노리는 것은 불가피한 일이었다. 테헤란의 그 어떤 폴란드인도 붉은 군대의 검거 몰이로부터 안전하지 않았다. 사막 모래를 깎아 만든 임시 수용소는 곧 폴란드 가족들로 붐비게 되었다.

하지만 수용소로 간 '용의자'들은 그나마 운이 좋은 편이었다. 소련 정보기관 엔카베데에 의해 체포된 이들은 시루스 거리에 있는 사암색 이층집 지하로 옮겨졌다. 그곳은 적들의 피로 물든 모스크바의 감옥에서 수습 기간을 보낸 심문관들이 통제하는 구역이었다.

시루스 거리의 심문관들은 질문을 하지 않았다. 그들은 쇠사슬로 묶인 벌거벗은 남자가 자비를 조건으로 비밀을 털어놓겠다고 맹세해도 신경 쓰지 않았다. 그들이 모스크바 센터로부터 받은 임무는 분명했다. 그들의 관심사는 스탈린 원수에 대한 모든 위협을 제거하는 것이었다. 이 잔인한 논리에 따르면 연합군과 함께 싸우지 않는 사람은 무조건 잠재적인 암살자였다. 그들은 형식도 자비도 없이 그저 체계적인 근면함으로 포로들을 구타했다. 그러다 지겨워지면 총을 쏘았다.

테헤란 지국과 연결된 거의 100명에 이르는 요원과 공작원들이 부지런하게 일하고 있는지 확인하기 위해 제1총국에서 새로운 국장을 파견했다. 그의 업무상 이름은 안드레이 미할로비츠 베르틴스키 대령이었고, 모두의 이야기에 따르면 무서운 상사였다. 그는 무시무시한 경력을 지닌 매우 유명한 요원의 도움을 받고 있었다. 바로 엔카베데의 수장 라브렌티 베리야의 아들 세르고 베리야였다. 테헤란 지국에 떨어진 잔인한 임무가 얼마나 중요했는지 한층 더 분명하게 알 수 있는 대목이었다.

테헤란 거리를 검문하는 엔카베데 조직원들의 작업은 모스크바 센터에서 전문적으로 교육받은 이들과는 독자적으로 운영되는 하위 집단의 지원을 받았다. 그 비공식 공작원들은 대부분 10대 후반이거나 심지어 더 어렸다. 그들은 밤의 그림자 속이나 미로 같은 시장에서 눈에 띄지 않게 움직일 수 있었고, 언제든 상대를 덮칠 준비가 되어 있었다. 이 소년들은 자동차도 없고 운전도 할 줄 몰라서 독일 스파이를 찾아 자전거를 타고 거리를 누볐다.

그룹의 리더는 비밀 요원이 되고 싶어 하는 19세 소년 게보르크 바르타니안이었다. 그의 아버지는 아르메니아 출신으로 1930년부터 테헤란에서 가게 주인으로 위장해 엔카베데의 비밀 임무를 맡았다. 처음에 바르타니안은 아버지를 감시하는 이상한 임무를 맡았지만, 연합군 침공 후 이란에 갑자기 외국 군인들이 득실거리자 좀 더 대담한 일을 갈망하게 되었다. 그는 페르시아어와 러시아어에 유창한 친구 6명을 모아서 테헤란 지국장에게 서비스를 제공하기 시작했다. 베르틴스키 대령은 너그럽고 흔쾌하게 당찬 소년들을 받아주었지만 당연히 공식 채용은 아니었다. 커피 심부름이나 야간 순찰 같은 것이나 시키면서 장단을 맞춰 준 것뿐이었다.

그러나 지금은 소련 병사들과 경험 많은 스파이들의 야만적인 근면함이 테헤란을 두려움에 떨게 했다. 페르시아의 민간 설화에는 밤에 나타나 사람들의 영혼을 훔쳐 간다는 사악한 악령이 등장했는데, 주민들은 그 악령이 돌아왔다고 믿었다.

암호명 막스인 독일 국가보안본부 요원 프란츠 마이어를 붙잡은 것은 악령이 아니었다. 소련군도 아니었다. 영국 정보군이 그를 우연히 발견했다. 셸렌베르크에게 이보다 더 나쁜 타이밍은 없었다. 그는 정보가 풍부한 마이어가 롱 점프 작전 특공대의 안가를 마련하는 오베르크의 일을 도와줄 거라 기대하고 있었다.

당시 영국이 특별히 마이어를 찾고 있던 것은 아니었다. 처음 시작은 나치 동조자로 의심받은 자가 거래를 위해 영국 보안군을 다른 이란인의 집으로 끌어들이면서부터였다. 그런데 그 집에는 프란츠 작전의 낙하산 부대원 중 1명이 은신하고 있었고, 심지어 베를린과 통신하는 무선 송신기도 있었다. 책임자인 영국 첩보 장교 조 스펜서는 그 아파트를 계속 감시하기로 약삭빠른 결정을 내렸다. 첩보망에 연결된 다른 누가 모습을 드러낼지도 모르는 일이었다.

때마침 그날 저녁에 치과 의사 쿠드시 박사가 아파트를 찾았다. 그 치과 의사는 영국군을 보자마자 도망치려고 했지만, 군인 둘이 뒤에서 럭비 태클로 그를 쓰러뜨렸다. 그는 심문이 시작되자마자 자비를 호소하며 자신이 아는 정보를 내세웠다.

마이어를 밀고한 사람은 바로 그 치과 의사였다. 그는 조카 릴리 산자리가 자신과 함께 살고 있는데, 그녀가 독일 비밀 요원의 정부라고 털어놓았다. 그는 마이어가 숨어 있는 곳을 알고 있었다.

마이어는 군인들이 계단을 올라오는 쿵쿵 소리를 들었을 때 불을 끌 생각밖에 하지 못했다. 집에 아무도 없는 척하면 될 거라고 믿었던 것이다. 하지만 영국군은 노크하지 않았다. 그들은 문을 부수고 들어와 총을 뽑아 들었고 입구 복도에 서 있는 스파이와 대치했다. "당신이 프란츠 마이어인가?" 조 스펜서가 물었다. "그렇다." 그가 주저 없이 말했다. 몇 분 후 스파이는 수갑이 채워진 채로 끌려갔다. 양팔 가득 그의 비밀 서류를 든 건장한 군인 2명이 뒤따랐다.

영국군은 릴리 산자리가 나타나기를 기다리지 않았다. 곧 그들은 그녀가 미국 공작원이라는 것을 알게 되었다(미국이 입을 꾹 닫고 그녀와 마이어의 관계를 밝히지 않은 것은 영국으로서는 짜증 나는 일이었다). 하지만 릴리가 여자 친구와 팔짱을 끼고 그랜드 바자르의 정문 근처를 걷고 있을 때 이번엔 엔카베데가 막아섰다. 그들은 그녀를 시루스 거리의 집으로 데려갔다.

카이로에서 마이크는 다시 비밀 임무를 떠날 준비를 하고 있었다. 그는 보스 앞에 나타날 위험을 가늠해 보기 위해 지난 48시간 동안 카이로를 돌아다녔다. 보안 전문가의 관점에서 직설적인 평가를 내리자면, 한마디로 그곳은 온몸의 핏기가 싹 가실 정도로 무서운 곳이었다.

카이로에서의 첫날 그는 메나 구역의 맨 아랫부분에서 출발했다. 날씨는 후텁지근했고 저 멀리에서 솟은 피라미드에 강렬한 햇살이 내리쬐었다. 이집트 주재 미국 대사가 고용한 총명한 청년이 안내를 맡았고 육군 방첩단 대위의 실시간 해석도 곁들여졌다.

그들은 이글거리는 태양 아래에서 여유로운 속도로 걸었다. 루스벨트와 처칠, 장제스의 정상회담이 열릴 메나 하우스로 걸어가면서 키 큰 야자수가 그들을 드리운 깔끔하게 손질된 잔디밭을 가로질렀다. 한때 사냥꾼의 오두막이었던 그 호텔은 긴 베란다와 원목 칸막이, 빛 바랜 파란색 타일 바닥이 아늑한 시골집 분위기를 풍겼다. 그곳의 위엄은 전 망에 있었다. 거의 모든 창밖으로 피라미드가 우뚝 솟았고, 손이 닿을 정도로 가까웠다. 시원한 복도를 지날 때 타일 바닥에서 발소리가 메아 리쳤다. 마이크는 보스의 휠체어를 위한 경사로가 설치되고 있는 것을 보았다. 콥트 양식에 청동의 세선 세공으로 돋을새김한 거대한 나무 문 이 활짝 열리자 크고 어둑어둑한 방이 나타났다. 마이크는 이곳이 공식 회담 장소라고 말하는 젊은 외교관의 설명에 조용히 귀를 기울였다. 전 방과 중앙에는 높으신 분들이 앉고 보좌관들은 경기에 투입되기를 기 다리는 미식축구 선수들처럼 측면에 모여 있을 것이다. 외교관은 무장 경호원들이 문가에 배치될 것이라고 확인해 주었다. 마이크는 자신이 대통령 곁에 찰싹 붙어 있을 거라는 사실을 굳이 덧붙일 필요는 없으리 라고 생각하며 그저 고개만 끄덕였다.

그늘진 긴 베란다로 나갔을 때는 육군 대위가 주도권을 잡았다. 앞 쪽에 호텔로 이어지는 푸르른 진입로가 무대 세트처럼 펼쳐져 있었다. 대위는 모든 것을 완벽하게 고려했다고 확신하는 듯 자신감 넘치는 모 습으로 말하기 시작했다. "경계초소는 여기, 저기는 대공 포대가 배치 될 겁니다." 그가 확고하게 손으로 가리키며 말했다. "피라미드 옆에 관 광 가이드들과 낙타 타는 사람들이 잔뜩 모여 있는 게 보이시죠?" 그가 지평선을 향해 손짓하며 물었다. "다 봉쇄할 겁니다. 호텔에 현지인 직 원도 하나도 없을 겁니다. 모두 해고했거든요. 대통령의 직속 요리사들 과 군인들이 대신할 겁니다." 대위는 메나 지구 전체가 카이로의 나머 지 지역과 차단될 것이라고 설명했다. "주변을 따라 철조망이 쳐져 있어요. 단 한 군데의 검문소로만 들어가거나 나갈 수 있고 무시무시한 헌병대가 그곳을 지킬 것입니다."

대위가 말을 계속했지만 마이크의 상상력은 이미 다른 곳으로 질주하고 있었다. 주변에 철조망이 쳐져 있다고? 카이로에 도착하자마자 느꼈던 엄청난 고통이 머릿속을 가득 채웠다. 그는 영국과 프랑스 대사관을 자동차로 지날 때 수백 명이나 되는 현지인들이 거칠게 밀려드는 것을 목격했다. 추축국 선동가들이 폭동을 부추긴다고 했다. 사실은 부추길 필요도 없었다. 10달러면 전문 선동가를 고용해 현지인 1,000명이 누군가를 지지하거나 반대하는 광란의 시위를 벌이게 할 수 있었으니까. 마이크는 소름 끼치는 실망감을 느꼈다. 회담 장소 주변을 따라 철조망이 쳐져 있다고? 추축국 스파이가 득실거리는 도시에서 철조망이 무슨 효과가 있단 말인가? 그는 이집트에서는 살인을 저질러도 고작 60달러 벌금형만 받는다는 사실을 알게 되었다.

다음으로 대통령이 묵을 대사관저로 이동했다. 안내를 맡은 외교관은 피라미드와 스핑크스를 이웃 삼아 고요한 운하의 둑에 위치한 그 저택의 숭고한 아름다움과 배경의 장엄함에 대해 호들갑을 떨었다. 하지만 마이크에게는 또다시 재앙의 가능성만 보일 뿐이었다. 그가 읽은 최신 보고서에는 크레타에 있는 독일 공군 기지에 폭격기가 넘쳐난다고 되어 있었다. 그렇다면 스핑크스는, 아니, 그렇게 치면 운하 역시, 융커스를 목표물로 안내하는 표시가 된다. 폭탄을 떨어뜨려야 하는 순간을 확실하게 알려 주는 시각적인 신호인 것이다.

마이크는 보이는 모든 곳에서 위험을 감지하는 상태가 되어 테헤란으로 날아갔다. 그는 테헤란에 간다는 사실을 비밀로 했다. 물론 비밀리에 진행할 이유는 없었다. 하지만 카이로를 둘러보면서 의심 가득한 세계를 경험하고 나니, 그의 모든 본능이 신중해야 한다고 말하고 있었다. 영국과 소련은 동맹이었지만 그는 전시의 동맹은 친구가 아니라고 생각했다. 가족은 더더욱 아니었다. 가족 이야기가 나와서 말인데, 그는 미국 공사에게도 방문 이유를 알리지 않았다. 페르시아만 사령부를 이끄는 도널드 H. 코놀리 소장과 그의 군사 정보 담당자 몇 명을 제외하고는 ─믿을 수 있는 집단이기는 했지만 그래도 누군가에게 알려야 한다는 사실이 마땅치 않았다─ 마이크가 테헤란에 왔다는 사실과 방문 목적을 아는 사람은 아무도 없었다.

이 짧은 현장 방문에서 무엇을 찾고자 하는지 그 자신도 정확히 알지 못했다. 신중한 보안 평가를 위해서 온 것은 아니었다. 그럴 시간은 따로 있을 터였다. 어디까지나 이 여행은 이 도시에 대한 '감을 잡기 위해서'였다. 곧 직면하게 될 문제들을 어렴풋이나마 알아보기 위해 하루 동안 순진한 관광객 흉내를 내 볼 생각이었다. 이렇게나 집에서 멀리 떨어진 외국에 와 있다는 사실이 믿어지지 않는 몬태나 시골뜨기가 되는 것이다.

마이크가 탄 비행기가 갈레 모르게 공항에 착륙했고 소련 군대가 통제하는 테헤란 외곽의 이 비행장에서 그는 미 육군 사병과 만났다. 주차된 지프차로 향하면서 군인은 마이크를 원하는 곳으로 데려가라는 명령을 받았다고 설명했다. 그 짧은 대화 이후에는 내내 침묵을 지켰다. 그러라는 명령이 있어서인지, 아니면 원래 성격인지 알 수 없었다.

마이크는 미국 공사관으로 가 달라고 했다. 공항을 빠져나갈 때 그는 비행장 한가운데 칠해진 커다란 붉은 별과 기지 주변에서 움직이는 무장한 소련군 소대를 알아차리지 않을 수 없었다.

미국 공사관 방문은 형식적이었다. 아니, 그보다도 못했다. 그곳은 웅장한 저택이었고 보스가 마음에 들어 할 만했다. 높은 벽으로 둘러싸여 있다는 점은 그의 마음에도 들었다. 테헤란 밖에, 교외 근처에 고립되어 있다는 사실도 이점이었다. 군대의 방패로 둘러싸기 쉽고 수상한 자는 금방 눈에 띌 터였다.

다음으로 그는 운전병에게 영국과 소련 대사관으로 데려가 달라고 했다. 대사관 안으로 들어가서 존재를 드러낼 의도는 없었다. 대사관을 지나칠 때 운전병에게 말을 거는 것도 잊지 않았다. 그래야 대사관의 경비대가 대사관을 염탐한다고 의심할 가능성이 적기 때문이었다. 하지만 아주 잠깐 지나치면서 본 것만으로도 그의 마음속에 경보가 울리기에는 충분했다. 미국 공사관은 두 대사관으로부터 6킬로미터 넘게 떨어져 있었다. 이는 몇 차례의 회담과 공식적인 식사 자리를 위해서 보스가 차량을 이용해 이동해야 한다는 뜻이었다. 과연 몇 차례나 될지 지금으로서는 전혀 예측할 수 없었다. 테헤란의 좁고 꼬불꼬불한 거리를 이동하는 것은 마이크가 생각하는 수많은 보안상의 악몽 중에서도 맨 위를 차지했다.

이후에 마이크가 테헤란을 계속 둘러보면서 보게 된 것들은 단순히 보스에 대한 걱정으로 끝나지 않았다. 수행단 전체가 대참사 지역으로 들어가는 것이나 마찬가지였다. 탁하고 좁은 배수로 같은 운하에서 식수를 뜨는 주민들의 모습을 본 마이크는 경악했다. 하수와 배설물이 떠다니고 악취가 진동하는 물이었다. "발진티푸스 환자가 득실거리고 장티푸스로 죽는 사람들이 엄청나게 많습니다." 운전병이 말해 주었다. 하지만 그의 다음 말은 마이크에게 작은 안도감을 주었다. 미국, 영국, 소련 대사관은 테헤란의 건물 중에서 유일하게 신선한 상수를 공급받는다고 했다. 파이프를 통해 산에서 물을 끌어온다는 것이었다.

걱정할 것이 하나 줄어든 상태로, 마이크는 대통령을 마중하기 위해 알제리 오랑으로 날아갔다.

29

낙하산병은 밤하늘을 떠내려가 콤강 유역의 말라 버린 호숫가에 사뿐히 착지했다. 이란에서 비밀 임무를 수행 중인 요원은 마이크뿐만이 아니었다. 다른 요원도 비밀스러운 '감정' 작업을 실시하기 위해 테헤란에 도착했다. 그는 그 도시가 암살하기에 좋은 장소인지 알아보고자 했다.

미국 비밀경호국 요원이 떠난 후 달이 뜨지 않은 밤에 비니프레드 오베르크는 융커스의 화물칸에서 뛰어내렸다. 그는 자신이 역사적인 임무를 수행하고 있다고 느꼈다. 그가 부풀어 오른 낙하산을 걷어내자 독일어를 할 줄 아는 카슈카이 부족원이 인사를 건넸다. 슐체-홀투스가 보낸 사람이었다. 낙하지점을 정해서 무전으로 베를린에 알려준 것도 바로 그 이란 잔류 스파이였다. 하지만 부족원은 좋지 않은 소식을 전했다.

프란츠 마이어가 지금 영국의 손에 들어갔다고 했다. 프란츠 작전 팀원들이 테헤란으로 가져온 무선 송신기도 마찬가지였다. 오베르크는 베테랑 국가보안본부 요원의 테헤란 안가로 갈 수 없게 되었다. 그는 묵묵히 그 소식을 들으며 이 난관을 어떻게 헤쳐 나가야 할지 막막해졌다. 세 대사관을 정찰해야 하는데 마이어의 전문 지식에 의존할 수 없게 되었고, 테헤란에서 송신기를 가진 다른 요원을 찾을 때까지 베를린과의 통신도 불가능해졌다. 셸렌베르크에게 보고할 다른 방법을 생각해 내야 했다. 낙하지점에서 테헤란까지는 약 80킬로미터 떨어져 있었다. 낡은 트럭을 타고 울퉁불퉁한 길을 지나가는 동안 오베르크는 셸렌베르크가 자신을 여기로 보낸 것이 부주의한 일이었고, 임무가 수포로 돌아가 버렸다는 생각을 하면서 비통함을 금치 못했다. 트럭에 앉은 자리로 땀이 뚝뚝 떨어졌다.

그래도 슐체-홀투스는 은신처 목록을 제공해 주었고, 오베르크와 부족원은 그곳들을 하나씩 조사해 보는 수밖에 없었다. 그들은 3개의 주소지를 조사했는데 매번 똑같은 방식으로 진행되었다. 오베르크는 눈에 띄지 않도록 트럭 안에서 몸을 숙이고 기다렸고 카슈카이 부족원이 접촉하러 갔다. 그들보다 한발 앞서 소련의 엔카베데가 잠복근무 중인지도 몰랐기 때문이다. 그저 문을 두드리고 지켜보는 수밖에 없었다. 살 수 있을지 확신도 없으면서 불타는 건물의 지붕에서 뛰어내릴 때처럼, 다른 방법이 전혀 없었다. 은신처에 들를 때마다 부족원은 점점 더 나쁜 소식을 들고 왔다. 그곳에 몸을 숨기고 있던 공작원이 소련군이 도시 전역에서 벌이는 검거 몰이에 잡혀갔다는 것이었다. 하지만 적어도 어둠 속에서 덩치들이 튀어나와 오베르크를 붙잡아 가는 일은 없었다. 팽팽한 긴장감이 흐르는 상황이 계속되자 오베르크는 셸렌베르크에 대한 반감이 커졌고 적의 영토에 혼자 남겨졌다는 느낌도 강해졌다. 그러나 목록에 적힌 네 번째 주소지를 찾아갔을 때는 생존자가 있었고 오베르크를 받아 주었다. 그 공작원에게는 무선 송신기가 없었지만, 그 어느 때보다 불확실한 상황에 놓인 오베르크에게는 그저 작은 불편함에 불과했다. 적진에 와 있는 스파이는 절대로 긴장을 풀면 안 된다. 한밤중에 당국이 찾아와 문을 두드리는 끔찍한 소리가 들리지 않을지 귀기울여야 하지만 지친 오베르크는 잠을 청했다.

그 후 며칠 동안 오베르크는 도시를 돌아다니면서 훌륭한 스파이로서의 역할에 충실했다. 그에게는 다른 스파이들이 놓칠 만한 것을 알아차리고 연결하는 능력이 있었다. 그는 세 대사관에 들어가지 않고 카페, 가게, 길모퉁이 등 대사관을 드나드는 사람들이 잘 보이는 근처의 장소에 자리 잡았다. 배달하는 상인들, 초소의 위치, 배치된 군인의 숫자, 심지어 경비대의 교대 시간까지 관찰했다. 옆문이나 보안 구멍이 있는지 확인하기 위해 대사관을 둘러싼 벽을 자세히 조사했다. 멀리에서 지붕들을 훑으며 경사가 어떤지, 견인이 가능한지, 몸을 숨길 만한 굴뚝이 있는지를 살폈고 지면까지의 거리도 가늠했다. 하지만 그가 발견한 사실들은 만족스럽지 못했다. 스코르체니가 순교자가 되기로 결심하지 않는 이상 안으로 들어갈 방법을 찾기는 힘들 것 같았다. 물론 특공대원들은 정문을 통과하기도 전에 적소에 배치된 연합군 무장 경비대에 몰살당할 테지만 말이다.

그런데 그는 우연히 무언가를 발견했다. 마이크가 알아차린 바로 그것이었다. 테헤란이 오수 구덩이라는 사실이었다. 테헤란의 물은 단순히 마실 수 없는 정도가 아니라 유독성이었다. 처음에 그는 그 정보의 중요성을 깨닫지 못했다. 그는 그저 자신의 건강과 안전이 걱정될 뿐이었다. 하지만 이 걱정거리는 이내 그가 작은 발걸음을 내딛도록 밀어붙였다. 연합국 대사관들은 물을 어디에서 얻는 거지? 그는 정부 청사나 부자들의 저택에 정기적으로 모습을 드러내는 원통 모양의 통이 달린 급수 트럭이 미국, 영국, 소련 대사관을 들락거리는 것을 한 번도 보지 못했다. 외국 외교관들은 병에 담긴 물을 해외에서 들여오나? 아니면 물 없이 대충 견디는 건가?

그는 머무는 아파트의 상인에게 이에 대해 물어보았다. 물론 신중하게 최대한 태연한 척 질문을 던졌다(발진티푸스의 위협이 끝없이 도사리는 테헤란에 사는 사람에게는 자연스럽게 느껴지는 질문일 수밖에 없었다). 오베르크는 마이크와 마찬가지로 테헤란과 대사관으로 물이 어떻게 도착하는지 알게 되었다.

오베르크가 정확히 무슨 말을 들었는지에 대한 기록은 없지만 요점을 추측하기는 어렵지 않다. 그 후의 사건과 진술에 따르면, 오베르크가 알게 된 내용의 핵심은 고대 페르시아의 독창적인 공학이었다. 세헤라자데가 천일야화를 들려주던 시절로 거슬러 올라가는 이야기다.

페르시아에는 약 3,000년 전 마을과 농장에 물을 공급하기 위해 카나트qanat—아랍어로 '수로'라는 뜻으로 지하에 건설한 수로다—가 처음 만들어졌다. 근본적인 원리는 무척 간단했다. 고지대에서 수원이 발견되면, 땅을 깊이 판 뒤 서로 연결된 길고 경사진 수로가 사막 지하의 물을 중력의 힘으로 필요한 곳까지 옮겨다 주었다.

하지만 오베르크는 마이크와 마찬가지로 그 고대의 아이디어가 현대의 건강 위기를 초래했다는 것을 알게 되었다. 북적거리는 대도시 테헤란에 공급되는 식수의 수원은 도시 바로 북쪽의 엘부르즈산맥 산기슭에 흐르는 맑은 시냇물과 깨끗한 지하 샘물이었다. 수직갱을 파서 수 킬로미터에 이르는 깊은 지하 수로를 통해 물을 도시로 끌어왔다. 하지만 땅속의 카나트는 테헤란으로 들어오면서 위로 올라와 지면으로 비스듬해졌다. 길 양쪽을 따라 깎아서 만든 긴 배수로로 물이 흘러들어왔고 사람들은 그 물을 마셨다. 그리고 배수로를 화장실로 사용했다. 인구 백만 명의 도시에서 밖으로 노출된 카나트는 독이 든 개울로 변했다. 그 수로는 병과 죽음을 옮겼고, 고인 물웅덩이에서 콜레라와 발진티푸스가 번식했다.

1942년에 이란에서 미군의 지휘를 맡은 도널드 코놀리 소장은 연합군을 위해 끔찍한 위생 상황에 대한 대책을 세우기로 했다. 그는 로스앤젤레스에서 뉴딜 건설 계획의 책임을 맡기도 한 전문 공학자였다.

그가 착수한 첫 번째 프로젝트는 연합국 대사관으로 상수가 흘러가도록 하는 것이었다. 그는 예리하게도 카나트 시스템을 바꾸는 것이 아니라 개선함으로써 목표를 실현하고자 했다. 그는 테헤란 바로 외곽의 사막에 있는, 산기슭에서 내려와 깨끗한 물이 흐르는 기존 카나트를 파서 새로운 지류를 만들었다. 이 물은 사막 지하 10미터에 새로 건설한 콘크리트 수로 35개로 흘러가 대사관 지하로 이동했고, 각 대사관 구내의 격리된 장소에서 염소 처리되었다. 덕택에 연합국 대사관의 물은 맑고 깨끗했다. 산기슭에서 내려온 깨끗한 물이 지하 터널을 통해 쉬지 않고 대사관으로 흘러왔다.

스파이는 임무의 핵심에 이르렀음을 본능적으로 확신할 때 침착해진다. 오베르크는 바로 그런 상태로 상인이 해 준 이야기를 확인하느라 바쁜 며칠을 보냈다. 그는 테헤란 외곽의 평평한 사막 한 구역에서 콘크리트로 보강한 수직갱을 발견할 수 있었다. 친절하게도 철조망 울타리로 둘러싸여 알아보기가 쉬웠다. 감히 울타리에 구멍을 뚫지는 못했다. 관심을 끌 만한 단서를 남기는 것은 절대로 안 될 일이었다. 울타리를 넘는 것은 그다지 어렵지 않지만 들킬 염려가 있었다. 반 정도 올라갔을 때 완전히 노출된 상태로 매달려 있다가 마땅히 둘러댈 이유도 없이 누군가에게 들키기라도 한다면? 연합군이나 이란 경찰이 정기적으로 순찰이라도 돈다면 어쩔 것인가? 그는 어두워질 때까지 기다렸다가 울타리를 넘기로 했다.

오베르크는 점점 커지는 초조함 속에서 1시간 넘게 기다렸다. 순찰의 흔적은 전혀 없었다. 연합군도 이란 당국도 이 황량한 사막 지대에 아무런 관심이 없다는 사실이 분명해졌다. 만약 그의 생각이 틀렸대도 낮에 잡힐 가능성이나 밤에 잡힐 가능성이나 비슷비슷할 것이다. 게다가 그곳에는 숨을 곳도 없었다. 햇빛이 타는 듯이 뜨거웠다. 가장 안전한 장소는 밖에서 보이지 않는 터널 안일 것이다. 틀림없이 그 안이 가장 시원할 테고.

철조망에는 전기가 흘렀다. 처음에 철조망을 잡았을 때 그는 겁에 질려 그렇게 생각했다. 하지만 철조망이 태양열에 이글이글 불타서 그렇게 느껴졌음을 깨달았다. 다음에는 손을 보호하기 위해 장갑을 가지고 와야겠다고 생각했다. 철조망의 맨 위까지 올라가 땅으로 뛰어내렸다. 입구를 보호하는 커다란 금속 직사각형 덮개를 들어 올리자 상자 뚜껑처럼 쉽게 움직였다. 터널로 내려가는 사다리가 보였다. 그는 아래로 내려가기 시작했다.

오베르크는 곧바로 두 번째 실수를 깨달았다. 손전등을 가져오지 않은 것이었다. 아래에서 물소리가 들리기는 했지만 보이지는 않았다. 만약 떨어진다면 얼마나 깊은 바닥으로 떨어질지 알 수 없었다. 그는 사다리를 한 칸 한 칸 조심스럽게 밟으며 내려갔다. 시간이 좀 걸리긴 했지만 지하의 차가운 공기가 반가운 안도감으로 다가왔다. 마침내 그는 무릎 바로 아래까지 닿는 물속에 섰다. 그리고 머릿속으로 또 다른 사실을 새겼다. 다음에는 장화를 신고 와야겠다. 주머니에서 성냥을 꺼내 불을 붙였다. 여전히 깜깜한 으스스한 지하에서 물을 철벅거리며 앞으로 걸어갔다. 물줄기가 갈라지기 시작하는 곳에 이르렀다. 발밑의 땅이 딱딱한 걸 보니 콘크리트인 것 같았다. 그는 새로 만든 이 터널을 따라갈까 생각했지만, 어둠 속에서 물길이 2개 더 보였다. 순간 모든 것이 들어맞았다. 미국, 영국, 소련 대사관으로 하나씩 이어지는 물길이었다.

그는 셋 중 하나를 따라가지 않기로 결정을 내렸다. 다음날 손전등, 장갑, 제대로 된 신발을 준비하고 다시 오기로 했다. 앞이 보이지도 않는 상태에서 계속 나아가 봤자 득 될 것이 없었다. 사다리 쪽으로 발걸음을 옮기면서 그는 콘크리트 터널 안이 세 사람, 아니, 3명의 특공대원이 어깨를 맞대고 걸어갈 수 있을 정도로 넓다는 사실을 분명하게 확인했다.

그다음 주에 오베르크는 커다란 불안감 속에서도 조금씩 차오르는 승리감을 느끼면서 정찰을 끝마쳤다. 그는 각각의 지하 수로를 따라 걸었다. 그것들은 적어도 전술적인 목적에서 모두 똑같았다. 수로는 약 3킬로미터 길이의 물살이 빠르게 움직이는 강이었고, 무릎까지 닿는 시원한 물이 솟아오른 대수층으로 흘러 들어갔다. 지상의 통들은 포도를 압착할 때 사용되는 것과 비슷했지만 훨씬 더 컸다. 그는 특공대원들이 대수층의 가장자리까지 헤엄쳐 가서 흠뻑 젖은 채로 대사관에 나타나는 모습을 상상했다. 그는 경로에 집중하면서 온 길을 되돌아가려다가 물이 통으로 들어가기 직전, 엔지니어들이 편의를 위해 배치해 둔 사다리를 발견했다. 그가 터널로 내려올 때 이용한 것과 똑같은 사다리였다. 사다리의 맨 위에는 역시나 그가 내려올 때 들어 올린 것과 똑같은 금속 뚜껑이 얹혀 있었다. 사다리를 올라가 대사관 구내를 살펴볼까 했지만, 보상보다는 위험이 크다고 결론 내렸다. 만약 발각되기라도 하면 스코르체니와 부하들이 이 경로를 이용하여 몰래 목표 지점으로 들어가는 방법은 끝장날 것이다. 연합군이 뚜껑을 땜질하고 터널에 무장 경비대를 쭉 배치할 테니까. 그래서 그는 각각의 뚜껑이 고정되었는지만 확인했다. 살짝 힘주었을 뿐인데도 뚜껑이 올라갔다. 아주 조금 들어 올려 본 정도지만 그래도 만족스러웠다.

오베르크는 터널을 나와 안가로 돌아갔다. 이제 그는 테헤란에 온 첫날부터 회피했던 문제를 똑바로 마주하지 않으면 안 되었다. 셸렌베르크에게 어떻게 연락할 것인가? 그가 발견한 사실을 셸렌베르크에게 알리지 못한다면 스코르체니는 수로를 이용할 수 없을 것이다. 게다가 시간도 촉박했다. 빅3가 테헤란을 방문하는 11월 마지막 주까지 2주도 남지 않았다.

떠오르는 방법이라고는 미친 듯이 튀르키예로 달려가는 것뿐이었다. 카슈카이족에게 부탁해 북쪽의 러시아 전선을 몰래 통과하고 앙카라에 있는 모이지쉬에게 연락한다. 국가보안본부 요원 모이지쉬라면 분명 셸렌베르크에 연락할 방법이 있을 것이다. 하지만 오베르크는 밀려오는 절망 속에서 스스로에게 물었다. 과연 이란을 몰래 빠져나가는 데 얼마나 걸릴까? 게다가 소련군들에게 잡히지 않고 국경에 도착한다는 보장도 없다. 비운의 가모사가 똑같은 경로로 이란을 빠져나가려다가 무슨 일을 당했는지 그를 포함한 제6국 사람들이 전부 듣지 않았던가. 하지만 도무지 그 방법밖에는 생각나지 않았다.

그는 신세를 지고 있는 공작원에게 부탁해 카슈카이 부족원에게 연락하기로 했다. 가능한 한 빨리 튀르키예로 가야 한다.

하지만 오베르크는 자신에게 머물 곳을 마련해 준 이란 공작원에게 사정을 설명하다가 다른 방법이 있다는 사실을 깨달았다. 슐체-홀투스에게 무전 송신기가 있었다. 낙하산 착륙 지점을 콤강 근처로 정해 베를린으로 좌표를 보내고, 오베르크에게 카슈카이 부족원을 보내 테헤란으로 안내하도록 주선한 것도 그 아프베어 요원이었다. 그의 송신기를 이용하면 된다.

오베르크에게 머물 곳을 제공해 준 이란인 집주인은 나치 독일을 위한 진짜 첩보 활동에 끼고 싶은 마음이 열렬한 듯 오베르크를 직접 카슈카이족의 땅으로 데려갔다. 지글지글 끓어오르는 사막과 가파르고 꼬불꼬불한 산길을 지나는 데는 이틀이 걸렸다. 모습을 드러낸 슐체-홀투스는 평소의 전문가다운 모습으로 도움을 제공했고, 셸렌베르크만 볼 수 있게끔 표시된 장문의 암호 전보가 국가보안본부 무선실로 전송되었다.

오베르크는 의기양양하게 테헤란의 안가로 돌아갔다. 그는 외국의 낯선 도시에 와서 스코르체니와 부하들이 빅3에 다가갈 방법을 찾아냈다. 그가 축하의 의미로 아라크를 한 잔 마신 뒤 한 잔 더 따르려고 할 때 문이 거칠게 열렸다. 엔카베데였다. 그들은 아무 질문도 하지 않았다. 그의 이름도 묻지 않았다. 손을 들라는 명령과 동시에 소총이 그의 옆구리를 세게 밀쳤다.

프란츠 마이어의 무모하고 부정한 연인 릴리 산자리가 엔카베데 지하 감옥에서 구조된 것에 대해 관계자들은 2차 대전 최초의 스위스-이란 공동 작전이었다고 농담을 던졌다. 확실히 특이한 일이기는 했다.

아이디어를 처음 낸 사람은 에른스트 메르세르였다. 작은 키에 통통한 스위스인으로 사교 활동을 활발히 한 덕에 마이어의 첩보망에서 핵심을 차지하는 바로 그 인물 말이다. 그래서 더더욱 이상한 일이었다. 그는 사교를 위한 저녁 식사 자리나 클럽의 바에서 와인을 마시고 위트 넘치는 대화를 나누면서 비밀 정보를 주워듣는 방법을 쓰는 스파이였다. 그는 신체적으로 강한 남자가 아니었다. 어깨로 문을 밀치고 돌진해 주먹을 불끈 쥐고 해결하는 근육질이 아니었다. 매력적인 여성을 위해 정중하게 문을 잡아 주는 것이 그의 스타일에 더 가까웠다.

그렇다면 이 신사 스파이는 릴리를 구하려고 왜 그렇게 애를 썼을까? 짐작해 볼 수 있는 한 가지 이유는 엔카베데에 붙잡힌 릴리를 구하는 것이 신사로서 마땅히 해야 할 일이었다는 것이다. 소련군의 암울한 지하 본부에서 새어 나오는 그들의 잔인함에 대한 이야기는 비밀이 아니었다. 오히려 엔카베데는 소름 끼치는 이야기를 일부러 퍼뜨렸다. 그들은 공포가 무력보다 효과적인 무기라는 것을 모스크바에서 직접 배웠다. 또 다른 설명은 메르세르가 테헤란의 많은 남자가 그러하듯 유쾌한 성격에 검은 머리와 크고 아름다운 갈색 눈을 가진 릴리에게 매료되었기 때문이라는 것이다. 어쩌면 그는 마이어가 남은 전쟁 내내 영국 감옥에 갇혀 있게 되었으니 경쟁자가 사라진 틈을 이용하려고 했을 수도 있다. 보호자가 필요한 릴리가 자신의 매력에 넘어오리라고 생각했는지도. 하지만 그 당시에 가장 그럴 듯했던 이유는 메르세르가 겁을 먹었기 때문이라는 것이다. 만약 릴리가 마이어의 첩보망에 속한 이름들을 자백한다면 엔카베데가 카크 거리에 있는 그의 웅장한 저택의 문을 부수고 쳐들어오는 것은 시간문제였다.

동기가 어쨌든 메르세르의 첫 번째 작전 단계는 흠잡을 데가 없었다. 자신의 한계를 잘 아는 그는 미스바 에브테하지를 찾았다. 건장한 체구의 팔레바니 레슬링 선수 에브테하지는 마이어를 위해 기꺼이 궂은 일을 대신하는 불량배와 사기꾼 조직망을 거느리고 있었다.

에브테하지는 스위스인 스파이 메르세르와 완전히 정반대였다. 폭력적이고 악랄했다. 메르세르가 원하는 것을 밝히자 이 레슬러는 불가능하다고 말했고, 협상이 시작되었다.

메르세르는 수고비로 1,000파운드를 제안했다. 상당한 금액이었다. "무고한 사람들이 희생되기를 원한다면 다른 사람을 알아보쇼." 레슬러가 쏘아붙였다. 이에 스위스인은 2,000파운드를 불렀다. 시장에 자주 가 본 그였기에 흥정이 어떤 식으로 이루어지는지 잘 알고 있었다. 에브테하지는 구출 계획은 절대로 희망이 없다면서 분명히 실패할 것이라고 으르렁거렸다. 그 자신뿐만 아니라 친구들의 목숨까지 위험해지는데 양심적으로 어떻게 그럴 수 있냐고 말이다.

3,000파운드가 제시되었다. 마지막 제안이오, 메르세르가 선언했다. 망치로 두드려 선언하듯 확고한 결의가 엿보였다.

"그럼 자세한 얘길 해 봅시다." 에브테하지가 차분하게 말했다.

그것은 그다지 세련되지는 않았지만 우회적인 공격이자 위장술책이었다. 에브테하지의 수하 중에 러시아어를 할 줄 아는 사기꾼이 있었다. 그는 엔카베데를 위해 이런저런 심부름을 했으며, 시루스 거리의 이층집 전화번호를 알고 있었다. 심지어 그는 엔카베데 테헤란 지국의 전원이 출동할 만큼 심각한 비상사태를 뜻하는 암호도 알고 있었다.

"제 동생이 심하게 다쳤습니다." 그가 새벽 2시 30분에 시루스 거리의 엔카베데에 전화를 걸어 말했다.

"의사가 있나?"

"의사는 없고 출혈이 심합니다."

"알았다. 말해라." 전화를 받은 소련군은 암호 문답이 제대로 진행되자 만족하며 말했다.

전화를 건 사람은 흥미로운 이야기를 전달했다. 이란인 무리와 독일 요원들이 피루즈 거리와 마크하우스 거리 모퉁이에 있는 집에 모여 있다고 했다. 그들은 무장을 했고 파괴 공작 음모를 꾸미는 것처럼 보였으며, 몇 명이나 있는지 정확히는 모르겠지만 적어도 30명 이상은 되는 것 같았다.

이는 소련군이 인력을 총동원해 즉각적인 조치를 취할 만한 사안이었다. 하지만 중요한 것은 —이 부분은 에브테하지가 생각해 낸 것이었다— 피루즈와 마크하우스 거리의 모퉁이는 테헤란의 서쪽이라는 것이었다. 시루스 거리는 동쪽에 있었다. 무질서하게 뻗은 도시의 정 반대편에 위치한 것이다.

베르틴스키 대령이 이끄는 엔카베데 분대가 그 건물에 찾아가서 문을 두드리자 위층 창문에서 권총과 기관단총이 발사되었다. 소련군은 재빨리 물러나 사격 범위 밖에서 대열을 가다듬고 다시 돌격했다.

이번에 그들은 집안으로 쳐들어갔다. 하지만 그들이 발견한 것은 권총 두 자루, 기관단총 두 자루, 여기저기 흩뿌려진 독일어로 적힌 서류뿐이었다. 모두 에브테하지의 세심한 각본에 따라 배치된 소품들이었다. 위층에서 총을 발사한 이들은 지하 통로로 탈출했다.

동이 틀 때까지 베르틴스키와 그의 부하들이 근처를 수색할 때 메르세르와 에브테하지, 그의 수하 7명은 시루스의 이층집으로 접근했다. 그들은 소련의 대규모 병력이 서둘러 도시 반대편으로 떠나는 것을 보았다. 하지만 안에 몇 명이 남아 있는지, 어떤 무기를 가지고 있는지는 알 수 없었다. 그리고 떠난 소련군이 언제 돌아올지도 알 수 없었다.

레슬러의 계획은 거리에 인접한 창문을 깨고 집 안으로 들어가는 것이었지만, 메르세르가 반대했다. 창문 깨는 소리가 들리는 순간 그들이 무기를 잡을 테니까. 하지만 문을 두드리면 동료들이 돌아온 것이라고 생각할 게 틀림없었다. 스위스 스파이는 본능적으로 모든 공격에서는 상대의 허를 찌르는 것이 중요하다는 것을 알았다.

그래서 레슬러의 부하가 다가가 문을 두드렸다. 응답이 없었다. 이번에는 북을 두드리는 것처럼 쾅쾅 두드렸다. 러시아어로 말하는 화난 목소리가 들려왔다. 레슬러의 부하는 페르시아어로 대답했다. 큰소리로 불안과 공포에 질린 목소리를 냈는데 굳이 연기가 필요하지 않았다.

소련 군인이 문을 열었다. 이제 레슬러의 수하인 이란인은 역할에 심취한 듯 소련군이 알아듣지 못하는 언어로 큰 소리로 말하기 시작했다. 뭔가를 설명하듯 거리 쪽을 가리켰다.

무슨 소동인지 보려고 밖으로 나온 소련군은 쇠파이프로 뒤통수를 맞았다. 의식을 잃은 그의 몸뚱이는 옆으로 옮겨졌다. 일행은 잠시 기다렸다.

얼마 되지 않아 군인 2명이 사라진 동료를 찾으러 왔다. 이란인은 또다시 손짓하며 소리치기 시작했다. 그가 요란한 손짓으로 가리키는 곳으로 서둘러 간 군인들은 매복 공격을 당했다. 의식을 잃은 두 몸뚱이도 묶인 채로 친구 옆에 놓였다. 일행은 잠기지 않은 문을 통해 집 안으로 들어갔다.

안에는 4명이 있었는데 모두 자고 있었다. 흔들어 깨우니 그저 졸린 눈으로 무장한 폭도들을 바라볼 뿐 공격할 생각조차 하지 못했다.

메르세르는 지하실에서 릴리를 발견했다. 그녀는 의식을 잃은 채 짚으로 된 매트리스에 누워 있었다. 그는 그녀를 깨우려고 독일어로 부드럽게 말을 걸었다. 그녀가 뭐라고 말하려고 했지만 알아들을 수 없었다. 그저 나직하게 신음만 내뱉을 뿐이었다. 어쨌든 살아 있었다. 메르세르는 매우 기뻐하며 이란인 1명에게 그녀를 일으켜서 두 팔로 들라고 했다.

한편 레슬러는 다른 죄수들을 전부 풀어 주고 있었다. 이 소동의 목적이 릴리를 구하기 위한 것이었음을 감추기 위함이었다. 만약 엔카베데가 복수를 감행한다면 릴리는 절대 무사하지 못할 테니까.

메르세르는 문으로 향했다. 파란만장했던 밤을 보내는 동안 그를 뒤흔들었던 공포가 수그러들기 시작했다. 대신 흥분감이 고조되었다. 엔카베데 본부에 침입했고, 릴리를 찾았고, 구출에 성공했다. 행운이 계속된다면 곧 집에 갈 수 있을 것이다.

그때 낮은 목소리가 독일어로 그를 불렀다. 메르세르가 쳐다보니 웬남자가 문간에 서서 기다리고 있었다. 손을 뻗으면 닿을 만한 거리였다. 메르세르는 엔카베데 감옥에 독일인이 있다는 사실에 깜짝 놀랐다. 갑자기 두려움이 돌아와 그를 덮쳤다. 그는 도움이 필요할까 봐 에브테하지를 찾으려 했지만 보이지 않았다. 메르세르는 갑작스러운 움직임을 보이지 않도록 조심하면서 제자리에 가만히 서 있었다. 그는 독일어를 하는 남자를 조심히 살핀 뒤 군인이라고 판단했다. 남자는 군인의 분위기가 풍겼고 상대를 불안하게 만드는 자신감이 느껴졌다. 혹시 독일인인 척하는 소련군이 아닐까? 확실한 것은 남자가 그의 목쯤은 간단하게 부러뜨릴 수 있을 것처럼 보인다는 사실이었다.

"독일인입니까?" 낯선 사람이 물었다.

메르세르는 대답하지 않았다. 생각할 시간이 필요했다. 남자는 그가 아래층에서 여자에게 말하는 것을 들었다고 설명했다. 자신도 지하실에 있었기 때문에 대화를 들었다고 했다. 죄수였다.

"당신은요? 당신은 누구입니까?" 메르세르가 되물었다. 그는 통제감이 돌아오는 것을 느꼈다.

"나는 오베르크 소령입니다." 남자는 신속하게 차렷 자세를 하며 말했다. "얼마 전에 이란에 왔다가 체포되었습니다. 도움과 은신처가 필요합니다. 도와줄 수 있겠습니까?"

메르세르는 망설였다. 빨리 결정해야 했다. 소련군이 언제 돌아올지 모른다.

"같이 갑시다."

카크 거리에 있는 메르세르의 저택에서 의사가 릴리를 진찰했다. 눈 주위가 푸르스름하게 멍들고 갈비뼈에는 맞아서 부어오른 자국이 가득했지만 영구적인 손상은 없었다. 의사는 진통제를 처방하고 휴식을 취하도록 진정제를 투여했다. 오베르크는 큰 저택의 다른 방에서 약의 도움 없이도 잘 잤다. 그동안 메르세르는 자신의 성급한 결정을 후회하고 있었다. 순간적으로 베푼 친절을 곱씹을수록 의심과 불안이 커져만 갔다.

그가 집에 데려온 저 남자는 누구인가? 메르세르는 스스로에게 물었다. 오베르크에 대해 무엇을 알고 있는가? 자기 입으로 독일군 소령이라고 했지만 사실이라는 보장은 없었다. 이중 스파이라면 어쩔 것인가? 마주친 곳도 엔카베데 본부가 아닌가. 테헤란에 남아 있는 국가보안본부 공작원들을 색출하려는 연합군의 계획에 따라 움직이는 자일지도 모른다. 생각하면 할수록 최대한 신속하게 관계를 끊는 것이 낫겠다는 확신이 들었다. 그는 연합국에 조종당할 수 있는 위치에 자신을 두고 싶지 않았다.

메르세르는 예의 바른 성격답게 오베르크가 푸짐한 식사를 마칠 때까지 기다렸다가 말을 꺼냈다. "당신이 신분을 제대로 증명할 수만 있다면 이 집을 마음대로 써도 됩니다." 그가 입을 열었다. "만약 그렇지 않다면 계속 당신을 도와주기는 하겠지만 다른 은신처를 알아보는 게 좋겠습니다."

오베르크는 잠자코 듣고 있었다. 그는 전쟁의 가장 큰 비밀을 품고 있었다. 무슨 일이 있어도 거리로 나가고 싶지 않았다. 다시 체포될 수도 있을 테니까. 오베르크는 소련군이 그를 잡으러 온 순간부터 고민하기 시작했다. 그를 테헤란으로 보낸 임무의 가장 밑바닥에 숨겨진 비밀을 눈치채지 못하게 하려면 어떤 정보를 드러내야 할지. 그는 누구나 고문을 당하면 의지가 꺾인다는 것을 잘 알고 있었다. 하지만 그는 롱 점프 작전에 대해서는 최대한 늦게 털어놓아 셸렌베르크와 스코르체니에게 시간을 벌어 주기로 결심했다. 운 좋게도 시루스 거리의 소련군들은 그에게 별 관심을 기울이지 않았다. 다른 사람들을 고문하느라 바빴다. 하지만 그리 오래지 않아 그들의 관심이 그에게 향했을 것이고, 결국 그는 저항 끝에 겹겹이 파묻어 둔 엄청난 비밀을 털어놓고 말 았으리라. 그는 카크 거리의 편안하고 안전한 이 집에 계속 숨어 있고 싶은 마음이 굴뚝 같았다.

"나를 보증해 줄 수 있는 12명의 이름을 댈 수 있습니다." 오베르크 가 마침내 입을 열었다. 너무 절망적으로 들리지 않으려고 노력했다. "별 것 아닌 사람들이 아니라 꽤 중요한 사람들입니다. 하지만 당신이 베를 린에 연락할 방법을 찾아서 회신을 받아야만 가능한…."

그가 절망감에 말꼬리를 흐렸다.

"정확히 30분 걸립니다." 메르세르가 단호하게 말했다.

갑자기 오베르크는 흥분했다. 생각보다 훨씬 더 운이 좋은 것일까? 소련군으로부터 구조되었을 뿐만 아니라 송신기가 있는 집으로 들어 오다니.

그는 셸렌베르크에게 연락하기 위해 튀르키예로 위험한 여행을 떠 나려고 했던 일을 떠올렸다. 결국 며칠이나 걸려 산속에 있는 카슈카 이족의 땅으로 가야만 했고. "송신기가 있습니까?" 오베르크가 거의 고 함치듯 물었다.

메르세르는 여전히 경계를 풀지 않았다. 만약 그가 프란츠 팀이 몇 달 전에 배달한 송신기 중 하나를 가지고 있다는 사실을 인정한다면 나 중에 사형 집행 영장으로 사용될 수 있는 증거를 이중 스파이에게 건네 주는 셈이 될 수도 있었다.

"베를린에서 당신의 보증을 해 줄 사람의 이름을 말해 주세요." 메르 세르는 그 질문을 듣지 못한 것처럼 말했다.

오베르크는 SS 장군 발터 셸렌베르크의 이름을 댔다. "이거면 되겠습니까?"

몇 분 후 스위스인 스파이는 다락방에서 베를린의 아프베어로 메시지를 보내고 있었다. "나의 현지 요원들이 소련 정보 본부를 급습하는 과정에서 한 남자를 풀어 줬습니다. 자신이 비니프레드 오베르크 대령이라고 말했고 신원 보증인으로 셸렌베르크의 이름을 댔습니다. 현재 오베르크는 내 집에 있고 도움을 청하고 있습니다. 지시를 기다립니다."

내가 지금 무슨 짓을 한 것일까, 메르세르는 회신을 기다리며 생각에 잠겼다. 베를린에서 무슨 일이 일어날까? 아프베어가 셸렌베르크에게 연락할까? 회신이 올 때까지 얼마나 기다려야 할까? 하루, 이틀? 더 오래? 회신이 오기나 할까? 당연히 장군은 바쁜 사람이고 일개 소령이, 아니, 더 끔찍한 경우 사칭자가 그의 이름을 입에 올리는 것을 원치 않을 것이다. 메르세르는 메시지를 보낸 것이 경솔한 행동이었다는 생각이 들어 초조해졌다. 혹시나 아프베어가 그의 신뢰성이나 첩보 업무에 대한 적합성에 의문을 제기하는 것은 아닐까?

그날 늦게 회신이 도착했다. 메르세르는 회신을 읽고 아래층에 있는 오베르크의 방으로 갔다. 그는 아무 말도 하지 않았다. 그저 오베르크가 누운 침대 옆의 작은 탁자 위에 회신을 올려놓았다.

오베르크는 상체를 일으킨 뒤 단호하고 분명한 목소리로 회신을 읽기 시작했다.

"언급된 그 사람은 가능한 모든 도움을 받아야 하며, 앞으로도 이 방법으로 계속 연락하라. 가장 중요한 작전을 위해 그와 다른 모든 이들의 협조가 필요하다."

"뭐든지 말만 하세요, 소령님." 메르세르가 말했다.

사흘 후 메르세르는 에브테하지의 수하 3명에게 카크 거리의 집 앞에서 오베르크를 차에 태워 가라고 했다. 그들은 군용 트럭을 마련했을 뿐만 아니라 이란 경찰의 검문소를 신속하게 통과할 수 있는 서류까지 준비해 왔다. 현금을 두둑하게 건네면 가능했다.

오베르크의 지시에 따라 그들은 콤강 근처의 마른 호수로 차를 몰았다. 그가 낙하산으로 이란에 떨어진 장소였다. 그들은 전날 밤 낙하산으로 떨어진 검은색 관 모양의 금속제 용기들을 발견했다. 꽤 무거워서 2명씩 들고 트럭에 실어야 했다.

오베르크는 금속제 용기들이 카크 거리의 지하실에 질서정연하게 놓이는 것을 지켜보았다. 하나씩 열어 보았다. 안에는 무기와 탄약이 가득했다. 스텐 총. 소련제 기관단총. 그리고 개먼 폭탄. 루스벨트와 처칠, 스탈린, 그리고 그들을 지키려고 애쓰는 사람들을 전부 다 죽이기에 충분한 화력이었다.

마이크는 한밤중에 울리는 전화벨 소리에 잠에서 깼다. 한밤중에 걸려 오는 전화는 대개 좋은 소식을 가져오지 않는다. 더군다나 사흘 후에 대통령이 도착할 예정이었으므로, 알제리의 오랑에서 한밤중에 그를 깨우는 전화벨 소리는 3단계 화재를 알리는 경보와 다름없었다.

전화를 건 사람은 육군 참모총장 조지 마셜 장군의 보좌관 프랭크 매카시 대령이었다. 전화기 너머의 대령은 전혀 격식을 차리지 않았다. 타자기를 두드리는 소리처럼 다다다다 빠르게 말을 내뱉었다. 어조도 암울함 그 자체였다. 그는 마이크더러 지금 당장 알제[알제리의 수도-역주]에 있는 아이젠하워의 본부에 와서 자신을 찾으라고 신음하듯이 말했다.

그 긴급 소환만으로도 보스가 전시의 대서양을 횡단하는 도중에 닥쳤을 온갖 비극을 상상하기에 충분했다. 매카시가 자세한 사항을 전혀 말해 주지 않았기에 최악의 가정으로 여백을 채울 수밖에 없었다. 전화 통화를 누가 엿듣고 있는지 알 수 없다고 대령은 불길하게 말했다. 그리고 같은 말을 반복하고 전화를 끊었다. "당장 알제로 오게."

잠이 완전히 깬 마이크는 창밖을 내다보았다. 오랑에는 강한 폭풍이 치고 있었다. 사납게 날뛰는 바다에서 항구에 닻을 내린 어선이 파도를 타고 높이 튕겨 올라갔다가 쾅 내려왔다. 요란한 번개가 어두운 밤하늘에 우뚝 솟은 산타크루즈 요새의 첨탑에 칼질하듯 전기를 가했다. 푸른빛 회색의 빗줄기가 온 도시에 억수같이 쏟아졌다. 알제는 약 640킬로미터 떨어진 거리였다.

이런 밤에는 비행이 불가능했다. 알제에 가는 방법은 차량을 이용하는 것뿐이었다. 마이크는 다른 비밀경호국 요원을 깨웠고 그들은 함께 위험한 여행을 떠났다. 북아프리카의 도로는 어떤 날씨든 간에 힘들고 고됐다. 특히나 그날 밤에는 아스팔트가 빗물로 미끄러웠다. 그나마 그건 수월한 경우였다. 진흙 수렁을 헤치고 나아가거나 범퍼 높이만큼 불어난 물을 뚫고 가야 할 때가 많았다. 앞이 보이지 않는 것은 당연했다. 그저 이런 밤에 운전하는 또 다른 무모한 차가 없기를 기도할 수밖에 없었다. 팽팽한 긴장감으로 가득한 이 처참한 여행에서 뜻밖의 장점이 있다면 마이크가 도로에 눈을 고정한 채로 눈앞의 문제와 위험에만 집중할 수 있다는 것이었다. 도대체 대통령에게 무슨 일이 일어났는지, 죽었는지 살았는지 생각할 겨를이 없었다.

날이 밝아오고 폭풍이 거의 끝나갈 무렵 알제에 도착했다. 마이크는 완전히 기진맥진했다. 차를 타고 오는 길이 너무도 끔찍해서 정신력이 모조리 고갈되어 버린 느낌이었다. 하지만 지체하지 않고 곧장 매카시를 찾아갔다. 대통령에게 무슨 일이 생긴 건지 알아야 했다. 그것보다 중요한 일은 없었다.

보스는 괜찮았다. 처칠이 문제였다.

마이크는 총리가 회담 장소를 카이로에서 몰타로 바꾸고 싶어 한다는 것을 알게 되었다. 이유는? 처칠의 급작스러운 요청에는 짜증 나고 지칠 대로 지쳐 버린 상태의 마이크가 이해할 수 있는 근거 있는 논리가 전혀 없었다. 하지만 처칠의 기분에 맞춰 줄 것인지 결정을 내려야만 했다.

아이젠하워와 마셜은 타고난 정치인의 약삭빠른 보호 본능에 따라, 마이크에게 두 장소를 평가하는 일뿐만 아니라 대통령에게 알리는 일까지 맡기고자 했다. 마이크는 그의 널찍한 어깨에 맡겨진 결정을 보면서 그들의 암묵적인 주장을 느낄 수 있었다. 둘 중 어느 곳으로 결정되든 만약 대통령에게 무슨 일이라도 일어난다면 곤란해질 것은 마이크라는 뜻이었다.

상관없었다. 한밤중에 전화벨 소리에 깨어 대령의 암호 같은 말을 듣고 겁에 질려서 밤새 비를 뚫고 생고생해서 여기까지 왔다. 짜증이 날 대로 난 그는 속마음을 솔직하게 드러내는 것이 어렵지 않았다. 그는 재빨리 아이오와호로 메시지를 보내 총리의 마음이 바뀐 것을 알렸다. 하지만 대통령이 직접 별도의 지시를 내리지 않는다면 원래 받은 지시대로 수행하겠다고 날카롭게 덧붙이는 것도 잊지 않았다.

회신을 오래 기다릴 필요가 없었다. 그의 요청대로 루스벨트가 직접 보낸 회신이었다. "카이로에 관한 계획은 변화가 없다. 반복한다. 카이로에 관한 계획은 변화가 없다. 헐 장관에게 자네를 만났다는 말을 들었다."

마이크는 바다에 있는 처칠에게 카이로로 와야 한다는 간결한 메시지가 보내지는 것을 지켜보았다. 그렇게 고문과도 같았던 밤이 마침내 끝났다. 마이크는 몸을 뉠 만한 침대를 찾아 잠시 눈을 붙였다. 다음 위기가 그를 깨울 때까지.

문제는 독일군의 새로운 무기였다. 나치의 글라이드 어뢰—공식명은 Henschel Hs 293—는 엄청난 정확성으로 연합군 함선을 명중해 대참사를 일으키는 고속의 유도 미사일이었다. 폭격기가 떨어뜨린 어뢰는 초당 750피트의 놀라운 속도로 돌아가는 로켓 엔진을 가지고 있었고, 배의 선체로 곧장 나아가 650파운드의 고성능 폭약으로 박살냈다. 글라이드 어뢰가 많은 영국 배들을 가라앉히자, 영국 해군은 비스케이만에서 유보트를 막기 위한 순찰을 중지했다. 그런데 내일, 대통령과 합참의장을 실은 아이오와호는 사냥터나 다름없는 지브롤터 해협을 지난다고 했다. 이 정보를 듣자마자 마이크의 머릿속에서는 '독 안에 든 쥐'라는 말이 울려 퍼지기 시작했다.

결정이 내려졌고 곧바로 아이오와호 함장에게 긴급 메시지가 전송되었다. 다카르항으로 경로 변경 준비를 하라. 1시간 만에 새로운 정보가 들어왔다.

독일 잠수함 소함대가 다카르로 달려가고 있다는 것이었다. 이 소식에 마이크는 진퇴양난에 빠졌다. "다카르는 잠수함이고 오랑은 글라이드 어뢰였어." 그는 절망에 잠겼다. 잠수함이든 어뢰든 맡은 역할을 해내리라는 데에는 의심의 여지가 없었다.

하지만 이 지역의 해군 사령관인 헨리 휴이트 제독은 싸움에서 물러설 사람이 아니었다. 북아프리카의 침공 당시 미국 특수부대를 성공적으로 이끈 바 있는 그는 어둠을 위장 삼아 지브롤터 해협에서 '아이오와호를 힘차게 앞으로 밀어붙이는 것'이 최선의 선택이라고 생각했다. 동시에 그의 군대가 적에게 맹공격을 가했다. 잠수함 한 대가 미군 항공기에 의해 침몰되었고 맹렬한 구축함 함대가 적의 다른 함선들을 격파했다. 아이오와호는 아무런 방해도 받지 않고 칠흑 같은 어둠 속을 비밀스럽게 나아갔다. 마침내 아이오와호는 아무런 사고 없이 동틀 녘에 오랑 근처에 정박했다.

마이크는 오전 8시에 배에 올랐다. 무슨 상황이 기다리고 있을지 알 수 없었지만 활기차 보이는 보스를 보자 힘이 났다. 대통령과 함께 배를 타고 온 마이크의 요원들은 상황이 달랐다. 마이크는 어뢰가 아이오와에 거의 부딪힐 뻔한 이야기를 듣고 그 자리에 있었던 것처럼 가슴이 철렁 내려앉았다.

밝은 아침에 모터보트가 상륙지로 출발했을 때 마이크는 보스 곁으로 돌아와서 기뻤다. 11월 20일이었다. 이틀 후면 그들은 카이로에 있을 것이고 다음 주가 끝나기 전에 테헤란에 도착할 것이다. 그곳은 위험한 세상이고 전시에는 어떤 일이든 생길 수 있었다. 하지만 마이크는 그의 친구이기도 한 장애가 있는 연약한 남자를 내려다보며 속으로 다짐했다. 그는 반드시 보스를 무사히 집으로 데려갈 것이다.

공교롭게도 셸렌베르크는 달력을 보며 확신을 얻고자 애쓰고 있었다. 그는 자신에게 필요한 구체적인 단서가 11월의 어느 날에 들어 있다고 믿고 싶었다. 여전히 롱 점프 작전을 맴도는 남은 두 질문에 대한 답을 찾아야 했다. 정확히 언제, 테헤란의 어디에서, 암살이 일어나야 하는가?

그는 이미 G그룹 연구원들에게 다음 달, 즉 1943년 11월에 연합국 지도자들이 한자리에 모여 축하할 만한 일들의 목록을 작성하라고 지시했다. 지금 그 목록이 손에 들어왔지만, 자신이 너무 희망에 부풀었던 건 아닌가 싶었다. 연합국의 세 지도자에게 다른 일이 있을 수도 있고, 기분 상태나 개인적인 적대감이 영향을 끼칠 수도 있으며, 회담에서 불화가 일어날 수도 있는데, 그들이 이 모든 것을 제쳐 두고 테헤란의 회담 장소 이외의 곳에서 언제 모일지 어떻게 딱 집어낼 수 있단 일인가? 연구원들은 맡은 일을 잘해 주었지만, 그에게 남은 일은 너무도 주관적이었다. 본능이 이끄는 대로 따라갈 수밖에 없었다. 사실 정보 자체도 중요하지만 그가 지금 찾으려는 답은 훨씬 더 인간적인 것이었다. 그는 감상적인 사람이 아니었지만 감상적인 사람처럼 생각할 필요가 있었다. 그가 사냥하려는 남자들의 머릿속으로 들어가야 했다.

목록은 짧았지만 중대한 일이 걸린 문제인 만큼 많은 시간을 들여서 하나씩 꼼꼼하게 살폈다. 하지만 그 목록은 근래 연합군의 승리―연합국 지도자들이 달리 무엇을 축하하겠는가——를 설명해 주는 것이나 마찬가지였기 때문에 암울하기 짝이 없었다.

게르만 민족 특유의 꼼꼼함으로 목록은 연대순으로 정리되어 있었다. 그래서 그가 확인한 첫 번째 행사는 1년 전 1942년 11월 11일에 엘 알라메인 전투에서 거둔 승리를 기념하는 것이었다. 빅3는 11월 말에나 모일 테지만 그것이 연합군의 중요한 기념일이라는 것은 부정할 수 없었다. 이집트에 대한, 아니 안타깝게도 중동 전체에 대한 독일의 야망에 종지부를 찍은 전투였으니까 말이다. 그리고 그 전투는 나치가 이란의 유전을 통제하지 못하게 만들었다. 그것만으로도 테헤란에서 공식 만찬으로 기념할 만한 사건이라고 셸렌베르크는 생각했다. 하지만 그들이 정말로 엘 알라메인 전투에서 독일이 완패한 날을 기념한다고 한들, 정확히 언제 어디에서 모일지 모른다는 사실에 그는 울적해졌다.

셸렌베르크는 그 아래에 적힌 것들을 계속 보면서 머릿속으로 하나씩 가능성을 지워 나갔다. 그러다 무언가를 발견하고 즉각 멈추었다. 그는 흥미를 느꼈다. 그 정보 조각을 그가 만든 퍼즐에 끼워 맞추려 해 보았다. 만약 처칠과 루스벨트, 스탈린이 어떤 전투에서 거둔 승리를 기념한다면 연합군의 북아프리카 침공이 더 적합하지 않을까? G그룹이 찾은 1942년 11월 16일이 바로 그런 사건이었다. 총격이 공식적으로 중단된 날짜였다. 최초의 미국-영국 합동 작전이었고 압승을 거두었다. 물론 소련 군대는 개입하지 않았지만 아무리 신경질적인 스탈린이라도 축배를 들 만한 가치가 있다고 생각할 것 같았다. 포위된 붉은 군대의 압박감을 덜어 두 번째 전선을 연, 이제는 필연적인 연합군의 유럽 전선 구축의 첫걸음이었으니까. 셸렌베르크는 이날을 기념하는 만찬이 분명 열릴 거라고 확신했다. 하지만 이내 날짜가 맞지 않는다는 생각이 스쳤다. 11월 16일은 빅3가 카이로에 도착하지 않았을 때였다.

좀 더 생각해 보니, 스탈린은 소련이 싸우지 않은 전투를 기념할 가능성이 거의 없었다. 게다가 시간 범위에 맞는 다른 전투도 있었다. 1년 전 11월 23일에 스탈린의 군대가 스탈린그라드에서 독일 제6군을 완전히 포위했다. 셸렌베르크는 스탈린이 소련 대사관에서 그날을 기념하는 만찬을 열어 연합군 동료들에게 보드카를 넘치게 따르고 캐비어를 수북하게 퍼주는 모습을 상상했다. 하지만 썩 만족스러운 생각은 아니었다. 과연 볼셰비키에 대한 반감이 심한 독단적인 처칠이 붉은 군대를 기리는 만찬에 참석하려고 하겠는가? 이 질문에 대한 답은 명백했다.

그는 곰곰이 생각해 보았다. 잘못된 방향으로 접근하고 있다는 확신이 커졌다. 빅3가 모든 것을 제쳐 놓고 모여서 축하할 일은 군사적 사건이 아닐 것이다. 그 남자들은 하나같이 애국심이 넘쳤다. 남의 나라 군인들을 환호해 주기에는 자존심이 너무 강하다. 정치나 군사적 관련성이 덜한 부드러운 성격의 행사여야 할 것 같았다.

그는 생각의 방향을 틀고 목록을 다시 살폈다. 미국의 휴일인 추수감사절이 11월 26일이었다. 루스벨트가 그날 미국 대사관에서 만찬을 주최할 가능성이 있었다. 하지만 미국 자본주의자들이 기념하는 만찬에 참석하는 것에 대해 스탈린이 사상적인 측면에서 꺼려 하지 않을까? 그리고 시서로의 정보가 정확하다면 빅3가 그날까지 테헤란에 도착하리라는 보장도 없다.

하지만 셸렌베르크는 마침내 옳은 방향으로 나아가고 있다는 확신이 생겼다. 그는 명단으로 돌아가 공휴일, 결혼기념일, 생일을 확인했다.

그리고 그것을 발견했다.

빅3가 정치나 개인적인 불화에 상관없이 한자리 모여서 축하할 것이 확실한 행사. 단 하룻저녁 모든 의견 차이를 제쳐 두고 아무런 찝찝함 없이 동맹인 척할 수 있는 행사. 셸렌베르크는 필요한 날짜를 얻었다고 확신했다.

그 행사가 열릴 장소도 알았다. 그 행사가 열릴 곳은 한 군데뿐이었다. 그곳밖에 없었다.

마침내 셸렌베르크는 루스벨트와 처칠, 스탈린을 암살할 시간과 장소 정보를 얻었다. 머지않아 있을 전투를 떠올리면서 그의 눈이 반짝였다. 그는 스코르체니에게 이 정보를 알려 주기 위해 움직였다. 암살단을 이란으로 보내야 할 때가 왔다.

-32-

루스벨트의 북아프리카 횡단 여행이 시작된 순간부터 마이크는 나치가 대통령이 탄 비행기를 노릴지도 모른다는 두려움에 사로잡혔다. 오랑 외곽의 공항에서 이륙해 튀니스로 가는 2시간 30분짜리 비행을 시작했을 때, 마이크는 대통령을 좌석에 앉히며 소름 끼치는 장면을 떠올렸다. 그는 자신을 짓누르는 긴장감을 조금이라도 덜기 위해 농담을 던졌다. "이 비행기를 추락시키는 루프트바페 조종사는 베를린으로 주말 포상 휴가를 떠나겠지."

위험을 감지한 사람은 마이크 혼자가 아니었다. 평소 온화한 성품의 헨리 스팀슨 장관은 대통령이 오랑에 도착하던 날, 곧 있을 이집트행 비행을 둘러싼 위험을 경고하는 내용의 전보를 보냈다. 그는 그 일정이 취소되기를 원했다.

"만약 내가 폭격기 90~100대를 지휘하는 공군 사령관이고 쉽게 접근할 수 있는 범위의 공항에 대단히 중요하다고 여겨지는 목표물이 들어온다는 정보를 받는다면… 나는 그 상을 손에 넣기 위해 모든 비행기를 걸 것입니다." 하지만 그의 경고는 무시되었다. 마이크가 고집스럽게 불안을 숨긴 것과 비슷했다. 첫 번째 이동 구간인 튀니스까지 비행기가 무사히 착륙하자, 이 모든 걱정은 카이로 회담과 테헤란 회담을 위한 마지막 준비를 하고 관광도 하느라 어느 정도 옆으로 밀려났다.

대통령은 카르타고에서 이틀 밤을 보냈다. 마이크는 대통령이 지낸 크림 색깔의 저택에 대해 '불과 몇 달 전까지만 해도 그곳은 나치 장군 롬멜의 집이었다'라고 넘치는 애국심으로 자랑스럽게 말했다. 전장 순회도 있었는데 권위의 과시에 불과했다. 아이젠하워 장군이 최고사령관에게 생생한 설명을 제공하고 마이크는 다른 지프차에 탄 채 바짝 뒤따라갔다. 그들은 불에 그을린 시체 같은 전소된 미국과 독일 탱크를 지났고 공포의 씨앗이 묻힌 지뢰밭도 지났다. 그리고 609고지의 가파른 정상을 올려다보면서 쉬지 않고 쏟아지는 포격과 총격 속에서도 용감하게 싸우며 저 꼭대기까지 올라간 미군들을 떠올렸다. 하지만 마이크의 마음에 가장 와닿은 것은 크고 단호한 비행기 엔진 소리가 들려서 하늘을 올려다보았을 때 본 광경이었다. 적어도 50대의 중형 폭격기가 지중해 반대편에서 임무를 마치고 돌아오는 것이 보였다. 여러 그룹이었고 모두가 깔끔한 V자 대형을 이루었지만 V자가 완전하지 않았다. 빈 자리는 그 자리의 동료가 떠났다는 뜻임을 알 수 있었다. 그 오싹하면서 가슴 아픈 광경에 마이크는 보스가 다음 주에 성사시키려는 일의 중요성을 다시 한번 이해할 수 있었다. 적의 영역에 가까워질수록 대통령이 얼마나 큰 위험에 노출되는 것인지도 분명하게 되새겼다.

하지만 카이로로 떠나는 날 아침, 그동안 계속 마이크를 괴롭혔던 악몽은 북아프리카 비행 사령부 관계자와 항공 교통 관제사들에게 현실이 되었다. 대통령의 비행기가 레이더 화면에서 사라진 것이다! 비행기는 2시간 동안 행방불명이었다. 거대한 C-54기는 오전 8시에 카이로에 도착할 예정이었지만 나타나지 않았고, 조종사에게 반복적인 교신을 시도해도 아무런 응답이 없었다. 새벽녘에 대통령의 비행기와 만나기로 예정되어 있던 전투기 호위대가 불에 탄 비행기 잔해를 찾아 수색 작업에 나서기까지 했다.

아이러니하게도 이것은 전부 마이크의 잘못이었다. 마이크의 책임이기는 했지만 변명을 하자면 그저 총사령관의 지시를 따른 것이기도 했다. 대통령의 비행기는 북아프리카의 밤의 어둠을 위장 삼아 은밀하게 카이로를 향해 출발했다. 추가적인 예방 조치로 무선 침묵 지시도 내려졌다. 조종사는 적이 도청으로 비행기에 탄 주인공들의 정체를 알아차릴지도 모르는 위험을 무릅쓰느니 아예 무전을 받거나 보내지도 말라는 지시를 받았다. 그 거대한 비행기가 순항 고도에 도달했을 때 마이크는 대통령의 방으로 소환되었다. 보스는 이미 안전벨트를 멘 상태였고 잠잘 준비를 하고 있었다. 그는 여행 기념으로 선물 받은 부피가 큰 양말을 신었는데, 이 양말에 물 한 스푼을 첨가하면 전기담요처럼 편안해졌다.

"여기까지 온 김에 나일강과 피라미드 위를 날아가야겠어." 대통령이 생각만으로 즐거운지 아이처럼 웃었다. "기장에게 항로를 바꾸라고 하게." 그가 명령했다. 나일강과 피라미드가 가까워지면 깨우라고도 했다. 기대감에 찬 대통령은 절대로 놓치고 싶지 않다고 말했다.

마이크는 조종사 브라이언 소령에게 대통령의 지시를 전달했다. 조종사는 곧바로 새로운 경로 준비에 착수했다. 순간 마이크는 무선 침묵을 깨고 카이로의 연합군 공군 사령부에 대통령의 비행기가 연착될 것이라고 알릴지 고민했지만, 곧바로 그 생각을 떨쳐 버렸다. 루프트바페가 야간 공중파를 감시하고 있으면 어쩔 것인가? 그러면 공격 좌표를 알려 주는 셈이다. 대통령의 비행기가 예정대로 도착하지 않으면 엄청난 공포가 초래될 것이 뻔했지만, 영구적인 손상은 없을 것이다(그가 장군들에게 불려가는 것을 제외하고). 하지만 마이크는 자신의 직속 상사는 단 1명뿐이며 그 상사의 계급이 가장 높다는 사실을 단호하게 되새겼다.

마이크는 절대로 비행기에서 잠을 자지 않았다. 비행기 안에서는 대통령이 무방비 상태인 만큼 갑작스러운 작전 개시가 필요할 때를 대비해 항상 깨어 있을 필요가 있었다. 그래서 비행기가 나일강을 거슬러 올라가 최남단 피라미드를 향해 비행하기 시작한 아침 7시에도 그는 깨어 있었다. 그는 서둘러 루스벨트를 깨우러 갔다.

보스는 창밖을 바라보며 잔뜩 흥분했다. 그는 명문 기숙사 학교인 그로튼 스쿨에 다닐 때 고대 문명 연구에 매료되었고 덕분에 상을 받은 적도 있었다. 그가 어렸을 때 상상조차 하지 못했던 일이 지금 현실로 이루어지고 있었다. 보스는 조종사에게 다른 지시가 있을 때까지 계속

선회하라고 했다. 비행기가 계속 빙빙 도는 동안 루스벨트는 창밖에 시선을 고정한 채 오랜 세월 비바람에 닳은 석조 건물을 구경했다. "기억되고 싶은 인간의 욕망은 거대하구나." 대통령이 경이로운 피라미드를 보면서 깊은 생각에 잠긴 듯 말했다.

대통령의 비행기가 카이로에 착륙한 것은 예상보다 2시간이 지난 후였다. 그것도 미리 파견된 전투기의 호위 없이 도착했다. 마이크의 예상대로였다. "보고할 수 없었던 우리의 관광 나들이는 카이로의 공군 사령부를 충격에 빠뜨렸다. 본부 전체에서 놋쇠가 지글거리는 소리가 들리는 듯했다."

하지만 그날 ―11월 22일― 아침 10시에 그들은 운하 주변에 자리한 미국 대사 커크의 호화로운 관저에 있었다. 대통령은 이집트에 머무는 동안 녹음이 우거진 시원한 오아시스에 자리 잡은 그곳에서 지낼 예정이었다. 회담의 첫 번째 세션은 점심 식사 후에 시작됐다. 비행기에서 뜬 눈으로 보낸 마이크는 밀린 잠을 좀 잘 수 있기를 바랐지만, 밤새 잠 못 이루게 했던 공포가 낮에도 그를 괴롭혔다. 기억되고자 하는 인간의 거대한 욕망이 파라오와 대통령, 총리, 그리고 나치 암살자들에게도 똑같이 적용된다는 사실을 초조하게 떠올렸다.

마이크가 카이로로 날아간 바로 그날, 스코르체니와 그의 특공대 팀들도 비행기에 탔다. 그들은 죽음으로 둘러싸인 도시를 향해 동쪽으로 출발했다.

오라니엔부르크의 성에서 출발할 때는 별다른 환송회조차 없었다.

임무의 중대성만으로 충분했다. 거대한 도박에 해당하는 대담하기 짝이 없는 임무이지만 다들 자신감이 넘쳤다. 셸렌베르크는 스코르체니와 홀텐-플루크를 불렀다. 세 사람은 작전의 최종적인 세부 사항을 논의했다. 그들은 특공대가 빅3 주변에 세워질 보안 장막을 뚫어 줄 거라고 확신했다. 전술상의 이점은 독일의 것이었다.

적은 독일이 소련 군복을 입은 남자들을 보내리라고는 꿈에도 생각하지 못할 것이다. 만약 의심을 사도 공격팀은 그 어떤 시험도 통과할 게 분명했다. 그들은 어떤 면에서도 수상할 게 없었다. 진짜 소련 군인들이니까. 겉으로 감지할 수 없는 한 가지 확실한 특징은 그들의 충성심이 독일로 옮겨 갔다는 것이었다.

테헤란에는 사방에 보안군이 있을 테지만, 수로 터널은 언제나처럼 무방비 상태일 터였다. 터널은 특공대가 아무에게도 들키지 않고 몰래 목표 지점으로 이동하게 해 줄 것이다. 글라이더가 스코르체니의 부하들을 이탈리아 산꼭대기로 데려가 무솔리니를 무사히 구출하게 해 준 것처럼.

소련제 기관단총과 영국제 스텐 총은 비좁은 공간에서 재봉틀처럼 총알을 내뱉으며 3명의 목표물과 그들을 둘러싼 보호자들을 무참하게 쓰러뜨릴 것이다. 물론 밀폐된 공간에 던져진 개면 폭탄이 적들을 전멸시키기 전의 이야기다.

공격이 구체적으로 언제 어디에서 일어나야 하는지에 대해서도 더 이상 의심의 여지가 없었다. 셸렌베르크가 알아냈다. 그가 알아낸 것을 들은 특공대원 스코르체니와 홀텐-플루크도 가상의 추론이 아니라 확실하다고 동의했다. 그것은 마지막 자물쇠를 여는 열쇠였다. 열쇠를 넣어 돌리자 문이 활짝 열렸다. 이제 그들은 거의 아무런 방해물 없이 안으로 들어갈 수 있게 되었다. 그들은 완전한 기습으로 목표물을 덮칠 것이다. 다른 가능성이 절대로 있을 수 없도록.

최종 전략이 확정되자 전술상의 전투 대형도 안심할 수 있을 만큼 신속하게 자리잡혔다. 2개의 소련군 팀이 꾸려졌다. 각각 블라소프의 용맹한 변절자 18명과 이란인 통역사 1명으로 이루어졌다.

비공식적으로 북쪽 팀이라고 이름 붙은 팀이 앞장서기로 했다. 그들은 고대 페르시아제국의 수도였고 지금은 소련 점령 지역에 속하는 카즈빈 외곽의 평원으로 낙하산을 타고 내려갈 예정이었다. 그다음엔 카슈카이 부족과 만나 트럭을 타고 약 160킬로미터 떨어진 테헤란으로 간다. 긴 여정이 되겠지만 소련 점령 지대에서 이동하는 군인들은 이목을 끌지 않으리라는 점에서 내려진 결정이었다. 만약 블라소프의 병사들이 소련 순찰대에 저지당한다고 해도 아무런 어려움 없이 말로 설명해 넘어갈 수 있을 것이다. 테헤란에 도착한 후에는 신호가 올 때까지 안가에 숨어 있다가 수로 터널 입구에서 만난다. 도시에 숨어 있는 것이 과연 현명한 일인지, 수로 터널에서 가까운 사막에서 야영하는 것이 더 나은지를 두고 논쟁이 있었다. 셸렌베르크는 광활한 사막보다 복잡하고 정신없는 테헤란 시내가 더 안전하다고 주장했다. 하지만 스코르체니는 의심을 품었다. 그는 상당히 신중하게 다른 일정을 제안했다. 마지막 순간까지 기다렸다가 이란에 침투하자는 것이었다. 그러면 곧장 수로 터널로 갈 수 있다. 하지만 셸렌베르크는 화를 내며 기각했다. 그는 매우 짜증 나는 어조로 회담이 시작되자마자 연합군이 삼엄한 경계 속에서 적의 항공기를 감시할 것이라고 설명했다. 이란 전체가 철저하게 봉쇄되기 전에 이란으로 들어가는 것이 작전의 성공을 좌우한다고. 듣고 보니 그 말이 맞는 것 같았다. 그렇다면 즉시 이란으로 낙하해 테헤란의 은신처로 가야 했다.

셸렌베르크가 소련 군인들을 훈련하기 위해 직접 뽑은 베테랑 SS 처형 집행관 한스 오르텔은 남쪽 팀을 이끌기로 했다. 그들은 프란츠 팀이 착륙했던 콤 외곽의 마른 호수로 낙하할 것이다. 낙하 후 그들 역시 부족원과 만나서 안가로 향한다. 오베르크가 지난주에 메르세르의 도움으로 안가를 조사했고 제6국에 위치를 알려왔다.

홀텐-플루크는 다른 비행기에서 뛰어내리겠지만 오르텔의 팀과 같은 날 밤에 콤의 낙하지점으로 내려갈 예정이었다. 그의 팀은 오라니엔부르크의 특공대원 4명과 3년 전 나치 독일을 위해 싸우기 위해 베를린으로 건너간 이란 출생의 고레치로 구성되었다. 이 팀의 구성원들은 소련 군복을 입지 않았다. 동구권에서 싸우다 친구를 잃은 남자들은 그 위장법을 질색했다. 그리고 홀텐-플루크는 스코르체니와 마찬가지로 희생양들이 죽기 전 마지막 순간에 그들에게 총구를 들이민 것이 독일 병사들이라는 것을 알기를 바랐다.

스코르체니와 그의 5인조 팀은 다른 팀들이 테헤란에 자리 잡은 후 예기치 못한 문제의 발생으로 전술의 조정이 필요할 경우를 대비해 뒤에서 기다릴 것이다. 오르텔은 상황이 명확해졌을 때 스코르체니에게 무전 메시지로 연락하라는 지시를 받았다. 만약 예상치 못한 불을 끌

일이 없을 경우에는 출발 신호를 보낼 것이고 스코르체니 팀이 즉시 출발할 것이다.

드디어 각 팀들이 비행기를 타고 크림반도의 심페로폴로 옮겨졌다. 심페로폴은 나치가 1941년 11월에 점령했고 그 후 빠르게 피로 물들었다. 오래된 타타르 지역에 아인자츠그루펜 부대가 체계적으로 그리고 무자비하게 분산되어 유대인과 러시아인, 집시들을 체포했기 때문이다. 사형 집행이 끝난 뒤 2만 2,000명이 넘는 민간인의 시체는 거대하고 깊은 구덩이 속으로 빽빽하게 던져졌다. 이 대학살로 도시 전체는 유령 마을이 되었고, 묘지의 불길한 침묵만이 텅 빈 거리와 집들에 무겁게 내려앉았다.

심페로폴 공항으로 가는 비행은 순조로웠다. 팀들은 기다랗게 뻗은 회색의 막사로 갔다. 이곳에서 이란으로 날아갈 융커스 수송기에 탑승하라는 신호를 받게 될 터였다. 이 마지막 기다림은 힘들었지만 그들은 강철과도 같은 자제력으로 감정을 억누르는 남자들이었다. 그들의 기백은 흔들림이 없었다. 모든 것을 다 고려했다. 뒤로 움츠러들 일도 망설일 이유도 없었다. 그들은 롱 점프 작전이 실패하지 않을 것이라고 확신했다. 홀텐-플루크는 머릿속으로 계산을 끝마친 뒤였다. 이 일로 무슨 보상을 받게 될지 상상했다. 그는 머지않아 '새로운 스코르체니'로 조국의 찬란한 역사에 영원히 이름을 떨칠 것이라고 으스댔다.

"기억되고자 하는 인간의 욕망은 거대하구나." 미국 대통령은 경고했었다.

롱 점프 작전을 위한 열정적인 준비 과정 속에서, 당시 눈에 띄지 않은 작은 사건이 있었다. 제6국의 이란 부서에는 11월 22일부터 일주일간 카즈반과 콤의 일기예보를 셸렌베르크에게 보고하라는 지시가 내려졌다.

이란 담당자 로만 가모사는 성실하게 정보를 준비해 SS 장군에게 전달했다. 그는 셸렌베르크가 어떤 작전을 준비하고 있는지 알지 못했지만, 이란 공중 침투와 관련이 있다고 확신했다. 어차피 자세한 분석은 모스크바 센터의 상사들이 알아서 해 줄 것이다.

그들은 간신히 숨을 쉬었다. 심장이 마구 뛰었다. 산소 수치를 계속 확인했지만 얼마 안 있어 탱크가 텅 빌 것이라는 사실만 깨달았다. 블라소프의 군인들은 낙하산 강하 지점에 도착하기 전에 의식을 잃을까 봐 두려워지기 시작했다. 롱 점프 작전의 시작은 순탄하지 못했다.

문제는 고도였다. 특수 작전 조종사 카를 에드문트 가르텐펠트는 베테랑이었다. 국가보안본부의 장거리 공중 투입 전문가로서 프란츠와 안톤 작전의 낙하산 부대원들을 이란으로 수송하고 기사십자훈장을 받았다. 이날의 비행도 순조로웠다. 고속의 Ju-290기가 심페로폴의 상공으로 떠올라 이란으로 향했다. 남쪽의 흑해를 지날 때 단열이 잘 되지 않는 기내에 냉기가 스며들었지만 심각한 문제라기보다는 불평거리 정도였다. 하지만 중립국 튀르키예에 접근할 때 가르텐펠트 대위가 스틱을 아래로 당기며 비행기의 고도를 높이기 시작했다. 그러고 나서 그는 이란으로 진입했고 벽처럼 우뚝 솟은 험난한 산들과 혹시 있을지도 모르는 소련 전투기 순찰대를 피하고자 거의 1만 8,000피트까지 높이 올라갔다.

경험이 풍부한 낙하산 부대원들은 그 고도에서도 아무런 문제가 없었다. 절차를 잘 알고 있으니까. 가만히 앉은 채 불필요한 제스처나 대화를 피하기만 한다면, 탱크 안의 산소는 충분하다. 하지만 블라소프의 군인들은 훈련을 많이 받지 못했다. 파울루스 하사의 안내로 오라니엔부르크의 탑에서 딱 한 번 점프 연습을 했다. 선발된 소련군 전원이 꼭 필요한데 낙하산 강하 연습을 많이 했다가 하나라도 다리가 부러지면 안 된다는 것이 스코르체니가 내세운 이유였다. 하지만 상공에서 산소 흡입을 제한해야 할 필요성에 대해서조차 설명하지 않은 것은 심각한 실수였다.

Ju-290기가 빠르게 올라가면서 뼛속까지 스며드는 차가운 바람이 안으로 훅 들어오자 상승한 기압이 마치 모루처럼 그들의 가슴을 때렸다. 불안에 사로잡힌 군인들은 점점 더 많은 산소를 게걸스럽게 흡입했다. 그들은 역사의 흐름을 바꿀 임무를 수행하기 위해 적진으로 들어가기 위한 비행기에 탑승했다. 그리고 다수가 돌아오지 못하리라는 것도 —현실적인 이들은 전원이 그러리라는 것을 인정했다— 잘 알고 있었다. 그들은 이미 자신들의 운명을 받아들였다. 군인의 세계에는 눈에 보이지 않는 총알 한 방이 순간의 고요를 파괴할 수 있다는 알아차림이 언제나 자리한다. 하지만 그들은 지금 이 상황에는 준비되어 있지 않았다. 이렇게 머리가 어질어질하고 숨을 헐떡이는 상황이 올 줄은, 진행하기도 전에 임무가 무너질 줄은. 진공 속에서 긴장감이 쌓였다. 소련 군 하나가 무기력하게 앞으로 고꾸라지자 극심한 공포가 내려앉았다.

바로 그때 기적처럼 상황이 바뀌었다. 노란색 실내등이 켜지고 비행기가 하강을 시작했다. 낙하 높이는 330피트로 정해져 있었다. 남자들은 힘겹게 일어나 방향 감각의 혼란을 떨치며 낙하산이 든 D-백을 자동 열림줄에 걸고 뒤쪽의 드롭 도어로 한 줄씩 줄지어 갔다.

하늘에는 초승달이 걸려 있고 바람도 심하지 않았다. 낙하하기에 다행스러운 조건이었다. 아래에는 평평하고 어두운 평원이 뻗어 있었다. 비행기가 강하 지점으로 더 가까이 날아갔다. 갑자기 헤드라이트의 반원이 인공의 빛을 밝게 비추었다. 강하 지휘관이 기다린 신호였다. 카슈카이족의 환영 인사였고, 그들의 트럭도 그 자리에 있었다.

실내등이 녹색으로 변했다. "뛰어내려! 뛰어내려!" 파울루스 하사가 소리쳤다.

군인들은 재빨리 차례대로 밤의 어둠 속으로 뛰어들었다. 13초 만에 낙하산 부대원들이 전부 뛰어내렸다. 가르텐펠트 대위는 레이더망에 잡히지 않도록 다시 위로 올라가기 시작했다. 크림반도의 기지로 서둘러 돌아가고 싶은 마음뿐이었다. 그의 임무는 끝났다.

낙하산병들은 낙하산이 펴지는 순간 거칠지만 안심되는 움직임을 느꼈다. 그들은 약한 바람을 타고 침착하게 떠 있었다. 아래를 내려다보니 평평한 평원에 늘어진 트럭의 길쭉하고 불투명한 헤드라이트 그림자가 보였다.

계속 아래로 내려갔다. 트럭 옆에 서 있는 남자들의 형체가 회색 막대 모양을 벗어나 조금씩 분간되어 보이기 시작했다. 분명 바로 그 순간이었으리라. 그들이 보고 있는 것이 무엇인지 깨달은 것은. 트럭 옆에 서 있는 남자들은 부족원들이 아니었다. 그들은 소련군 낙하산병들과 똑같은 카키색 군복을 입고 있었다. 어깨의 붉은 견장도, 챙 있는 모자도 똑같았다.

곧바로 사막의 고요함이 산산이 조각났다. 섬광이 하늘로 치솟았다. 움직일 수도 없는 무방비 상태에서 헤드라이트 빛에 고정된 애원하는 얼굴의 낙하산병들. 그들은 환하게 노출된 목표물이었다. 곧 그들은 땅에 떨어졌다. 소련군의 빗발치는 총알에 헝겊 인형처럼 너덜너덜해진 채였다. 블라소프의 군인 3명만이 운 좋게도 낙하지점에서 멀리 떨어진 곳에 착륙했고, 잔인한 대학살의 소리를 들으며 산기슭을 향해 필사적으로 도망쳤다. 하지만 오후가 되자 소련군이 그들을 찾아냈고, 포로중 단 1명도 심문에서 살아남지 못했다. 그들은 얽힌 배신의 거미줄을 풀 기회도 얻지 못하고 죽었다.

마이크 또한 테헤란행 비행이 가져온 문제를 걱정하며 하루를 시작했다. 문제는 이란의 우뚝 솟은 산맥을 벗어나기 위해 높은 고도에서 비행하는 것이 대통령뿐만 아니라 그의 중년 보좌관들에게조차 너무 고된 일이라는 점이었다. 이를 처음 주장한 것은 루스벨트의 세심한 주치의이자 친구 로스 매킨타이어 제독이었다. 마이크는 당장 테헤란으로 가서 대체 경로를 조사하라는 명령을 받았다.

3일 후면 빅3가 테헤란에 모여야 한다. 본격적인 보안 평가를 해야 할 때였다. 그래서 마이크는 이번 임무를 몰래 할 생각이 없었다. 함께 일할 동맹들을 살펴보기도 해야 하니 자신의 존재를 제대로 드러낼 생각이었다. 어쩌면 그들을 등져야 할지도 모른다는 의심도 함께였다.

그날 아침 일찍 대통령이 마이크에게 상황을 설명해 주었다. 음모는 이미 시작되었다고. 우선 소련 외교부의 예의 바른 A. Y. 비신스키가 아침 10시부터 전화해 테헤란 주재 소련 대사관에 머무는 게 어떻겠냐는 스탈린 원수의 초대를 전했다. 그 후 곧바로 영국 대사관에서 환대를 제공하겠다는 처칠 총리의 전보가 왔다. 두 초대 모두 표면상의 이유는 편리함이었다. 미국 공사관이 테헤란의 주변부에 있는 반면, 영국과 소련 대사관은 거의 어깨를 나란히 하고서 벽으로 둘러싸인 공원 같은 복합 단지에 있었다. 이는 자동차 행렬로 꼬불꼬불한 거리를 아슬아슬하게 지나지 않고 분수대와 얕은 인공 연못, 녹색 잔디밭을 휠체어로 지나 회의장으로 갈 수 있다는 뜻이었다. 하지만 마이크는 다른 꿍꿍이가 있으리라 의심했다. 대통령이 초대에 응할 마음이 있을 것 같지도 않았다.

백악관 대통령 집무실에 있는 루스벨트의 책상 위 램프는 마이크를 감추고 있었다. 루스벨트는 1939년에 부도덕한(대통령의 주관적인 생각일 수도 있었다) 기자들이 그의 말을 왜곡한 것에 분노해서 대통령 집무실 바로 아래층의 방에 녹음 장치를 설치했다. 대통령이 책상 서랍 안에 숨겨진 스위치만 켜면 마이크가 작동되었다. 루스벨트는 세 번째 임기를 위한 선거 유세 기간 동안 기자 회견과 사적인 대화를 녹음해 그 장치를 유용하게 사용했다. 그 후에는 책상 서랍의 스위치를 켜는 것을 그만두었다. 하지만 루스벨트는 소련인들도 도청을 좋아하는 것을 잘 알고 있었다. 모스크바 주재 미국 대사의 책상 바로 위쪽 벽에 마이크가 숨겨진 것을 발견하기도 했다. 이번에도 마이크는 숨겨진 꿍 꿍이가 있다고 의심하지 않을 수 없었다. 소련이 대통령을 대사관으로 초대한 것에는 분명 전혀 친절하거나 관대하지 않은 무언가가 숨겨져 있을 것이다. 대통령도 남의 집에 손님으로 머무르고 싶어 하지 않았다. 그는 '손님보다는 좀 더 독립적이기를 원한다'고 마이크에게 말했다.

그날 아침 11시 30분에 마이크는 건장한 요원 2명과 함께 테헤란 으로 날아갔다. 대통령 전용기의 조종사인 브라이언 소령은 처음부터 끝까지 6,000피트 이하로 날 수 있다고 했다. 그 고도라면 단열 처리가 잘된 대통령 전용 비행기는 누구의 심장에도 부담을 주지 않을 것이다. 그럼 한번 보여 주게, 마이크가 말했다.

브라이언 소령은 정말로 보여 주었다. 테헤란까지 가는 내내 고도계 바늘은 6,000을 넘지 않았다.

백악관이 전시 체제에 돌입할 때 무슨 준비를 했던가. 마이크는 미 국 공사관을 둘러보면서 우울하게 생각에 잠겼다. 기관총 세트, 대포, 형광 투시기와 '말하는 울타리', 옥상 방공포대. 옷깃에 통신용 마이크 를 달고 돌아다니는 비밀경호국 요원들. 그 변신 과정에는 몇 달이 걸 렸다. 게다가 그곳은 워싱턴이었다. 모든 예방 조치를 취한 후에도 그는 편안함을 느끼지 못했고 완전한 자신감을 느낀 적도 없었다. 그의 마음 은 한시도 쉬지 않고 혹시라도 일어날지 모르는 대참사의 광경을 그려

보는 때가 많았다. 그뿐만 아니라 예전에 있었던 일도 머릿속으로 계속 되풀이했다. 대통령의 가슴을 향해 칼이 휘둘러졌는데 그가 조금 떨어진 곳에서 보고만 있을 수밖에 없었던 일. 테헤란에 있는 지금도 그 당혹스러운 장면이 머릿속을 떠나지 않았다. 타국 요원들이 득실거릴 것이 분명한 도시에서 어떻게 보스의 안전을 확실하게 지킬 수 있을까?

그러나 이는 그가 처리해야 할 업무였다. 그는 공사관 지붕에 저격수들을 배치했다. 공사관을 둘러싼 벽에 경비 병력을 두 배로 늘렸고, 헌병들에게는 공사관 주변의 저지선을 따라 검문소를 설치하라고 지시했다. 공사관 주변을 조사하면서 경비병들이 전략적으로 배치되도록 했다. 보스의 휠체어를 위한 경사로가 마련되어야 한다는 것도 확실히 했다. 대통령 침실을 둘러보면서 모든 창문이 잠겼는지, 저격수가 목표물을 보지 못하도록 커튼을 완전히 닫을 수 있는지도 확인했다. 대통령의 요리사들이 담당하게 될 주방도 둘러보면서 절대로 보스가 머무르는 동안에는 현지인을 주방 직원이나 도우미로 고용해서는 안 된다고 지시했다. 부족한 인력은 군인들이 메울 예정이었다. 공사관에 수돗물이 나오고 식수로 훌륭하다는 말을 들었지만, 혹시 있을지도 모르는 위험을 무릅쓰지 않기로 했다. 이미 대통령이 테헤란에서 마실 병에 든 물을 요청해 둔 상태였다. 마이크는 적어도 걱정거리가 하나는 줄어들었다고 자신을 안심시켰다.

그는 약 6킬로미터를 운전해 영국 대사관으로 갔고 다이닝룸과 회의실을 안내받았다. 영국이 경비 병력을 충분히 배치하기를 바랄 뿐이었지만 처칠이 워싱턴에 왔을 때를 떠올려 보면 별로 믿음이 가지 않았다. 그가 기운을 북돋우기 위해 할 수 있는 일이라고는 자신이 절대로 보스의 옆에서 멀리 떨어져 있지 않으리라는 사실을 떠올리는 것뿐이었다. 영국은 우아한 영국 가정집에서 영감을 얻어 대사관 주변에 정성스럽게 꽃과 나무를 심은 것을 매우 자랑스러워했다. 하지만 마이크의 눈에는 적국의 요원들이 숨기 좋은 정글로밖에 보이지 않았다.

그 공원을 가로질러 조금만 걸으면 소련 대사관이 있었다. 제국주의 느낌의 기다란 돌계단을 오르면 높은 돌기둥으로 받친 현관 지붕과 현관문이 나왔다. 그 거대한 건물은 프롤레타리아 계급 볼셰비키 관리의 거주지라기보다는 금박이 입혀진 차르의 궁전과 더 닮은 모습이었다.

마이크가 별로 적극적이지 않은 안내를 받고 있을 때 소련 장교가 다가왔다. 마이크가 그날 아침 갈레 모르게 공항에서 만난 사람이었는데 그는 자신을 드미트리 아르카디예프 장군이라고 소개했다. 마이크는 그가 엔카베데라는 것을 알았고 테헤란에서 자신과 똑같은 임무를 맡은 소련 측 사람이라고 생각했다. 43세의 소련 장군은 첩보 장교였지만 마이크가 생각했던 만큼 높은 직책은 아니었다. 그는 엔카베데의 운수부 책임자였다. 정상회담의 준비를 돕기 위해 몰래 테헤란으로 온 엔카베데의 수장 라브렌티 베리야와 테헤란 지국장 안드레이 베르틴스키는 미국 비밀경호국 요원의 면밀한 조사에 모습을 드러내지 않고 뒤쪽에 머무르는 것을 택했다. 소련 정보기관 내 서열이 어쨌든간에, 아르카디예프는 불길한 소식을 가져왔다.

전날 독일 낙하산 부대가 소련군이 점령한 테헤란 외곽으로 낙하했다는 것이었다. 카즈반 근처에 착륙한 블라소프의 러시아인들로 이루어진 북쪽 팀 이야기였다. 몇 명이 아직 산에 숨어 있다고 했다. 그 당시에는 사실이었다. 아르카디예프는 특공대의 대다수가 땅에 닿기도 전에 사살되었음을 덧붙이지 않았다. 소련군이 그들의 잠입 계획을 미리 알고 있었고 매복을 위해 숨어서 기다리고 있었다는 말도 하지 않았다.

장군은 마이크에게 그 낙하산 부대가 적의 중대한 작전은 아니라고 말했다. 실질적으로 우려할 문제는 아니고 형제간의 예의로 알려 주는 것이라고 했다. 아르카디예프는 그들이 보급품을 실어 나르는 철도를 파괴하려고 들어온 특공대라고 믿었다. 그게 아니면 달리 무엇이겠는가? 독일은 테헤란 회담에 대해 알지 못한다. 실제로 그간 독일의 이란 횡단 철도 공격이 다수 발생했다고 친절하게 설명해 주었다.

마이크는 그럴 수도 있겠다고만 간결하게 동의했다. 그는 소련 첩보 장교에게 속마음을 드러낼 생각이 없었다. 하지만 순간 과거의 불안감이 확 되살아났다. 그동안 잠잠했던 걱정들이 한꺼번에 그를 덮쳤다. 그는 속으로 생각했다. '나쁜 소식이군. 며칠 안으로 루스벨트와 처칠, 스탈린이 테헤란에 모일 텐데.'

그는 대사관을 떠나 페르시아만의 바스라로 날아갔다. 선택의 여지가 없었다. 맥킨타이어 제독이 테헤란으로 가는 비행경로가 심장마비를 일으킬 수 있다는 주장을 굽히지 않는다면, 마이크는 바스라에서 기차로 이동하는 대안은 어떤지 직접 알아볼 필요가 있었다. 하지만 그가 확인한 사실은 암담했다. 테헤란으로 가는 철로는 일부 구간에서 무려 해발 8,000피트까지 올라가 심장이 쿵쾅거렸고 좁은 산꼭대기 주변의 구불구불하고 위험천만한 길을 달리기도 했다. 게다가 부족원들이 기차를 급습하는 일도 잦았다. 죽거나 다친 다수의 미국 헌병들이 그들의 흉포함을 말해 주었다. 마이크는 루스벨트가 테헤란에 묵는 이틀 동안 사용하라고 제안받은 샤의 전용 열차도 조사해 보았다. 4개의 전용 칸으로 이루어진 기차였다. 문에 달린 도금된 부품들, 마호가니 패널이 달린 선실, 순금의 식기류. 마이크는 그 기차가 발진티푸스를 일으키기에 적합한 환경이라고 생각했다.

바스라에서 임무를 마친 그는 카이로로 돌아가기 위해 비행기를 탔다. 확인한 내용을 보스와 맥 제독에게 보고하고 추천안을 제시해야 했다. 최종 결정은 그들에게 달려 있었다. 여기까지 정리한 그는 대통령이 테헤란으로 가는 방법에 대한 생각을 잠시 접어 두기로 했다. 대신 그는 보스가 테헤란에 도착한 후에 벌어질 수 있는 일들에 대해 생각하기 시작했다.

그는 독일 낙하산 부대의 강하 이유가 둘 중 하나임을 알고 있었다. 철도를 파괴하기 위해 또는 연합국 지도자들을 암살하기 위해. 어느 쪽이든 임무가 실패했으니 그것으로 끝이거나 더 많은 낙하산 부대가 대통령을 죽이러 올 것이다. C-54기가 카이로에 착륙했을 때 마이크는 이미 결심을 내린 뒤였다. 소련이나 영국에 의존할 수만은 없다. 한쪽은 정치적 이념에 갇혀 있고 다른 한쪽은 제도적인 안일함에 갇혀 있다. 그의 머릿속에서 전투 계획이 굳어졌다.

마이크가 전투에 뛰어들 준비를 하는 동안에, 두 대의 비행기가 심페로폴에서 남쪽으로 이란을 향해 밤하늘을 날고 있었다. 각각 오르텔과 블라소프의 군인들을 실은 비행기와 홀텐-플루크와 특공대원들을 실은 비행기였다.

한편 셸렌베르크는 왜 북쪽 팀이 착륙 확인 신호를 보내지 않는지 의아해하는 중이었다. 강하하면서 송신기가 부서진 건가? 하지만 곧 테헤란에 도착할 테니, 송신기를 찾는 대로 연락이 오리라 확신했다.

릴리 산자리를 끌어들일 시간이었다. 그 작전을 결정한 것은 마이크였는데, 그는 전에 없이 격노한 상태였다. 평소 전문가다운 모습을 보이기 위해 세심하게 신경 쓰는 그였지만 이때만큼은 이성의 끈이 끊어지고 말았다.

그는 극심한 경계 상태로 바스라에서 돌아왔다. 나치 낙하산 부대가 이란에 잠입한 것이 보급품 수송용 철도를 파괴하려는 목적일 뿐이라는 소련 장군의 말을, 그 또한 믿고 싶었다. 하지만 회담이 열리기 고작 며칠 전에 테헤란 외곽에 도착한 그 타이밍이 우연치고는 너무 절묘했다. 물론 세상에는 기막힌 우연이 존재한다. 하지만 독일 정보국이 정상회담에 대해 알고 있고 빅3가 테헤란에 머무는 날짜를 알아냈다고 생각하는 것이 과연 그렇게 억측일까. 일단 그런 생각이 들자 아무렇지 않게 털어 낼 수가 없었다.

좀 더 철저히 조사해서 정보를 알아내고 싶었지만, 이곳은 미국에서 멀리 떨어진 곳이었다. 그는 테헤란의 거리와 시장에 가 본 적도 없고 독일군이 이곳에 마련해 둔 첩보망에 대해서도 전혀 알지 못했다. 이곳은 그의 홈그라운드가 아니었다. 그래도 그에게는 자원이 있었다. 그가 직접 뽑고 훈련한 12명이 넘는 비밀경호국 요원들로 이루어진 팀. 생각과 의심, 감정의 소용돌이 속에서 결의가 샘솟았다. 그는 본능에 따르기로 했다. 적이 공격하기만을 기다리고 있을 수는 없었다.

마이크는 미국의 신설 첩보국 OSS의 카이로 소재 극동 지국의 책임자 빙크스 펜로즈를 만나러 갔다. 어쩌면 OSS 스파이들이 나치가 이란에서 무슨 일을 벌이고 있는지 좀 더 확실하게 알려 줄 수 있을지도 모른다는 생각에서였다. 하지만 베이루트의 아메리칸 대학 교수 출신인 펜로즈는 대통령 암살 기도에 관한 문제임에도 불구하고 적극적인 태도를 보이지 않았다. '우리 비밀 요원들은 은밀하게 조사해야 할 중요한 사안들이 있어서 하급 경호원들과 어울릴 시간이 없다'라고 생각하는 듯 말투가 딱딱했다. 펜로즈가 할 수 있는 최선은 ─그는 그 정도면 상당히 협조적인 태도를 보여 주는 것이라고 설득력 없는 주장을 했다─ 마이크를 코놀리 장군의 페르시아만 사령부에 있는 육군 방첩단 CIC 장교와 연결해 주는 정도라고 했다. 이란 횡단 철도의 파괴 공작은 그들의 소관이었다. 펜로즈는 독일 낙하산 부대의 목적이 파괴 공작이라는 것을 의심하지 않았다. 다른 목적이 있을 수가 없다고 단언했다.

마이크는 펜로즈 때문에 속이 부글부글 끓는 상태에서 보안용 전화기로 테헤란의 방첩단 장교와 통화했다. 다행히 그 육군 장교에게는 펜로즈 같은 거만한 경계심이 전혀 없었다. 그는 도울 수 있어서 기쁘다고 했고, 자기 부대가 영국과 협력해서 이룬 것에 자부심을 느끼고 있었다.

육군 장교는 스파이 소설이라도 되는 것처럼 이야기를 시작했다. 그의 부하 하나가 육군의 운송 담당 직원인 척하고 밤마다 댄스 밴드에서 연주를 했다. 그러다 테헤란의 독일 사회에 연줄이 있는 것으로 알려진 예쁘고 젊은 이란 여성 릴리 산자리를 댄스 홀에서 만났다. 두 사람은 얼마 지나지 않아 서로의 품에 안겨 오후 시간을 보내게 되었다. 침대에서 나눈 대화를 통해, 그들은 오래된 나치 잠입 요원 프란츠 마이어와 그의 현지 공작원 몇 명, 파괴 공작 임무를 맡고 테헤란에 숨어 있었던 독일 낙하산 요원 한 명을 체포할 수 있었고, 나치의 기밀문서 은닉처와 무전 송신기까지 압수했다고 했다.

마이크는 인내심을 가지고 귀를 기울이다가 점점 화가 치밀어 올랐다. 왜 이 모든 것을 그는 처음 듣는단 말인가? 지금 보니 꽤 오래전부터 진행되고 있었던 상황인데, 왜 그가 러시아인에게 들은 정보를 파고들다가 알아야 한단 말인가? 이 스파이들은 상황의 긴급성을 깨닫지 못하는 건가? 대통령이 이틀 후에 테헤란으로 온단 말이다.

하지만 마이크는 화를 폭발하는 것이 지혜롭지 못하다는 것을 잘 알고 있었다. 그는 성실한 비밀경호국 요원처럼 무심하게 부하 두어 명을 그 여자에게 보낼 수 있겠는지 방첩단 장교에게 물었다. 그 여자로부터 더 많은 정보를 캐내야 했다. 이전에는 그냥 무심하게 넘겼을지도 모르는 정보가 있을 것이다. 또 그 여자가 베를린과 통신하는 사람들을 알고 있을 수도 있다.

방첩단 장교는 뜸을 들이다가 대답했다. 조금 전의 자부심 넘치는 목소리는 온데간데없이 사라지고 멋쩍어했다. "아, 그런데 저희가 여자를 그냥 뒀습니다. 그 이후로 별로 주시하지 않았습니다. 의미가 없어 보여서요. 지금 저희는 릴리가 어디 있는지도 모릅니다."

바로 그때 마이크는 더 이상 가만히 듣고 있을 필요가 없다고 생각했다. 그냥 뒀다고? 그가 믿을 수 없다는 듯이 되물었다. 주시하지 않았다고? 그 여자가 독일이 테헤란에서 꾸미고 있는 꿍꿍이에 대해 알고 있을지도 모른다는 생각은 안 들던가? 나치가 대통령을 불시에 노릴지도 모른다는 생각이 안 들던가? "당장 그 여자를 데려와!" 그가 좌절감이 가득한 엄청나게 큰 목소리로 명령했다. 나중에 알려진 사실이지만 폭탄이 터진 줄 알고 사무실로 뛰어온 사람들도 있었다. 어떤 면에서는 사실이었다.

같은 날, 밴드에서 연주하는 방첩단 비밀 요원 로버트 메릭은 한때 애인이었던 릴리 산자리를 찾아 체포하라는 명령을 받았다.

메릭은 밖에서 혼자 활동하는 현장 요원들이 으레 그렇듯 맹목적으로 명령에 복종하기보다 임기응변을 자주 활용했다. 나중에 그는 맞춰준 것뿐이라고 주장했지만 어쨌든 첩보 임무를 위해서였든 단순히 욕망 때문이었든 두 남녀는 방을 빌리게 되었다. 사랑을 나눈 후 고요함 속에 이어진 대화를 통해 메릭은 모든 것을 알게 되었다. 그녀가 머무는 카크 거리에 있는 집의 주소도, 그녀의 두 룸메이트에 대해서도. 1명은 독일인 공작원, 또 1명은 비밀 임무를 수행 중인 독일인 소령이었다. 옷을 입은 후 메릭은 그녀를 체포했다.

미 육군 방첩단이 카크 거리의 저택으로 몰려갔다. 총알은 한 발도 발사되지 않았다. 메르세르는 고개를 끄덕이고 우아하게 항복했다. 오베르크는 오해라며 자신은 독일인 소령이 아니라고 주장했다. 하지만 지하실에서 무기가 가득 담긴 통들이 발견되고 더 이상 해명할 길이 없어지자 말을 멈추었다.

마이크는 테헤란 급습 몇 분 후에 걸려 온 전화로 이 사실을 보고받았다. 미 육군 방첩단의 심문관들이 메르세르와 독일인 장교의 자백을 받아 낼 것이니 모든 건 시간문제였다. 하지만 지금 그에겐 시간이 없었다. 대통령이 테헤란으로 출발하기까지 24시간도 남지 않았다. 잔인한 생각이 스쳤다. 미국인들이 아니라 그의 새 친구인 친절한 소련 장군 아르카디예프가 나치 요원 2명을 붙잡았다면 일 처리가 더 빨랐을지도 모른다. 적어도 엔카베데는 비위가 약하진 않을 테니까. 그들은 별 힘을 들이지 않고 죄수들이 모든 것을 자백하도록 만들 수 있을 것이다. 분노와 좌절감이 가라앉자 그는 상황에 대해 곰곰이 생각해 보기 시작했다. 구체적인 계획이 떠올랐다.

하지만 먼저 마이크는 대통령과 맥킨타이어 제독과 이야기해야 했다. 그는 하루 동안 알게 된 사실들을 배심원 대표가 평결문을 읽는 것처럼 확고하고 간단명료하게 설명했다. 그는 바스라에서 테헤란으로 가는 기차는 발진티푸스의 위험이 크다고 말했다. 그를 카이로로 데려다준 브라이언 소령이 내내 6,000피트 이하로 날았다는 말도 덧붙이며, 카이로에서 테헤란으로 직항하는 것을 추천했다.

"좋네." 제독은 순순히 동의했다. 대통령도 찬성했다.

마이크는 적어도 한 가지 문제는 해결되었다는 사실에 안도하며 물러났다. 다시 보안용 전화기를 찾아서 다음 공격을 개시했다. 엔카베데의 아르카디예프 장군에게 전화를 걸었다.

"장군님은 자리에 안 계십니다." 놀라울 정도로 영어를 잘하는 러시아인이 퉁명스럽게 말했다. "전화를 드리라고 할까요?"

"최대한 빨리요. 긴급 사안입니다. 전화기 옆에서 기다리죠." 마이크가 말했다.

기다리는 내내 불안함이 계속되었다. 마이크는 자신이 부탁하는 쪽이지만 그렇게 행동하는 것은 현명하지 못하다는 사실을 알고 있었다. 몇 번 만나보지 않았지만 나약함은 절대로 소련군을 움직이지 못할 것 같았다. 그는 부탁하지 않을 것이다. 일단 자신이 하려는 일을 아르카디예프 장군에게 말하고 불쾌한 반응을 보이는지 살펴볼 생각이었다. 강한 척하거나 애원할 시간은 나중에 충분할 것이다. 그는 전화를 건 순간부터 물러날 길이 없다는 것을 알고 있었다.

마이크는 앞에 놓인 전화기가 울리자마자 받았다. "내 팀원들을 장군과 장군의 팀원들과 함께 일하도록 배치하고 싶습니다. 낙하산 부대원들이 추가로 체포될 경우, 우리 쪽 사람들도 그 자리에 있었으면 합니다. 우리는 유럽에서 함께 전쟁을 하고 있죠. 테헤란에서도 함께했으면 합니다."

마이크는 마음속의 다른 생각은 일부러 말하지 않았다. 테헤란에서 나치의 활동을 정확하게 파악하지 않으면 눈이 먼 상태로 작전을 수행하는 것이나 마찬가지였다. 그는 테헤란의 밀폐된 회담 장소 밖에서 무슨 일이 일어나고 있는지 알아야 했다. 자신은 대통령의 곁을 지켜야 하니, 부하들을 소련군과 나란히 테헤란의 거리를 돌아다니게 해서 앞으로 다가올 일에 대비할 수 있기를 필사적으로 바랐다.

그는 장군의 답을 기다렸다. 마음속으로는 절대로 거절당하지 않으리라고 결심한 뒤였다. 끝까지 강력하게 밀어붙일 생각이었다.

"나에게 보내시오." 장군이 마침내 말했다. 적극적이기보다는 어쩔 수 없다는 투였다.

그 일이 해결되자 마이크는 서둘러 커크 대사의 관저로 갔다. 대통령은 추수감사절 만찬을 여는 중이었다. 처칠과 그의 딸 사라, 루스벨트의 아들 엘리엇, 해리 홉킨스와 그의 아들 로버트, 대통령 측근 몇 명이 아이오와호에 실려 옮겨진 칠면조와 크랜베리 소스, 호박 파이가 차려진 식탁에 모였다. 대통령이 휠체어에 기대어 칠면조를 잘랐다. 훗날 처칠은 '중간역 카이로에서 기분 좋은 사람들과 함께한 즐거운 저녁'이라고 회상했다.

즐겁지 못할 수도 있었다. 셸렌베르크가 루스벨트의 추수감사절 만찬 도중에 공격하는 방안도 고려했었으니까. 하지만 시기가 너무 이를 수도 있다는 점에서 그 아이디어는 실행으로 옮겨지지 못했다. 빅3가 모두 모일 것이라는 보장이 없었기 때문이었다.

하지만 다음날 11월 27일에는 빅3가 테헤란에 있을 것이다.

같은 날 밤, 콤 바로 동쪽의 평평한 착륙 지점이 트럭의 헤드라이트로 밝아졌다. SS 소령 한스 울리히 폰 오르텔과 블라소프의 소련군 16명으로 이루어진 남쪽 팀이 소리 없이 밤하늘에서 떠내려왔다. 아래쪽 땅을 훑어보니 트럭과 반원으로 빙 둘러선 부족원들이 보였다. 그들은 안심했다. 낙하산 부대원들은 오라니엔부르크에서 배운 방법대로 너무 뻣뻣하지는 않게 다리를 모아 뒤꿈치를 붙이고 착륙 준비를 했다. 땅에 점점 가까이 내려갔고 마침내 착지했다.

이번에는 기다리는 소련군도 없었고 무방비 상태의 낙하산 부대원들을 향해 발사되는 총알도 없었다. 가모사가 상사들에게 두 번째 착륙 지점을 알리지 못한 것일까? 아니면 그의 전송 내용을 잘못 이해한 모스크바 센터의 실수였을까? 어쩌면 소련군이 바위투성이 지대에 숨어든 전날 밤의 낙하산 부대원들 가운데 생존자가 없는지 확실하게 확인하기 위해 북쪽의 산기슭까지 샅샅이 뒤지느라 바빠서였을지도 모른다. 이 문제는 끝까지 명쾌한 답이 나오지 않았다.

오르텔과 부하들은 카슈카이 부족원들의 도움으로 재빨리 낙하산을 걷고 장비를 트럭에 싣기 시작했다. 트럭의 숫자는 예상보다 적었지만 부족원들은 낙타도 가져왔다. 트럭에 효율적으로 짐을 실은 후 남자들이 탔다. 하지만 오르텔은 머뭇거렸다. 날이 밝기 전에 테헤란의 안가에 도착해야만 했다. 하지만 원래의 계획은 홀텐-플루크와 그의 팀원들을 기다리는 것이었다. 그들의 비행기는 심페로폴 활주로에서 첫 번째 Ju-290기 바로 뒤에 있었고, 그들 역시 콤에서 낙하산으로 강하할 예정이었다. 함께 카슈카이 부족원의 안내를 받아 테헤란으로 가야 하건만, 도대체 그들은 어떻게 된 것인가? 오르텔은 의아했다.

비행기 엔진에 문제가 생겨서 크림반도로 돌아갈 수 밖에 없었는지도 모른다. 적의 전투기에 의해 격추당했을 가능성도 있었다. 항로 이탈로 정해진 낙하지점에서 멀리 떨어진 곳에 강하해야만 했을지도 모른다. 인내심을 가지고 조금만 더 기다린다면 밤하늘에 찍힌 점처럼 낙하산이 내려오는 모습이 보일 가능성도 얼마든지 있었다.

SS 소령 오르텔은 홀텐-플루크가 살았는지 죽었는지, 이미 콤으로 가고 있는지, 사막에서 절망적으로 길을 잃었는지 알 길이 없었다. 하지만 이내 그는 더 이상 기다렸다가는 부하들의 안전까지 위험해질 수 있다고 확신했다. 그의 지시가 떨어지자 낡은 트럭들과 쌕쌕거리는 낙타들로 이루어진 카라반이 전진하는 군대처럼 사막의 모래를 가로지르기 시작했다. 잠든 도시의 심장부를 향해, 역사적인 임무를 향해.

전시에 테헤란의 야간 순찰을 도는 엔카베데의 임무는 길고 지루하기만 했다. 새로운 날이 밝기 몇 시간 전의 희부연 어스름 속에서는 더욱더 그랬다. 또다시 아무런 일도 없이 하루의 순찰이 끝났다는 사실을 깨닫지만, 아직 순찰이 완전히 끝나지는 않은 시간이었으니까. 그 시간대에는 지금까지 위험의 징후가 없었던 탓에 앞으로도 없으리라는 생각으로 긴장이 풀리기 쉬웠다.

그러나 경기병대는 달랐다. 그들은 전원 20세도 되지 않은 아이들이었고, 소련 정보기관과 공식적인 연결고리가 아예 없는 무급 자원봉사자들이었다. 테헤란 지국의 소련 요원들은 재미있다는 듯 그들의 활동을 받아 주었다. 하지만 그들은 미래의 비밀 요원을 꿈꾸는 열정적인 소년들이었기에, 자신들이 믿는 대의를 위해 공을 세우고자 했다. 19세의 열성적인 리더 게보르크 바르타니안은 모든 임무를 규칙적으로 수행하도록 이끌었다. 그들은 마치 '돌격'을 알리는 나팔이라도 울린 것처럼 매일 정확하게 저녁 8시가 되면 거리로 나섰다. 시간이 흘러도 속도가 느려지는 법이 없었다. 경기병들은 아침 7시까지 자전거를 타면서 조금도 방심하지 않고 성실하게 테헤란 시내를 순찰했다.

소년들이 받은 명령은 매우 모호했다. 엔카베데의 테헤란 지국장 안드레이 베르틴스키가 소년들을 무시해서가 아니었다. 베르틴스키는 무엇을 주시하라고 할지에 대한 구체적인 생각이 없었다. 예를 들어 롬멜의 기갑군단이 시장으로 돌진해 오는 것 같은 명백한 대참사를 제외한다면 소년들에게 제공할 지침이 별로 없었다. 그래서 그는 소년들에게 분별력을 사용하라고 했다. 주변을 뒤져라. 수상하다 싶은 게 있으면 알려라. 그다음은 우리가 알아서 할 것이다. 그는 바위처럼 단단한 자신감을 보이며 소년들에게 그렇게 일렀다.

소년 바르타니안이 평소와 다름없이 잔뜩 경계 태세를 갖추고 순찰을 돌기 시작했을 때 눈길 끄는 무언가를 본 것은 11월 27일 동이 트기 전이었다. 그는 자기가 본 것이 뜻밖의 일이라는 사실을 전혀 알지 못했다. 하지만 달리 할 일도 없었기에 좀 더 자세히 보려고 페달을 밟았다. 너무 가까이 가지는 않았다. 거리의 감시 기술을 터득한 그는 자연스러움이 중요하다는 것을 잘 알고 있었다.

처음에 든 생각은 카라반이… 좀 이상하다는 것이었다. 트럭에 소련 군인들이 가득 탔는데 그것은 이상할 것이 없었다. 하지만 부족원들이 운전하는 건 의아했다. 소련군 사령관이 부족원들에게 붉은 군대 병사들의 운전기사를 맡기다니 상상조차 되지 않는 일이었다. 게다가 상자를 잔뜩 짊어진 낙타들이 있었다. 처음에 그의 눈길을 끈 것도 바로 그 것이었다. 낙타를 도시에 들이는 것이 샤에 의해 금지된 일이기 때문도 있었지만, 군대 카라반에 낙타가 동원되었다는 사실도 이상했다. 비행장 옆에 있는 소련군 전용 주차장에는 트럭 부대가 질서 정연하게 주차되어 있는데 왜 굳이 낙타를 이용할까? 그 질문이 떠오른 순간 소년은 놀라운 사실을 발견했고, 진작 알아차리지 못한 자신을 나무랐다. 트럭에 군용차 표시가 없었다. 범퍼에 빨간색 별들이 없는 것이다!

소련군이 표시도 되지 않은 군용차를 타고 원주민들에게 운전을 맡긴 채 낙타에 짐을 싣고 이동하는 이유는 열 가지, 아니 스무 가지라도 떠올릴 수 있었다. 하지만 그중에서 말이 되는 것은 하나도 없었다. 모든 상황이 그를 당혹스럽게 했다. 소년은 패거리들을 모으기 위해 서둘러 페달을 밟았다.

테헤란은 감시하기 좋은 도시다. 미로 같은 샛길과 골목길이 감시자를 보호해 주고 거리에 몸을 숨길 만한 지형지물도 많아서 사냥감의 눈에 띄지 않고 가까이에서 계속 지켜볼 수 있다. 게다가 감시자가 자전거를 타고 있으면 완벽하게 위장할 수 있다는 이점이 있을 뿐만 아니라—누가 자전거 탄 아이들에게 신경이라도 쓰겠는가?— 기동성이라는 귀중한 장점까지 있다. 꼬불꼬불한 도시의 거리에서 자전거는 트럭이나 낙타보다도 빨리 달릴 수 있다. 경기병대는 조심스럽게 카라반과 속도를 맞추었다.

그래도 그들의 속도를 따라잡기는 만만치 않았다. 카라반은 대로를 따라 달리다가 연속으로 좌회전과 우회전을 해서 골목길로 들어갔다. 순간 엔카베데 본부가 있는 시루스 거리로 곧장 향하는 것처럼 보였다. 바르타니안은 자신이 무심코 현재 진행 중인 작전에 끼어든 게 아닌가 하는 불길한 생각이 들었다. 그러나 트럭들은 시루스 거리를 피해 계속 시내를 가로질렀고, 아침 7시가 되기 직전 시장의 서쪽 경계에 나란히 나 있는 좁은 도로에서 멈추었다. 소년들은 군인들이 사암으로 만든 낮은 건물의 모퉁이에서 조심스럽게 주위를 둘러본 후 트럭에서 짐을 내려 양탄자 창고처럼 보이는 건물 안으로 사라지는 것을 유심히 지켜보았다. 부족민들이 트럭을 타고 떠나고 낙타들도 바짝 뒤따라가는 모습을 보자마자 소년들은 이 상황이 수상한 게 맞다는 확신이 생겼다.

소년 바르타니안은 군대를 동원하는 장교처럼 결단력 있게 패거리에게 지시를 내리기 시작했다. 2명이 건물 뒤쪽에 탈출할 만한 뒷문이 있는지 살펴보러 갔다. 1명은 근처의 지붕으로 기어 올라갔다. 그곳에서는 창고의 맨 위층이 들여다보였다. 나머지는 있던 자리에서 몸을 숨기고 정문을 뚫어져라 쳐다봤다. 바르타니안은 창고에서 누가 나오면 들키지 않도록 조심하면서 따라가라고 말한 뒤, 그 자신은 경기병대가 발견한 확실한 정보를 엔카베데에 전달하기 위해 시루스 거리로 가능한 한 빨리 페달을 밟았다. 아무래도 소련 군인으로 위장한 독일 요원들이 테헤란에 몰래 들어온 게 분명했다.

가장 큰 소음은 문을 부수고 들어가는 소리가 아니라 그 직전에 숨죽여야 하는 소리다. 계단에서 삐걱거리는 발소리, 알아들을 수 없을 정도의 작은 속삭임, 소총의 안전장치를 푸는 딸깍 소리. 팽팽한 침묵 속에서는 작은 소리도 증폭된다.

이것이 한스 폰 오르텔이 들은 소리였다. 그는 즉각 경계 태세를 갖추었다. 소리를 듣자마자 충격에 빠진 그는 살그머니 창밖을 확인했다. 그가 이미 총구를 겨누고 거리에 흩어진 엔카베데 요원들을 발견했을지, 블라소프의 군인들을 깨우고 총격전을 준비하라고 말했을지는 알 수 없다. 다만 확실하게 알려진 사실은 소련군이 들이닥쳤을 때 오르텔이 송신기를 쓰고 있었다는 것이다. 그는 심각한 긴급 상황이 닥쳤을 때 사용하라고 지시받은 암호를 사용해 베를린에 보고하고 있었다. "중지! 작전 중지! 작전 취소!"

그러고 나서 총격이 시작되었다. 엔카베데 요원들이 소련 군대와 함께 안으로 들어갔고 바르타니안은 맨 뒤에서 쫓아가 충격적인 모든 상황을 지켜보았다. 그는 붉은 군대 병사로 위장한 남자 1명이 기관총을 드는 순간 정확한 총성과 함께 뒤로 고꾸라지는 것을 보았다. 다른 이들이 곧장 무기를 버리고 손을 들어 순순히 항복하는 것도 보았다. 길게만 느껴지는 그 찰나에 바쁘게 주위를 훑던 소년의 눈이 송신기 앞에 있는 남자를 발견했다. 송신기는 총탄에 벌집이 되어 아무 소용이 없는데도 남자는 마이크에 대고 미친 듯 소리쳤다. 모든 것이 끝났을 때 바르타니안은 병자처럼 창백한 얼굴의 겁에 질린 죄수들이 밖에 세워진 진짜 붉은 군대 트럭을 타고 시루스 거리로 이송되는 모습을 바로 옆에서 지켜보았다.

소년은 그들이 구금되는 과정에서 롱 점프 작전에 대한 이야기를 전부 털어놓았다는 것을 들었다. 그 작전이 송신기 앞의 군인이 절망적인 메시지를 보내면서 갑작스레 막을 내리게 되었다는 것을. 소년은 죄수들이 어떻게 되었는지는 알 수 없었다. 아무도 몰랐다. 그들은 그냥 사라졌다. 총구가 겨눠진 채 피로 물든 시루스 거리의 지하실로 끌려간 많은 사람들처럼.

특공대가 심페로폴 활주로에 세워진 Ju-290기에 탑승 준비를 끝마쳤을 때, 스코르체니는 그 소식을 들었다. 오르텔이 임무 중단 신호를 보냈다고. 그는 지금까지 북부 팀이나 홀텐-플루크와 부하들로부터 도착한 메시지가 없다는 사실을 알고 있었고, 오후 내내 그 침묵이 작전에 의미하는 바를 곰곰이 생각해 보고 있던 터였다. 팀들에게 연락이 오지 않는 데는 경험상 여러 이유가 가능했다. 도시에서 몸을 숨기느라 보안상 침묵이 필요할 수 있다. 강하 지역에서 멀리 떨어진 곳에 착륙해 사막을 걸어가야 하거나 강하 도중에 송신기가 손상되었을 수 있다. 그밖에도 팀의 무소식을 설명해 주는 논리적이고 걱정할 필요가 없는 상황을 열 가지가 넘게 찾을 수 있었다. 하지만 오르텔의 충격적인 메시지 이후에는 더 이상의 의심이 남지 않았다. 본능이나 가설에 의존할 필요가 없었다. 그는 군인의 냉철한 전투 감각으로 무슨 일이 일어났는지 알 수 있었다. 그들은 죽었다. 아니면 죄수로 붙잡혀 죽음을 기다리면서 그저 빨리 끝나기만을 바라고 있을 것이다.

이제 그는 어떻게 해야 할까? 그는 남은 질문을, 아니 난제를 깨달았다. 비행기는 활주로에 세워져 있었다. 강인한 부하들과 비행기에 올라 계속 임무를 수행한다면 어떨까? 이미 불가능에 가까운 상황을 겪고도 살아남은 그가 아니던가? 용기와 대담함은 군인의 미덕이었다. 무모함은 승리와 함께 가는 법이다. 그는 유럽에서 가장 위험한 사나이다. 그는 모두보다 한 수 앞설 수 있을 것이다.

아니, 과연 그럴 수 있을까? 스코르체니는 군인의 죽음은 명예롭다고 굳게 믿었다. 하지만 바보같이 함정에 빠져서 얻는 죽음에는 명예와 명성이 없다. 지금쯤 포로로 붙잡힌 이들은 분명 고문으로 무너져서 모든 것을 자백했을 것이다. 연합국은 그가 오는 걸 알고 기다리고 있을 테고 성공할 확률이 없었다. 그와 그의 부하들은 학살당할 것이다. 생포되어 모두가 보는 앞에 전시되고 무능한 바보라고 온 세상으로부터 조롱받는 끔찍한 상황이 벌어질 수도 있다.

스코르체니는 부하들에게 비행기에 타라고 했다. 전원 탑승했을 때 조종사에게 다가가 지시했다. 계획 변경이다. 베를린으로 되돌아간다. 비행기가 서쪽으로 출발해 회색 덩어리 같은 숲과 전쟁으로 황폐해진 도시들을 지날 때 스코르체니는 마음에서 롱 점프 작전을 내려놓기 시작했다. 그는 자신을 전설로 만들어 줄 다른 새로운 모험을 상상하며 페이지를 넘겨 버렸다.

한편 이란에서 루돌프 폰 홀텐-플루크는 따뜻한 모닥불 가에 앉아 정찰병이 돌아오기를 기다리며 점점 커지는 걱정을 애써 억누르고 있었다. 그는 상황을 알아보기 위해 고레치를 보낸 터였다. 고레치는 그의 팀과 함께 이란으로 낙하산을 타고 들어온 현지인 통역사였다. 강하 대참사로 오르텔과의 조우에 실패한 상황에서, 그의 군인 본능은 그것이 합리적인 조치라고 말하고 있었다. 훌륭한 현장 장교는 전술이 좌절되면 적절하게 대응해야 한다. 하지만 지금쯤이면 돌아와야 할 고레치가 감감무소식이자 홀텐-플루크는 혹시 자신이 실수를 한 건 아닐까 걱정스러웠다. 혹시 고레치가 포로로 잡힌 것일까? 혹시 이곳 야영지로 적을 데려오는 건 아닐까? 주변의 사막은 나지막하게 윙윙거리는 소리만 들릴 뿐 온통 조용했다. 하지만 그렇다고 안전하다는 뜻은 아니었다. 위험이 다가오는 것처럼 느껴졌다.

하지만 달리 무엇을 할 수 있겠는가? 계획에서 벗어난 일이 연속으로 발생했다. 조종사가 항로를 완전히 이탈해 착륙 지점인 콤 외곽의 말라 버린 호수에서 적어도 50킬로미터는 떨어진 곳에 그들을 떨어뜨렸다. 그다음에는 전송기가 문제였다. 땅에 거칠게 착륙하면서 고장이 났을 수도 있고, 심페로폴에서 들고 왔을 때부터 결함이 있었을 수도 있지만, 어쨌든 전송이 불가능했다. 원래의 착륙 지점까지 힘들게 걸어갔더니 이미 해가 떠서 햇살이 쨍쨍했고 오르텔도 트럭도 흔적조차 없었다. 홀텐-플루크도 테헤란의 안가, 즉 양탄자 창고의 주소지를 가지고 있었다. 하지만 그와 부하들이 한낮에 들키지 않고 무사히 이동하는 건 별개의 문제였다. 걸어서 가야 하는 것은 물론이고 신중해야만 하는 또 다른 이유는 그들이 블라소프의 군인들처럼 무시무시한 소련 군복을 입지 않았기 때문이었다. 그들은 국가보안본부의 기술부가 마련해 준 조잡한 현지인 의상을 입었다. 이란 경찰을 겁주는 블라소프의 거구 군인들이 없으니 도시 입구를 지키는 검문소에서 제지당할 위험이 컸다.

경찰의 질문에 뭐라고 답할 것인가? 상황이 그러하다 보니, 전쟁 전까지 테헤란에 살았던 고레치를 안전 가옥으로 보내는 것이 가장 현실적인 방법 같았다. 운이 좋다면 그가 트럭을 구해 올 것이다. 그러면 어둠의 엄호 아래 도시로 들어갈 수 있다. 만약 순찰차에 제지당하면 고레치가 해결할 수 있을 것이고, 고레치가 오르텔에게 말해서 그들의 도착을 확인해 주는 메시지를 베를린으로 보내면 된다. 홀텐-플루크는 셸렌베르크와 스코르체니가 안절부절하며 보고를 기다리는 모습이 상상되었다. 하지만 고레치는 돌아오지 않았고 홀텐-플루크는 또다시 즉흥적으로 만일을 위한 대비책을 세우지 않으면 안 되었다.

하지만 회복력 강한 홀텐-플루크 소령은 상황을 받아들이려고 노력했다. 그가 모든 선택지를 철저하게 따져 보고 있을 때 고레치가 아무 소리도 없이 유령처럼 나타나 불가에 털썩 주저앉았다. 그가 들고 온 소식은 홀텐-플루크가 상상한 그 어떤 것보다 나빴다.

통역사는 아무런 관심도 끌지 않고 테헤란으로 들어갈 수 있었다. 그는 곧바로 창고로 가지 않고 망설이다가 빈틈없는 조심성으로 근처 카페에 자리를 잡았다. 예전에 테헤란에서 살았던 그이기에 카페가 정보를 수집하기에 가장 좋은 장소라는 것을 알고 있었다. 테이블은 활기 넘치는 손님들로 북적거렸다. 대부분은 바로 근처에서 벌어진 소름 끼치는 사건에 관해 이야기하고 있었다. 중무장한 러시아인들이 양탄자 창고를 습격했다. 테헤란 전체가 포위 공격당한 것처럼 생각될 정도로 엄청난 총격이 있었지만, 창고에서 나온 것은 소련 군복을 입은 겁에 질린 군인 12명 정도였다. 그 군복은 위장이고 죄수들은 사실 독일 공작원들이라고 손님들은 자신감에 차서 설명했다. 이 모든 이야기를 엿들은 고레치는 단숨에 커피를 들이키고 창고를 쳐다보지도 않은 채 사막의 임시 야영지로 돌아왔다.

홀텐-플루크는 상황을 검토해 보았다. 그는 롱 점프가 실패했다는 것을 깨달았다. 오르텔과 블라소프의 군인들은 분명히 아는 것을 전부 털어놓았을 것이다. 그들은 무엇을 아는가? 북쪽 팀과 그들이 숨어 있는 안가의 위치를 말할 수 있다. 그들 역시 붙잡혔을지 모른다. 이 임무는 더 이상 비밀이 아니게 된 것이 확실했다. 연합국은 특공대가 루스벨트와 처칠, 스탈린의 암살을 계획하고 있다는 사실을 알았을 것이다. 이제 기습의 요소는 사라졌다.

아니, 과연 그럴까? 홀텐-플루크는 가능성을 지워 버린 후에도 스스로에게 물었다. 그에게는 여전히 유리한 점이 있었다. 물론 남쪽 팀은 고문을 이기지 못해 그의 6인조 팀과 만나기로 예정되어 있었다는 사실을 밝혔을 것이다. 하지만 그의 팀이 지금 어디에 있는지는 모르니 그것은 말할 수 없었을 것이다. 그들의 위치는 아무도 모른다. 심지어 베를린에서도. 포로로 잡힌 이들이 모르는 것은 그것뿐만이 아니었다. 작전의 핵심 요소는 셸렌베르크와 스코르체니, 그리고 그 자신만이 알고 있었다. 작전상의 보안이 꼭 필요했다. 만약 블라소프의 군인들이 총격전에서 총알받이로 쓰일 것이라는 사실을 알면 내뺄 수도 있었기 때문이다. 하지만 지금까지 일어난 일들을 고려해 보니 이 비밀 유지가 홀텐-플루크에게 희망을 주는 듯했다. 심문관들은 공격이 정확히 언제 있을지, 정확히 어떤 식으로 이루어질지 절대로 알아낼 수 없다. 아직 기습 공격이 가능하다. 연합군은 이란에 붙잡히지 않은 특공대원 6명이 있다는 사실을 알게 되겠지만 막지는 못했다. 게다가 홀텐-플루크에게는 게먼 폭탄 한 상자와 자동 무기와 탄약이 있었다.

물론 위험은 더 커졌다. 연합군이 암살 계획을 알게 되었으니 빅3에 대한 경호가 강화될 것이다. 하지만 중요한 질문은 결국 한 가지였다. 그의 팀이 보안 검색을 통과할 수 있을 것인가? 홀텐-플루크는 오라니엔부르크에서 세워진 계획을 검토한 결과 절대 실패할 염려가 없다는 결론에 도달했다. 아직 성공시킬 수 있다. 그의 부하들은 빅3의 눈을 똑바로 쳐다볼 수 있을 것이다.

그 점이 가장 중요했다. 그는 원래 50명이 수행하기로 계획된 임무를 6명이 완수할 수 있느냐의 문제는 신경 쓰지 않았다. 가능성이 있는 한 계속 나아가는 것이 군인의 의무니까. 만약 성공한다면? 그의 이름이 조국의 역사에 영원히 남을 것이다.

홀텐-플루크는 부하들에게 이동 준비를 하라고 했다. 그들은 테헤란으로 갈 것이다.

기억되고 싶은 인간의 욕망은 거대했다.

-36-

윈스턴 처칠은 무서웠다. 그가 탄 차는 앞뒤가 꽉 막혀서 어디로도 움직일 수 없었다. 게다가 움직이지 못하는 차량을 인파가 가득 에워쌌고 점점 가까이 다가왔다. 뒷좌석에 앉은 그는 몸을 숨길 곳도 없었다. 권총이나 폭탄을 든 두세 명의 결연한 남자가 나타난다면 막을 방법이 전혀 없었다. 혹시 이 순간이 마지막이 되지 않을지 마음 졸이며 일분 일초가 지났다. 방금 테헤란에 도착한 영국 총리는 안전한 영국 대사관에 도착하기도 전에 암살당할지도 모른다는 사실에 두려움을 느꼈다.

카이로에서 출발한 비행기가 11월 27일 아침 11시에 게일 모르게 공항에 착륙하자마자 보안에 대한 우려가 커지기 시작했다. 처칠은 나치가 계속 공격 기회를 노릴 것이라는 사실을 믿어 의심치 않았다. 그가 탑승했다고 잘못 알려진 비행기가 상공에서 격추된 사건만으로도 증거는 충분했다. 그는 총사령관으로서의 책임에 대해서 익히 알고 있었고 또 받아들였다. 이 모든 정신이 번쩍 드는 이유들 때문에 그는 부디 조용하게 테헤란에 도착하기를 원했다.

하지만 그가 비행기에서 내린 직후에 영국 대사가 주최한 작은 환영식이 있었다. 총리는 짜증과 고집이 섞인 무덤덤한 태도로 견뎌 냈다. 하지만 그것은 그의 차량이 비행장에서 빠져나오자마자 휩쓸린 낭패에 비하면 사소한 골칫거리일 뿐이었다. 도로에는 말에 탄 빛나는 이란 기병들이 줄지어 서 있었다. 모든 기수들은 희극 오페라에 나올 법한 요란한 색깔의 제복을 차려입었다. 화려한 행사는 약 5킬로미터 내내 계속되었다. 처칠은 이 화려한 전시가 '매우 중요한 인물이 왔다'는 사실과 그 사람의 이동 경로를 큰소리로 공표하는 꼴이라는 생각밖에 들지 않아서 분노가 치밀었다. 설상가상으로 그가 혹독한 비판의 눈길로 평가해 보니 저 쫙 빼입은 경비대는 '그를 전혀 보호할 수 없었다.' 길을 안내하는 경찰차도 총리 일행이 오고 있다는 사실을 사방팔방에 알리고 있으니 전혀 도움이 안 되기는 마찬가지였다. 그는 차의 번쩍이는 불빛이 암살자의 조준 지점이 될 것 같아서 마음이 괴로웠다.

차량이 대사관으로 이어지는 거리로 들어선 후 갑자기 급정거해야만 했을 때 그의 우려는 소름끼치는 공포로 바뀌었다. 영국 대사관 경계선 밖에 세워진 바리케이드 때문에 차량 정체가 발생하고 만 것이다. 총리가 탄 차량은 일렬로 늘어선 다른 차량들 사이에 끼어 앞으로도 뒤로도 전혀 움직일 수 없었다. 완벽한 암살 타이밍이었다.

드디어 줄 지어선 차량이 움직이기 시작했고 처칠의 차가 검문소를 통과했다. 계속 천천히 달려서 높다란 벽으로 둘러싸인 영국 대사관으로 들어갔다. 무장 부대의 견고한 저지선에 둘러싸이자 처칠은 마침내 안전함을 느꼈다.

마이크는 태평하지도 않았고 순진하지도 않았다. 그는 영국인들이 그들의 총리를 노출시킨 그 어떤 위험에도 보스가 노출되지 않도록 신중을 기했다. 루스벨트 대통령의 C-54기는 11월 27일 아침 7시가 조금 넘어서 카이로 웨스트 공항을 출발했다. 오후 3시 정각에 테헤란에 도착한 후에는 아무런 환영식도 치러지지 않았고, 그저 방탄 유리가 달린 차를 타고 텅 빈 거리를 지나 미국 공사관까지 빠르고 효율적으로 이동했다. 마이크는 그가 계획한 대로 모든 게 순조롭게 진행되어서 만족스러웠다.

대통령을 방으로 모신 마이크는 아르카디예프 장군이 할 말이 있다며 아래층에 와 있다는 소식을 듣고 만족스러웠다. 그의 공조 제안을 상대가 진지하게 받아들이고 있다고 느껴졌기 때문이다. 그날부터 마이크의 부하 6명이 엔카베데와 함께 일할 예정이었다. 장군이 테헤란에 도착한 그들을 환영해 주려고 일부러 들렀다는 사실에 고마운 마음이 들었다.

하지만 장군의 암울한 표정과 축축한 턱살, 멍한 눈동자를 보는 순간, 마이크는 아르카디예프가 온 이유를 잘못 판단했음을 깨달았다.

"나치가 지난 며칠 동안 테헤란 주변에 떨어뜨린 낙하산 부대원 38명을 붙잡았소." 장군이 엄숙하게 발표했다.

마이크는 안도의 한숨을 내쉬었다. 그리곤 그의 머릿속에 가장 먼저 떠오른 생각이 입 밖으로 불쑥 튀어나왔다.

"38명인 게 확실합니까?" 그가 생각해도 터무니없는 질문이었다.

"확실합니다. 잡은 사람들을 아주 철저하게 조사했습니다." 장군이 말했다.

마이크는 그렇게 말하는 아르카디예프를 보면서 '잡힌 나치들이 심문받을 때 옆에 있지 않은 게 다행이다' 싶은 생각마저 들었다. 그들의 도덕성을 비판하기도 어려웠다. 어쨌든 위협이 제거되었고 대통령은 무사하니까.

그러나 장군은 그의 부하들이 아직 붙잡지 못한 나치가 있다는 충격적인 소식을 전했다. 중무장한 특공대원 6명이 도주 중이었다. 그는 그들이 어디에 있는지 언제 공격할지 전혀 알지 못한다고 했다.

순간 마이크는 온몸의 피가 차갑게 식는 것 같았다.

4부

6일

소련 장군의 말에 마이크는 아연실색하고 분노가 치밀었다. 언제든 일어날 수 있는 일이라는 것을 잘 알고 있음에도, 막상 최악의 공포가 현실이 되니 왜 아무것도 모르고 있다가 기습당한 기분이 들까? 마이크는 정말로 그런 기분이 들어서 한참 동안 아무런 말도 할 수 없었다. 6명의 암살자가 보스를 노리고 있다.

하지만 프로 정신이 강한 마이크는 복잡한 심경을 내보이지 않았다. 공조 작전에 필요하지 않은 부분까지 엔카베데 관계자에게 드러내고 싶지 않았다. 그는 누군가 엿들을 위험 없이 대화를 나눌 수 있는 공사관의 아래층 방으로 장군을 안내했다. 그들은 마치 오랫동안 알고 지낸 사이처럼 서로 마주 보고 앉았다. 그 모습만 보면 중대한 위험이 닥친 상황이라고는 전혀 상상할 수 없을 정도였다. 곧 장군이 자세한 설명을 시작했다.

아르카디예프에게는 마이크가 품고 있는 두려움이 전혀 없었다. 현재 테헤란의 상황에 대한 그의 분석은 자신감이 넘쳤고 힘을 북돋워 주기까지 했다. 그는 빅3에 대한 위협이 제거되었다고 단도직입적으로 선언했다. 소련군이 나치 특공대 38명을 붙잡았으니 그들의 작전은 끝난 것이라고. 어차피 세 지도자를 둘러싼 철통 보안을 뚫지 못해 성공할 수도 없었을 것이다. 아직 잡히지 않은 6명은 필사적으로 도망쳐야 할 테고, 다른 팀원들은 모두 붙잡혔다. 6명과 3,000명 군대와의 싸움이니 게임이 되지 않는다는 것을 그들도 알 것 아닌가. 게다가 연합군이 경고를 받았으니 예상치 못한 일이 벌어지는 것은 불가능하다. 지금 6명의 특공대원은 분명 이란에서 튀르키예로 탈출하려고 안간힘을 쓰고 있을 거라고, 장군은 단언했다. 그러면서 북쪽에 있는 소련 군대도 경계 태세에 돌입했으니 국경 순찰대가 그들을 잡아낼 것이고, 머지않아 6명의 나치가 체포되었다는 소식이 들려올 것이라고 장담했다.

마이크는 장군의 한마디 한마디에 주의를 기울였다. 그도 장군의 말이 옳고 보스가 위험에서 벗어났다고 믿고 싶었다. 하지만 이 일을 하면서 오랫동안 암살을 연구하고 킬러들을 분석해 온 마이크는 아직 음모가 끝나지 않았다고 느꼈다.

이제 마이크가 말할 차례였다. 만약 그의 생각대로라면 앞으로 며칠 동안 장군의 도움이 필요할 것이다. 그래서 그는 소련 군대에 진 빚을 인정하는 말로 시작했다. 정치인들과 보낸 시간은 그에게 아첨이 매우 효과적인 무기가 될 수 있다는 것을 가르쳐 주었다. 게다가 그가 느끼는 감사함이 진정성을 더해 주었다. 38인의 나치 특공대가 발각되지 않고 성공적으로 테헤란으로 침투했다면 어땠을지 생각하는 것만으로 몸서리가 쳐졌다.

마이크는 진심 어린 감사를 전한 후 그다음으로는 자신의 주장을 펼쳤다. 너무 공격적으로 보이지 않도록 주의했다. 어차피 소련 장군과 맹목적인 애국심으로 누구 목소리가 더 큰지 소리를 높여 봤자 아무에게도 득 될 게 없었다.

"지금 이 순간에 그 6명이 튀르키예로 가고 있을 가능성이 확실히 있긴 하지만 제 생각에는 그 가능성이 클 것 같지는 않습니다. 그 이유를 설명해 드리지요. 심문을 통해 얻은 정보를 취합해 보면, 그 작전이 매우 신중하게 설계되었음을 알 수 있습니다. 준비 과정도 꽤 걸렸고 특공대원들도 따로 선별되었죠. 광범위한 무기 훈련도 받았습니다. 안가도 마련되었고요. 맞습니까?"

장군이 조심스럽게 동의했다.

마이크는 굳은 결의로 말을 계속했다. "그렇다면 그 6명이 아주 구체적인 계획을 안고 테헤란으로 온 거라 봐야 할 것 같습니다."

이때 장군이 약간 강한 어조로 끼어들었다. "하지만 우리가 체포한 이들은 작전의 구체적인 세부 사항을 전혀 알지 못했습니다. 그들은 공격이 언제 어디에서 일어나는지 알지 못했단 말입니다. 테헤란에서 그 정보를 받을 예정이었을 겁니다. 하지만 작전 중지 신호가 베를린으로 보내졌고 작전이 취소되었으니 아무것도 오지 않을 겁니다."

그다음에 장군은 망설였다. 마이크는 장군의 태도를 보고 그가 무언가에 얽매여 있다는 사실을 알아차렸다. 죄수들의 심문 과정에서 다른 무언가가 발견되었지만 밝히기를 꺼리는 듯했다.

마이크는 말했다. "도망 중인 6명은 다른 모두와 마찬가지로 이 임무를 위해 선별되었을 것입니다. 그들이 뽑힌 이유는 경험이 풍부한 특공대이기 때문일 것입니다. 맞습니까?"

장군은 고개를 끄덕였다.

"그들은 낙하산으로 이란에 들어왔을 때 무장을 하고 있었을 겁니다. 붙잡힌 이들처럼요."

장관은 또 살짝 고개를 끄덕이며 동의했다.

"하지만 그들은 다른 이들과 같지 않습니다." 마이크가 말을 계속했다. "그들은 다릅니다. 우선 그들은 당신들이 붙잡은 이들과 함께 들어오지 않았습니다. 별개의 부대였습니다. 그리고 내 생각에 그들은 소련 군복으로 위장하지 않았을 겁니다. 그랬다면 지금쯤 당신 부하들이 찾았을 테니까요. 부대에 잠입한 이들이 있는지 잘 살피라고 이미 일러뒀을 겁니다. 그렇지 않습니까?"

장군의 경계심이 살아났다. 아르카디예프는 내키지 않는다는 태도로 군대에 그렇게 전달했음을 인정했다.

"그렇다면 이 6명의 남자들은 누구겠습니까?" 마이크가 되려 반문하듯이 물었다. "그들은 당신들이 체포한 이들과 마찬가지로 엄선되어 철저하게 훈련받은 베테랑들입니다. 하지만 그들은 잡힌 이들과 똑같지 않습니다. 그들은 소련군으로 위장하지 않았어요. 내 생각에는 이 작전에서 수행할 역할이 다르다는 뜻 같습니다. 그들이 지휘팀이었던 게 분명합니다. 그들이야말로 작전의 전체적인 내용을 아는 상태로 이란에 왔다고 봐야 합니다. 모든 보안을 몰래 통과할 수 있는 면밀하게 세워진 계획을 안고 온 것이죠. 절대 실패할 수 없다고 생각되는 방법, 빅3에게 다가갈 수 있는 방법 말입니다."

장군이 말하기 시작했지만 마이크가 끊었다.

"그들이 붙잡히지 않았다는 사실은 다른 것을 증명합니다." 마이크가 말을 계속했다. "이 6명은 위기 대처 능력이 아주 뛰어납니다. 당황하지 않고 인내심이 있습니다. 내 모든 본능이 말하는 바에 따르면…"

드디어 장군은 짜증이 난 것 같았다. "본능이라고 했습니까?" 그가 반박하듯 물었다. 이 대화에 관한 보고서에 따르면, 아르카디예프 장군은 미국인의 감정 같은 모호한 영역에 대해 관심이 없음을 분명히 했다.

하지만 마이크는 가시 돋친 말을 무시했다. 너무 큰 위험이 닥친 때라 지금은 옆길로 샐 시간이 없었다.

"그들은 도망칠 사람들이 아닙니다. 그들에겐 임무가 있고, 절대 포기하지 않을 겁니다. 맡은 임무를 수행할 겁니다. 그들에겐 그럴 수단이 있죠. 그들은 중무장을 했고 아직 기회가 있습니다. 베를린에서 설계된 기발한 계획. 나는 그들이 테헤란에 숨어 공격할 순간을 기다리고 있을 것이라고 확신합니다."

장군은 비록 동의하지는 않았지만 마이크가 틀렸다고 반박할 준비도 되어 있지 않았다. 결국 그들은 새로운 보안 조치를 시행하기로 합의했다. 대사관을 둘러싼 감시 병력을 늘리고 그 무엇도 건물로 배달되지 않도록 한다. 모든 트럭은 구내로 들어가기 전에 방향을 틀어야 한다. 대사관 건물 지붕에 밤낮으로 저격수들을 배치하고 누군가 벽을 넘으려는 순간 즉시 발포할 것이다. 도시에 들어오거나 떠나려는 이들을 막기 위해 추가로 도로에 바리케이드를 세울 것이다.

그리고 집집마다 수색을 시작할 것이다. 마이크가 보기에 최선의 방법이었다. 그는 암살자들이 공격하기 전에 그들을 먼저 찾아낼 생각이었다. 그가 보스 앞으로 몸을 던져 총알을 막는 것이 최선이 되기 전에 말이다. 마이크는 자신의 팀을 소련군과 동행해 테헤란의 집집마다 돌아다니게 하는 동시에 영국인들에게 도움을 요청할 계획이었다. 테헤란 정도 되는 크기의 도시에서 집집마다 수색을 벌이는 것은 '상당한 골칫거리'였지만 특공대원들이 숨어 있는 곳을 찾으려면 달리 방법이 없었다.

그날 밤 베를린은 불길에 휩싸였다. 영국 공군 폭격기들은 카이로 회담을 시작했을 때부터 베를린에 대한 야간 공습을 강화했고 빅3가 테헤란에 도착했을 때도 마찬가지였다. 밤마다 울부짖는 사이렌 소리, 대공 포대의 장송곡 같은 펑펑 소리, 밤하늘에 수 킬로미터나 떼 지어 빼곡하게 들어찬 폭격기의 강력한 으르렁거림이 이어졌다. 폭탄이 빗줄기처럼 쏟아져 쾅쾅 터지면서 수 세기의 역사를 무너뜨렸다.

셸렌베르크는 밤새 초조하게 천둥소리를 듣다가 아침까지도 여전히 타고 있는 잿더미와 돌무더기를 보면서 훨씬 더 요란한 회오리바람이 닥치리라는 것을 의심하지 않았다. 복수심에 불타는 밤의 공격은 연합군이 독일의 무조건 항복을 얻어 냈을 때 가할 응징의 전주곡일 뿐이었다. 뭔가를 하지 않는다면 분명 그랬다.

공포와 애석함으로 심란해진 셸렌베르크는 롱 점프 작전을 떠올렸다. 그의 야심 찬 계획은 단 며칠 만에 허물어졌다. 연이어 닥친 재앙으로 지금 그가 보는 이 도시처럼 산산이 조각나 버렸다. 오르텔의 절망적인 메시지로 남쪽 팀이 붙잡혔다는 것이 분명해졌다. 지금쯤 그들은 그들의 대담한 용기에 대해 목숨으로 대가를 치렀으리라. 북쪽 팀으로부터는 이란에 도착했다는 무선 메시지조차도 오지 않았다. 송신기가 있는데도 연락이 없는 이유는 하나뿐이다. 그들은 죽었다. 오베르크도 마찬가지일 것이다. 오베르크는 갑자기 연락이 끊겼고 즉각 회신하라는 긴급 지시에도 아무런 반응이 없었다. 그리고 스코르체니는? 그는 롱 점프 작전의 잔해 속에서 걸어 나갔다. 언제나 위대한 생존자였다.

그래도 셸렌베르크는 아직 희망을 버릴 필요는 없다고 애써 생각했다. 가능성이 아무리 희박해도 홀텐-플루크와 팀원들이 연합국의 수사망을 벗어났을 가능성이 여전히 있다고 믿고 싶었다. 그들이 오르텔이 잡혀간 것을 먼저 알았다면 그들의 침묵 또한 설명된다. 그렇게 생각하자 너무 맹목적이지 않은 믿음의 도약이 가능했다. 집념 강한 귀족 홀텐-플루크와 팀원들이 아직 작전을 수행 중이라면 어떨까. 아직 임무를 저버리지 않고 지금 테헤란에서 몸을 숨긴 채 미리 계획된 공격의 순간을 기다리고 있다고 말이다.

울적한 체념을 떨치고 기운을 차렸을 때 갑자기 떠오르는 기억이 있었다. 쿠엔츠호수의 특공대 학교에서 기세등등한 교관이 넘치는 자신감과 확고한 신념으로 학생에게 하는 말을 들었던 일이었다. "50명!

50명만 있으면 된다." 홀텐-플루크 소령이 호언장담했다. "능력과 의지를 갖춘 50명의 남자. 워싱턴, 런던, 모스크바로 돌진할 수 있는 용기와 노하우를 가진 남자들. 작은 권총 하나의 작은 총알 하나가 포병 연대보다 더 파괴력이 클 수 있다."

지금 홀텐-플루크에게는 50명의 부하가 없다. 하지만 그에게는 용기와 노하우가 있다. 셸렌베르크는 믿고 싶었다. 아직 작전을 성공시킬 수 있는 사람이 있다면 그것은 바로 홀텐-플루크라고.

한때 50명만 있으면 역사를 바꿀 수 있다고 호언장담한 남자는 테헤란의 고요함 밤 속에서 눈에 띄지 않게 숨어 있었다. 그는 위협을 느꼈고 절망감도 점점 커졌다. 이란인 통역사 고레치가 테헤란 외곽에서 버려진 진흙 오두막을 발견했다. 폐가는 거의 쓰러지기 직전이었지만 거기에서 잠시 몸을 피하기로 했다.

홀텐-플루크는 부하들에게 교대로 잠을 자면서 보초를 서도록 했다. 그렇게 팀원들은 쭈그리고 앉아 밤을 보냈다. 하지만 홀텐-플루크는 잠을 잘 수 없었다. 온갖 질문과 불안으로 마음이 어지러웠다. 계속 그 자리에 있으면 아침에 누군가의 눈에 띌 것이다. 근처에 사람들이 사는 게 분명한 오두막집이 너무 많았다. 날이 새기 전에 떠나야만 할 것이다. 하지만 어디로 간단 말인가? 놀라울 정도로 추운 도시를 가로질러 이 임시 피난처까지 오는 과정만 해도 끊임없는 위험이 도사리고 있었다. 앞으로도 분명 모퉁이마다 위험이 그를 내다보고 있을 터였다. 철저하게 상황을 되짚어볼 필요가 있었다. 공격하기 전에 붙잡힐 가능성이 커졌으니 계획 변경도 고려해야 했다. 내일 대사관 한 곳을 습격하면 어떨까? 하지만 그는 그런 생각을 하면서도 헛된 희망조차 품을 수 없었다. 그 무모한 공격이 어떻게 끝날지는 뻔했다. 한 발이라도 쏴보기 전에 전멸할 것이다. 그는 오라니엔부르크에서 세워진 계획을 그대로 따라야만 그나마 성공 가능성이 있다는 결론에 이르렀다. 셸렌베르크가 정한 시간표를 따라야 한다. 그러려면 기다려야 했다. 하지만 그동안 어디에 숨어 있는단 말인가?

오두막 근처에서 트럭이 멈추는 소리가 났다. 그의 조용한 명령에 부하들은 즉시 일어나 총을 겨누었다. 그들은 최후의 저항을 준비했다.

그 순간 고레치가 오두막으로 들어왔다. 덩치가 곰처럼 크고 수염이 난 남자가 뒤따랐다. 밤의 그림자에 얼굴이 가려져서 후광이 비친 검은 곱슬머리와 반짝이는 위험한 눈동자만 보였다.

홀텐-플루크는 낮에 고레치를 도시로 보냈다. 예전에 이란에서 살았던 고레치는 시선을 끌지 않고 돌아다닐 수 있었다. 그가 고레치에게 한 주문은 공격 개시 전까지 머무를 장소를 찾는 것이었다. 고레치는 몇 년 전 친나치 성향의 민족주의 정당 운동을 통해 알고 지낸 사람들의 집에 찾아갔다. 자신과 친구 몇 명을 며칠 동안 숨겨 줄 수 있는지 물었다. 그 친구들이라는 것이 은신처가 필요한 독일 군인들이라고 밝히지는 않았지만 추측하기가 어렵지는 않았을 것이다. 하지만 이미 소련군이 집마다 돌아다니며 외국인이 있는지 찾는 중이라 모두가 거절했다.

그러자 고레치는 팔레바니 레슬링 선수 미스바 에브테하지의 집을 찾아갔다. 프란츠 마이어의 오랜 공작원이자 에른스트 메르세르가

릴리 산자리의 과감한 구조 작전에 도움을 청한 그 에브테하지 말이
다. 고레치는 앞의 두 스파이와 마찬가지로 레슬러의 협조를 얻어 냈
다. 그는 에브테하지에게 도움의 대가로 1,000파운드를 제안했고, 전
쟁에서 승리한 후 베를린 당국이 그에게 테헤란의 경찰서장 자리를 약
속한다고도 했다. 영국 파운드는 위조지폐였고 독일이 이란 지방자치
단체장의 임명을 결정한다는 것은 터무니없는 말이었다. 하지만 이 레
슬러는 감히 자신을 속이려는 사람이 있으리라고는 생각하지 않은 듯
했다. 해 볼 만한 도박이라고 생각했는지도 모른다. 이유가 어쨌든 도
와주겠다고 했다.

에브테하지는 홀텐-플루크 일행을 자기 집에 데려가지 않았다. 아
내와 4명의 딸이 있는 집에 모르는 남자 6명을 끌어들이는 것은 적절
하지 않았다. 게다가 집마다 수색이 이루어지고 있었고, 머지않아 소
련군이 그의 집에도 찾아올 터였다. 항상 진취적인 그에게는 더 좋은
생각이 있었다. 그는 안전한 장소를 알고 있었다. 완벽한 은신처였다.

그가 의견을 건네자 고레치도 찬성했다. 소련군은 물론이고 그 어떤
외국인이라도 절대 살펴볼 생각을 하지 않을 곳이었다.

특공대원들은 레슬러의 트럭에 탔다. 밖은 아직 어두웠지만 도시를
가로질러 가는 동안 경계를 풀지 않았다. 홀텐-플루크는 텅 빈 거리가
축복인지 저주인지 알 수 없었다. 큰소리로 텅 빈 거리를 달리는 트럭
이 적의 순찰대의 관심을 끌까 봐 두려웠다. 그는 계속 에브테하지에게
속도를 줄이라고 말했지만 레슬러는 알아듣지 못하는 척했다. 마침내
그들은 파라자디 거리의 그곳에 무사히 도착했다.

홀텐-플루크는 낯설고 기이한 건물을 바라보았다. 그 건물은 아래는 둥글고 위로 올라갈수록 높은 벽이 급격하게 가늘어지다가 창끝만큼 날카로워 보이는 지붕으로 이어졌다. 처음에 그는 사원일지도 모른다고 생각했지만 이내 레슬링 선수가 설명해 주었다.

설명을 듣고 보니 정말로 이곳으로 그들을 찾으러 오는 이들은 없을 것 같았다. 홀텐-플루크는 마침내 상황이 자신에게 유리하게 바뀐 것을 감지했다. 완벽한 은신처를 찾았다. 때가 될 때까지 숨어 있기에 완벽한 장소였다.

그는 부하들에게 장비를 챙겨서 얼른 안으로 들어가라고 명령했다.

테헤란의 시계가 자정을 알릴 때, 미국과 영국 대사관의 전화벨이 울렸다. 전화를 건 사람은 소련의 외무부 장관 뱌체슬라프 몰로토프였다. 그는 소련 주재 미국 대사 애버럴 해리먼과 영국 대사 아치볼드 클라크 커와의 통화를 원했다. 두 남자 모두 잠자리에 든 뒤였다. 아침에 테헤란 회담의 첫 번째 세션이 시작될 예정이었다. 몰로토프는 대사들을 깨우라고 요구했다. 지금 당장 만나야 한다고.

새로운 날이 밝으려면 아직 먼 캄캄한 시간에 두 대사는 놀라서 잠이 완전히 달아난 상태로 소련 대사관으로 달려갔다.

11월 28일이었다.

해리먼 대사는 아침 9시에 미국 공사관 내 대통령의 침실을 두드렸다. 따뜻한 침대에 누워 있다가 소련 외무부 장관이 소집한 긴급회의에 불려간 일에 대해 보고할 필요가 있었다.

해리먼은 소련의 경고 내용을 그대로 읊었다. "처칠 총리와 스탈린 원수가 루스벨트 대통령을 방문하기 위해 이동하는 동안 암살당할 실질적인 위험이 있습니다. 그리고 미국은 스탈린 원수가 루스벨트 대통령을 만나기 위해 테헤란을 차량으로 이동하다가 당할 수 있는 부상에 책임이 있습니다." 해리먼은 대통령이 핵심을 놓쳤을 경우를 대비해, 몰로토프가 말한 '부상'이라는 말은 '암살'을 뜻한다고 설명해 주었다.

그러나 소련 외무부 장관이 날벼락 같은 소식만 던진 것은 아니었다. 그는 정당성을 주장하는 능글맞은 웃음조차 짓지 않고 제안했다. 공교롭게도 그가 전에 했던 것과 똑같은 제안이었다. 그는 미국 대통령에게 소련 대사관에 머무르라는 초대를 다시 건넸다. 하지만 이번의 초대 이유는 더 이상 편의를 위해서가 아니었다. 나치 암살자들이 다 붙잡히지 않은 상태에서 꼭 필요한 예방책이었다. "세 정상이 가까이에 있으면 그 누구도 차량으로 시내를 이동할 필요가 없습니다." 해리먼 대사가 소련의 논리를 그대로 전달했다.

테헤란에서 처음 아침을 맞이하는 처칠도 신속하게 끼어들어 대통령에게 불안감을 표시했다. 처칠은 테헤란에 도착한 순간부터 안절부절못했고 권총이나 폭탄 공격에 관한 생각이 머릿속을 떠나지 않았다. 그런 상황에서 몰로토프가 커 대사에게 총리의 두려움이 현실화될 수도 있다는 가능성을 전해 온 것이다. 나중에 처칠은 그날 들은 당혹스러운 소식을 회상하며 말했다. "소련의 비밀 정보국이 빅3를 죽이려는 나치의 음모를 밝혀냈다." 처칠은 자신의 목숨만 위험에 처한 것이 아니라 전쟁의 미래가 위험하다는 사실을 잘 알고 있었다. 만약 나치가 3명의 연합국 지도자들을 테헤란에서 살해하는 데 성공한다면 어떻게 될 것인가? 처칠은 생각만으로 두려워졌다.

상상만으로 끔찍한 미래와 사실로 확인된 모든 의심에 총리는 루스벨트에게 자기 생각을 분명히 밝혔다. "나는 대통령이 지금 당장 소련 대사관으로 옮겨야 한다는 몰로토프의 호소를 강력하게 지지합니다. 소련 대사관은 다른 대사관들보다 서너 배나 크고 그 넓은 구내는 지금 소련군과 경찰에 둘러싸여 있습니다."

두 동맹국의 압박 속에서 루스벨트는 그의 보안을 책임지는 마이크에게 조언을 구했다. 마이크는 대단히 기뻤다. 그렇지 않아도 테헤란에서의 둘째 날 아침, 그는 자신이 점점 커지는 위기를 멈출 힘이 없다는 실망스러운 생각으로 잠에서 깬 참이었다. 낙하산으로 이란에 들어온 6명의 나치 특공대원들은 아직 잡히지 않았고, 집집마다 수색이 시작되었지만 암살자들의 흔적조차 발견되지 않았다. 마치 지구상에서 사라지기라도 한 것 같았다. 틀림없이 도와주는 사람이 있을 것이다. 하지만 누가? 한 사람일까? 아니면 조직망이 있을까? 현지인? 아니면 미리 파견해 둔 독일 요원들? 특별 조치를 취했는데도 아직 6명을 찾지 못했고 그들이 아직 공격을 개시하지 않았다는 사실에 마이크는 소름 끼치는 현실을 실감할 수밖에 없었다. 지금 살인자들은 베를린에서 세워진 철저한 계획에 따라 연합군의 보안을 뚫고 공격할 그 순간을 참을성 있게 기다리고 있었다.

그래서 마이크는 대통령의 물음에 주저하지 않았다. 그는 도시의 중심부로 옮겨야 한다는 것에 전적으로 동의했다. 이 긴장감 가득한 순간에 위험을 줄여 주는 행동이라면 실행할 가치가 있었다. 보스가 다른 대사관들에서 열리는 회의에 참석하기 위해 테헤란의 거리를 차량으로 왔다 갔다 할 필요성을 제거하는 것은 최소한 신중한 출발점이 되어 줄 것이다. 수십 가지나 되는 걱정들이 계속 그를 괴롭혔지만 일단 지금으로서는 잠재적인 대참사를 하나 막을 수 있다는 사실이 어느 정도의 안도감을 주었다.

"어느 대사관으로 옮기든 상관없겠나?" 루스벨트가 물었다.

"별반 차이가 없습니다. 각하." 마이크가 말했다. 보스를 영국과 소런 대사관이 자리한 공동 구내의 높다란 보호벽 안으로 데려가는 것이 중요했다.

"좋아." 대통령이 말했다. "그럼 소련 대사관으로 가지. 언제 가면 되겠나?"

그는 계획을 세우기 시작했다.

레슬러가 특공대원들을 데리고 간 곳은 '주르카네zurkhaneh'였다. 그곳은 에브테하지가 훈련하는 체육관이었다. 주르카네는 '힘의 집'이라는 뜻으로, 팔레바니 선수들에게 필요한 심신 단련이 결코 쉽지 않다는 것을 잘 나타내 주는 이름이었다.

낯선 도시에서 도망치다가 완전히 지쳐 버린 홀텐-플루크는 그곳으로 옮겨 갔을 때 마음의 힘이 되살아나는 것을 느꼈다. 마침내 안전한 곳을 찾은 기분이었다. 출입문도 일부러 낮게 만들어져서 성스러운 장소에 들어갈 때처럼 고개를 숙이고 들어가야 했는데, 이 정도면 소대가 예고 없이 돌격해 들어오는 것도 불가능했다. 체육관 실내의 선수들이 훈련하는 움푹 파인 공간은 잡초와 마른 짚, 석탄재, 점토를 바닥에 층층이 쌓아서 그의 베를린 아파트에 있는 매트리스만큼 편했다. 이란에 온 이후로 줄곧 불안에 시달렸던 부하들은 마침내 이 푹신한 바닥에서 다리를 뻗고 잘 수 있게 되었다. 연합군 순찰대가 이란 스포츠 클럽에 찾아올 일은 절대로 없을 것이라는 확신이 그의 가장 큰 걱정거리를 덜어 주었다. 그들은 이곳보다 명백해 보이는 은신처를 조사하느라 정신이 없을 것이다. 롱 점프 작전이 다시 정상 궤도로 올라섰다는 흥분감이 홀텐-플루크의 결심을 굳건히 해 주었다. 임무의 성공에 대한 자신감이 돌아왔다.

하지만 기다림의 시간이 째깍째깍 흐르고 공격의 시간이 가까워질수록 의심도 되살아났다. 홀텐-플루크는 점점 더 안전을 위협받고 있었다. 그와 부하들은 혼자가 아니었다. 운동선수들이 계속 체육관에 왔고, 서로 붙잡고서 레슬링을 하는 건장한 남자들로 붐비기 시작했다. 사슴 가죽으로 만든 북이 불길한 리듬과 함께 쉬지 않고 울려 퍼졌다. 운동선수들은 6명의 특공대원을 쳐다보았지만 감히 다가가지는 못했다. 하지만 홀텐-플루크는 은신처가 더 이상 안전하지 않다는 것을 깨달았다. 첩보의 세계에 전해지는 오랜 명언도 있지 않은가. 비밀은 공유된 이상 비밀이 아니다.

에브테하지는 소령의 불안감을 진정시키려고 했다. 모든 주르카네는 저마다 정치적인 소속이 있는데 이곳은 친 나치당과 관련 있는 곳이다. 이곳 선수들은 히틀러 샤를 이란의 구세주라고 찬양한다. 나치 독일의 군인들을 영웅이라고 찬양하는 이들이니, 절대로 이곳에 누가 왔는지 말할 리가 없다고 했다.

에브테하지는 진지하게 설명을 계속했다. 팔레바니 선수들은 엄격한 도덕률을 지킨다. 명예와 의무의 엄격한 원칙에 따라서 살아간다. 그들은 절대로 그들의 손님을 배신하지 않는다. 하지만 홀텐-플루크에게 가장 설득력 있게 다가온 것은 레슬러의 마지막 말이었다. 달리 갈 곳이 없다고, 레슬러가 단호하게 말했다. 연합군이 도시를 샅샅이 뒤지고 있다. 여기서 나가면 잡힐 것이다.

홀텐-플루크는 그 어떤 이란인도 믿지 않았다. 특히 1,000파운드와 경찰서장 자리를 주겠다는 터무니없는 약속에 충성심을 파는 이란인은 더더욱 믿을 수 없었다. 그는 레슬러의 넓은 가슴에 재빠르게 칼을 휘둘러 왼쪽 갈비뼈 바로 위에 찔러 넣고 날카로운 칼날을 심장 쪽으로 비틀어 버리고 싶은 충동을 느꼈다. 그의 팀을 사람들의 뜯어보는 눈길에 노출시킨 대가로 적합했다. 하지만 그들이 어디로 갈 수 있단 말인가? 이제 이틀이면 그는 새로운 역사를 쓸 것이다. 그때까지 기다리기만 하면 된다. 계획을 실행하기만 하면 된다. 그전까지 할 수 있는 일은 그저 배신자가 1명도 나오지 않기만을 바라는 것뿐이다.

대신 그는 부하들에게 경계를 늦추지 말라고 일렀다. 경계 태세를 늦추지 말고 항상 무기를 들고 있어라. 장전해 놓고 사격 준비를 해라. 그가 명령했다. 그리고 그는 스스로에게 다짐한 약속을 부하들에게도 전했다. 이틀 후 우리는 역사를 만들 것이다. 모두가 귀를 기울였다. 그들이 운명을 쟁취할 순간을 기다리는 동안, 그 말이 그들의 머릿속에서 북소리의 리듬처럼 울려 퍼졌다.

마이크는 절박한 심정에서 소련 대사관으로 가는 길 전체에 군인들을 세워 놓았다. 무장한 군인들이 어깨를 나란히 하고 서 있도록 했다. 암살자가 대통령의 차량에 총을 쏘려면 무력으로 길을 뚫어야 할 수밖에 없을 것이다. 그날 오후 3시에 마이크는 대통령의 차량 행렬을 미국 공사관 밖으로 내보낼 수밖에 없었다.

경계 태세를 갖춘 무장 군인들이 가득 탄 지프차 두 대가 앞장섰다.

역시나 전투 준비가 된 또 다른 지프차 두 대가 후방을 맡았다. 군인들의 눈이 부지런히 주변을 훑었다. 지붕을 훑고 인파를 바라보면서 총이 있는지 살폈다. 자동차 행렬의 한가운데에 대통령의 리무진이 있었다. 그는 뒷좌석에 앉아 미소 띤 얼굴로 한 손을 들어 현지 주민들의 환호에 답했다. 하지만 대통령 차량의 뒷좌석에 탄 남자는 대통령이 아니었다. 그는 비밀경호국의 밥 홈스 요원이었다.

차량 행렬이 미국 대사관을 떠난 후 마이크는 대통령을 먼지투성이의 군용 세단에 집어넣었다. 고개를 숙이고 계십시오, 각하. 그가 말했다. 모험을 즐기는 루스벨트는 그 말대로 했다. 지프차 한 대가 앞장선 가운데 두 대의 차량이 미친 속도로 테헤란의 골목길을 달렸다. 밥 홈스가 공식 이동 경로를 따라 몰려든 인파에 계속 손을 흔드는 동안 휠체어에 탄 대통령은 소련 대사관에 마련된 스위트룸으로 안내되고 있었다. 홈스 요원은 언제 갑자기 총알이 차창을 뚫고 머리에 박힐지 모른다는 걱정만 없었다면, 대통령 차량 행진 놀이가 무척이나 즐거웠을 것이라고 말했다.

그날 저녁 마이크는 대통령이 처칠과 스탈린을 초대해 저녁 식사를 즐기는 동안 보초를 서고 있었다. 테헤란에 도착한 이후 처음으로 상황이 통제되고 있다는 생각에 꽤 긍정적인 기분이 들었다. 아무런 사고 없이 보스를 소련 대사관으로 안전하게 이동시키지 않았는가. 그는 훗날 '우리 취사병들이 우리 주방에서 우리 음식을 조리하는 모습을 보니 매우 흐뭇했다'고 기록했다. 술을 즐기는 그는 저녁 식사 내내 오랜 친구 처칠을 관찰하면서, '영국 총리는 소련 군대와도 쉬지 않고 계속 건배를 들 수 있을 것이다'라고 감탄하기도 했다. 하지만 마이크의 평온은 얼마 가지 않았다.

파티가 마무리되고 대통령이 휠체어로 침실로 옮겨질 때 육군 방첩단 장교가 다가왔다. "저희가 릴리 산자리가 지내던 집을 급습했을 때 잡힌 독일 스파이 있잖습니까?" 장교가 말했다. "그 스파이의 말을 들어 보셔야 할 것 같습니다. 지금 당장요!"

39

마이크가 육군 방첩단 사람들과 심야에 나눈 회담의 결과, 서로 관련 없어 보이는 두 가지 사건이 발생했다. 그 두 가지는 모두 독일군 소령 비니프레드 오베르크가 털어놓은 이야기에서 비롯된 조치였는데, 만약 마이크가 분노를 폭발시키며 육군 방첩단에 당장 릴리 산자리를 데려오라고 하지 않았다면 절대로 일어나지 못했을 일들이었다. 변덕스러운 여성 스파이가 제공한 정보 덕분에 오베르크가 체포될 수 있었으니까 말이다.

첫 번째 조치는 테헤란 외곽 사막에 있는 수로 터널의 입구에 즉시 소대를 배치하는 것이었다. 오베르크는 38명의 낙하산 부대원이 전부 체포되었다는 말을 듣고 임무가 끝장났음을 깨달았다. 전시의 스파이들은 바로 처형당한다는 날카로운 사실을 되새겨 준 것도 그가 자백을 결심하는 데 큰 영향을 끼쳤다. 그는 아직 6명이 잡히지 않았다는 사실을 전혀 몰랐고, 스스로를 구하기로 마음먹었다. 협조하기로 한 그는 현장 요원의 자부심으로 자신이 대사관 구내로 들어가는 방법을 얼마나 체계적으로 찾아냈는지 이야기했다. 하지만 그는 어느 대사관이 공격 장소인지, 언제 공격이 이루어질지 같은 작전의 세부 사항은 전혀 알지 못했다.

그것은 셀렌베르크의 철저한 첩보 전략 때문이었다. 제6국 수장은 롱 점프 작전을 처음 구상할 때부터 임무를 구획화했다. 참가자들에게 맡은 임무를 완수하는 데 필요한 만큼의 정보만 주었다. 그런 방법 덕분에 블라소프의 군인들은 공격 개시 때 그들이 어떻게 배치될 것인지에 대한 말을 듣지 못했다. 오베르크도 정찰 임무를 마친 후에는 그 이상의 정보로부터 배제되었다. 그는 셀렌베르크가 공들여 하나하나 꿰맞춘 최종 계획을 알지 못했다. 그가 알 필요 없는 내용이었기 때문이다. 특공대를 안가로 무사히 데려오면 그의 일은 끝나는 것이었다.

하지만 육군 방첩단이 오베르크를 흔들어서 빼낸 정보만 해도 매우 당혹스러웠다. 오베르크가 수로 터널을 정찰한 이야기를 털어놓자마자 전투태세를 갖춘 트럭 몇 대 분의 미군이 터널 입구를 지키기 위해 출동했다. 그들은 재빨리 자리 잡고 독일군을 격퇴할 준비를 했다. 마이크는 그 6명의 계획이 성공할 확률은 없다고 확신했다. 철조망에 도착하기도 전에 소탕당할 것이다.

그러나 오베르크의 독창성만큼은 인정하지 않을 수 없었다. 분명 그 독일인 스파이가 찾아낸 대사관 구내 진입 방법은 암살자들을 보스의 방문 앞에 세우는 데 성공할 수도 있었다. 마이크가 그렇게 철저한 감시와 계획에도 전혀 알아차리지 못한 위험을 그 스파이는 발견한 것이다. 숨어 있는 6명은 또 어떤 비밀 정보를 갖고 있을까? 그는 등골이 서늘해지는 공포를 느꼈다. 그들은 과연 어떤 창의적인 계획을 세웠을까? 마이크는 공격 일시를 알지 못한다는 사실을 계속 되새겼다. 머리를 쥐어짰지만 그들이 어느 순간을 선택했는지 알려 주는 그 어떤 단서도 찾을 수 없었다. 오베르크의 자백을 들은 마이크가 적에게 존경심을 느낄 정도였다.

두 번째 조치도 오베르크의 자백이 가져온 직접적인 결과였다. 그 정보로 몹시 불안해진 마이크의 심리 상태에서 나온 결정이기도 했다. 순찰대가 도시 전체를 돌아다니며 집마다 문을 두드리고, 모든 골목길로 성큼성큼 걸어 들어가 카페를 쑤시고, 심지어 시장의 뒷방까지 뒤졌는데도 암살자들의 흔적을 발견하지 못했다. 이에 따라 연합국은 공동의 결정을 발표했다. 테헤란에 숨은 6명의 독일 낙하산 부대원들의 체포에 결정적인 정보를 제공하는 사람에게 2만 달러의 포상금을 준다는 것이었다.

시장이 빠르게 들썩거렸다. 가판대에서 가판대로 놀라운 소식이 퍼져 나갔다. 6명의 나치가 어디에 숨어 있는지 아는 운 좋은 사람은 거금을 벌 수 있었다.

홀텐-플루크는 이런 상황을 전혀 모르고 있었다. 그는 공작관 오베르크가 수로 터널을 통해 행진하는 계획을 털어놓았을 줄 꿈에도 몰랐다. 자신의 목에 막대한 신고 포상금이 걸렸다는 것도.

그는 모든 것을 받아들이고 임무를 향해 출발하는 군인의 좁은 세계에 갇혀 있었다. 그 임무에서 살아 돌아올 가능성이 희박하다는 것은 잘 알았다. 복잡한 심경이었지만 그래도 자신의 이름이 역사에 길이 남으리라는 사실에 힘이 났다. 그는 열등한 이들과 다르다는 것을 확실하게 보여 주고 전쟁의 방향을 바꿀 생각이었다. 그의 이름은 영원히 남을 것이다. 그는 이 업적이 목숨을 바칠 가치가 있는 일이라고 전사의 마음으로 믿어 의심치 않았다.

그는 부하들에게 침착하게 집중하라고 말했다. 24시간 후에 그들은 은신처 밖으로 나갈 것이다. 내일 그들은 역사를 만들 것이다.

한편 베를린에서 셸렌베르크는 시서로가 보낸 새로운 보고서를 받았다. 튀르키예에서 오는 문서들이 항상 그렇듯, 이번에도 무슨 내용이 들어 있을지 전혀 예상할 수 없는 상태로 집어 들었다. 그는 읽기 시작하자마자 이번 물건이 노다지라는 것을 깨달았다. 끝난 지 일주일도 되지 않은 카이로 회담 세부 사항에 관한 거의 실시간 정보였다. 거기에는 루스벨트가 장제스에게 일본의 패배 후 만주를 중국에 반환한다고 약속한 내용이 놀라울 정도로 상세히 기술되어 있었다.

셸렌베르크는 루스벨트가 중국 지원의 대가로 건네는 엄청난 선물에 대해 생각했다. 자동적으로 전쟁이 끝나면 연합국이 독일로부터 무엇을 빼앗을지에 관한 암울한 생각으로 이어졌다. 절망 속에서 그는 홀텐-플루크와 부하들이 어떻게든 무사히 몸을 숨기고 있으며 아직 작전을 수행 중이라고 믿고 싶어 하는 자신을 발견했다.

그날 밤늦게 마이크는 보스가 잠자리에 드는 모습과 무장 경비원이 침실 밖을 지키는 것을 확인하고서야 자신의 숙소로 돌아왔다. 너무 피곤해서 푹 자고 싶었다. 하지만 어떤 이유에선지 다음 날인 11월 30일의 행사 일정을 검토하는 자신을 발견했다. 힘든 시간이 될 하루를 조금이라도 수월하게 시작하고 싶은 마음에서였을 것이다. 그는 대통령 참모진이 작성한 목록의 쭉 열거된 항목을 하나씩 훑어 내려가기 시작했다. 두 번째 페이지를 넘겨서 읽다가 갑자기 멈추었다. 잠시 가능성을 생각해 보다가 확신했다. 마침내 그는 암살자들이 언제 공격할 계획인지 알아냈다.

잠 생각이 달아났다. 그는 부하들에게 경고하기 위해 서둘러 나갔다.

1943년 11월 30일 화요일, 윈스턴 처칠의 69번째 생일은 테헤란에서 맞이한 또 다른 추운 아침으로 시작되었다. 홀텐-플루크는 군인의 습관대로 동틀 무렵 일찍 일어났다. 무슨 일이 생기든 간에 주르카네에서 머무르는 마지막 날이었다. 기다림의 날은 끝났다. 그의 팀은 오늘 밤 공격을 개시할 것이다. 50명을 위해 계획된 작전을 6명이 성공시켜야 했다. 수로 터널을 통해 영국 대사관으로 가서 적들이 예상하지 못했던 순간, 자축하는 건배를 들며 샴페인과 생일 케이크를 먹고 있을 때 기습해서 루스벨트와 처칠, 스탈린을 죽이는 것이다. 홀텐-플루크는 부하들을 준비시키러 갔다.

그는 팀원들을 격려하는 짧은 연설을 했을까? 다가오는 절정을 축하하는 열성적인 몇 마디를 건넸을까? 그랬다고 해도 기록에는 남지 않았다. 하지만 이 순간에 감정을 억누르는 것은 그의 성미에 맞지 않았을 것이다. 그는 셸렌베르크가 쿠엔츠호수의 특공대 학교에서 우연히 들었던 바로 그 신조를 언급했으리라. 용기와 기술을 갖춘 남자들이 위대한 일을 해낼 수 있다고. '작은 권총 하나의 작은 총알 하나가 포병 연대보다 더 파괴력이 클 수 있다'고. 임무가 끝나면 그들의 머리에 왕관이 씌워지고 그들의 이름이 영원히 역사에 남을 것이라는 진심 어린 약속으로 연설을 끝냈을 것이다.

그들이 무기 확인을 한 것은 확실하다. 그들은 스코르체니의 경험에서 얻은 교훈으로 소음기가 장착된 스텐 총을 가져왔고 탄창을 충분하게 들고 있으라는 지시가 내려졌다. 대사관 구내로 들어간 후에 처음에는 기습의 이점이 있더라도 곧 총격전이 벌어질 터였다. 총을 쏘면서 들어가고 총을 쏘면서 나오는 상황에 대비해야 한다. 그들은 기관단총 외에도 발터 PPK 권총과 종아리에 묶은 군용 나이프로도 무장되어 있었다. 개먼 폭탄이 든 상자를 열어 한 사람에게 2개씩 나눠 주었다. 홀텐-플루크는 그동안 조용한 스포츠 클럽에서 고민한 결과, 기관총이 아니라 폭탄을 주요 공격 수단으로 사용하기로 결정했다. 수적 열세를 개먼 폭탄이 보충해 줄 터였다. 밀폐된 공간에서 폭탄의 파괴력은 엄청날 것이다. 그리고 스코르체니가 빠졌으니 새로운 전투 계획도 세워 두었다. 그가 첫 번째 폭탄을 던지면 그것을 신호 삼아 다른 팀원들도 던질 생각이었다. 그는 팀원들에게 폭탄이 즉각 터지도록 퓨즈를 설정해 두라고 일렀다. 그들은 혼란을 틈타 탈출하거나 탈출하려다가 죽을 것이다.

고레치에게 에브테하지의 트럭을 가져오라고 했다. 홀텐-플루크는 이란인 통역사가 아무런 주의를 끌지 않고 돌아다닐 수 있다고 확신했다. 고레치가 돌아오면 팀원들은 트럭의 밀폐된 뒤쪽 공간에 신속하게 올라탈 것이고, 고레치는 테헤란 바로 외곽에 있는 수로 터널 입구까지 운전할 것이다. 그다음 그들은 콘크리트로 둘러싸인 지하 수로에 흐르는 물을 철벅거리며 걸어가겠지. 모든 것이 예정대로 진행된다면 그들이 대사관 구내에 들어설 때는 생일 축하 행사가 무르익을 무렵일 것이다. 어둠 속에서 정원을 가로질러 얕은 인공 연못을 지나 다이닝룸으로 간다. 샴페인이 계속 개봉되고 축제가 한창일 때, 적들이 전혀 예상하지 못한 그 순간에 그들이 등장하는 것이다.

고레치가 떠난 후에야 홀텐-플루크는 4명의 남은 특공대원에게 계획 변경을 알렸다.

마이크는 6개 방으로 이루어진 소련 대사관의 스위트룸으로 보스를 처음 데려왔을 때, 직원들을 보고 마음이 불편해졌다. 그는 이런 기록을 남겼다. "어딜 가든 직원용 하얀 가운을 입고 창문이나 가구를 먼지 한 톨 없이 닦느라 분주한 야수 같은 남자가 보였다. 그들이 먼지를 털거나 광택을 내기 위해 팔을 움직일 때마다 허리춤에서 차디찬 자동 루거 권총의 윤곽이 드러났다. 당연히 그들은 엔카베데 요원이었다."

하지만 오늘은 그들이 숨어 있다는 사실이 안도감을 주었다. 오히려 저녁에는 위협적인 '야수'가 더 많이 배치되기를 바랐다. 이미 아르카디예프에게 의심 사항을 알렸다.

너무 오래 걸렸다고 스스로를 책망했지만 그래도 마이크는 마침내 나치의 계획을 알아냈다. 전날 밤 대통령의 일정표를 확인했을 때 모든 것이 정확하게 맞아떨어졌다. 그가 지금까지 외쳤던 이론을 증명해주는 단 하나의 결정적인 사실을 찾은 것이다. 그는 특공대원들이 모든 준비가 갖춰질 때까지 공격을 보류하고 때를 기다리고 있다고 주장했다. 마침내 그는 나치의 인내심 가득한 전략의 마지막 요소를 찾았다. 그들은 오늘 밤을 기다리고 있었다. 윈스턴 처칠의 생일을 축하하는 파티. 나치는 이것이 빅3가 무슨 일이 있어도 한자리에 모이는 행사가 되리라는 것을 알아차렸다. 처칠이 자신의 생일을 맞아 축배를 들자고 초대하는데 스탈린이나 루스벨트가 어떻게 거절할 수 있겠는가? 이날만큼은 정치와 국가적 야망, 세 거물의 성격마저도 뒤로 제쳐 두고, 협상 테이블에서의 치열한 싸움은 잠시 보류될 것이다. 축제의 저녁이니 보안 역시 느슨할 것이다. 이것이 베를린에서 그린 청사진이었다. 마이크는 이것을 알아내는 데 그렇게 오래 걸린 자신이 어리석다고 느꼈다. 만약 소련군이 특공대원들을 대부분 제거하지 않았다면, 만약 오베르크가 수로 터널을 이용해 몰래 대사관 구내로 들어오는 계획을 털어놓지 않았더라면, 어쩌면 성공했을지도 모를 일이다. 50명의 특공대가 처칠의 생일 파티를 덮쳤을 것이다. 그 상황을 떠올려 보니 너무도 끔찍한 광경이 그려졌다.

아직도 성공 가능성이 있을지 궁금해졌다. 6명의 결연한 남자들이 어떻게든 오늘 저녁 생일 파티에 들어올 방법을 찾을 수 있을지 말이다. 세 강대국이 모든 자원을 합쳐서 그렇게 노력을 기울였는데도 나치 특공대는 그물망을 뚫고 테헤란으로 몰래 들어오지 않았는가. 그들은 결코 평범한 남자들이 아니었다. 마이크는 그들을 과소평가해선 안 된다고 다시 한번 되새겼다. 그들이 잡히거나 죽기 전까지는 그들의 임무도 끝나지 않을 것이다.

그는 바로 옆에 있는 영국 대사관으로 걸어가 주방을 둘러보았다. 어딘지 수상해 보이는 요리사, 맡은 일에 별로 관심이 없는 것 같은 웨이터를 직감으로 골라내려고 했다. 눈에 띄는 것이 없자 커다란 다이닝룸으로 들어갔다. 긴 테이블에 30명이 넘는 손님을 위해 크리스털과 묵직한 은식기들이 세팅되어 있었다. 자리마다 물 흐르듯 예술적인 필기체로 직접 쓴 메뉴가 있었다. 마이크는 글자를 알아보기가 어려웠다. 알아보더라도 프랑스어라서 이해할 수 없었겠지만.

그는 다이닝룸을 훑어본 뒤 안뜰로 통하는 뒤쪽의 양문형 프렌치 도어로 갔다. 문밖으로 정원과 직사각형 모양의 작은 인공 연못이 보였다. 프렌치 도어의 손잡이를 흔들자 문이 쉽게 열렸다. 그는 돌아서 다이닝 테이블 쪽을 바라보았다. 그의 바로 맞은편에는 처칠 총리의 좌석표가 놓여 있고 그 양쪽으로 루스벨트 대통령과 스탈린 원수의 이름이 있었다. 세 남자는 대사관 정원으로 이어지는 잠기지도 않은 문 근처에서 나란히 한 줄로 붙어 앉을 예정이었다. 마이크는 화가 부글부글 끓었다. 당장이라도 테이블로 달려가서 고급 도자기 그릇과 잘 닦은 나뭇가지 모양의 촛대를 모조리 집어던지고 싶은 마음을 참으려고 애썼다. 이 파티를 시작도 하기 전에 끝낼 수만 있다면 뭐든 하고 싶었다. 하지만 충동을 억눌렀다. 그가 할 수 있는 일은 어떤 상황에도 준비된 상태로 보스 옆에서 자리를 지키고, 오늘 밤에 도사리고 있을 위험을 무사히 헤쳐 나가게 해 달라고 마음속으로 기도하는 것뿐이었다.

홀텐-플루크는 부하들에게 새로운 계획을 알렸다. 더 이상 위장을 해야 할 전술상의 이유가 없으니 독일군 군복을 입으라고 했다. 명예를 위해서도 필요한 일이었다. 그것은 선언이었다. 그들이 대사관 정원에 나타나 생일 축하 파티장으로 난입했을 때 세상과 역사가 그들을 제3 제국의 병사들로 분명하게 알아보는 것이 중요했다. 그는 다이닝룸에서 개면 폭탄을 던질 때 놀란 루스벨트와 처칠, 스탈린이 죽음을 바로 눈앞에 두고 마지막으로 하는 생각이 이것이기를 바랐다. 독일 군인들이 지구 끝까지 쫓아왔구나.

부하들도 같은 생각이었다. 그들은 무기를 내려놓고 배낭 속에서 군복을 꺼냈다. 현지인으로 위장한 옷을 군복으로 갈아입고 있던 그 순간, 한 무리의 레슬러들이 빠르게 링으로 다가왔다. 16명의 건장한 남자들이었다. 그중에는 쇠파이프를 든 사람들도 있고 곤봉을 휘두르는 사람들도 있었다.

홀텐-플루크가 무슨 일이 일어나고 있는지 깨닫고 스텐 총을 집으려고 뛰어들었다.

하지만 늦었다. 곤봉이 그의 머리를 내리쳤고 그는 의식을 잃고 매트 위로 쓰러졌다.

정신을 차려 보니 묶여 있었다. 4명의 부하들도 마찬가지였다. 묵직한 쇠파이프를 움켜쥔 위협적인 레슬러 2명이 보초를 서고 있었다. 나머지는 나치 특공대를 잡았다고 소련 측에 신고하고 포상금을 타기 위해서 시루스 거리의 집으로 갔다.

저녁 식사 내내 마이크는 프렌치 도어의 양문을 계속 주시했다. 2명의 경비원에게 문 양쪽을 지키고 서 있게 했지만 충분하지 않았다.

처칠의 표현대로 '합쳐서 전 세계 모든 해군과 모든 공군의 4분의 3을 통제하고 거의 2,000만 명의 군대를 움직일 수 있으며 인류 역사상 가장 끔찍한 전쟁을 이끌고 있는' 세 남자가 테이블에 한 줄로 나란히 앉아 있었다. 마이크는 기어코 방법을 찾은 6명의 특공대가 언제 저들의 목숨을 빼앗을지 모른다는 끔찍한 생각을 내려놓을 수 없었다. 아무리 경계해도 대담하고 광기 넘치는 적을 감당하기에는 역부족일까 봐 두려웠다.

하지만 처음부터 끝까지 즐겁기만 한 파티였다. 선한 의도가 건네지는 끝없는 건배, 69개의 빛나는 초가 꽂힌 커다란 케이크, 다 같이 힘차게 부르는 생일 축하 노래. 마이크의 눈에 평범함에서 벗어난 것은 단 하나, 영국 총리가 '즐겁게 제멋대로 혼파이프 춤을 추는 모습'뿐이었다.

새벽 2시에 마지막 손님들이 떠나기 시작했다. 그제야 마이크는 지난 24시간 내내 그를 위협했던 온갖 터무니없는 생각과 예감으로부터 무사히 벗어날 수 있었다. 내일이면 ―아니, 자정이 넘었으니 벌써 오늘이 12월 1일이었다― 이 아수라장 같은 도시를 떠나 상대적으로 안전한 카이로로 돌아간다는 사실도 힘을 북돋워 주었다. 6명의 나치 특공대원들이 어디에 있는지는 모르지만 비행기가 카이로를 향해 이륙하고 이란의 산악 지대 위를 날아가는 순간 그들의 운명은 별로 중요하지 않았다. 더 이상 위협이 되지 않을 테니까.

그가 이런 생각에 잠겨 흡족해하고 있을 때 대통령 보좌관이 다가왔다.

"마이크, 여행 일정에 약간의 변화가 생겼네." 보좌관이 말했다. "대통령께서 회담을 이틀 더 계속하자는 처칠의 요청을 받아들이셨네. 12월 3일에 떠날 걸세."

시루스 거리에는 문제가 좀 있었다. 엔카베데 지국장과 부지국장, 거의 모든 요원이 그날 밤 영국 총리의 생일 만찬에서 스탈린 원수를 경호하기 위해 대사관으로 소환되었다. 보상금을 내어 줄 수 있는 사람이 아무도 없었다. "6명의 나치가 숨어 있는 곳이 어딘지만 말해라. 우리가 가서 잡겠다." 당직 장교가 말했다.

하지만 이란인들의 대답은 확고했다. "돈이 없으면 정보도 없다. 기다리겠다. 어차피 나치들은 아무 데도 가지 않을 테니까."

결국 이런 식으로 끝나다니 홀텐-플루크는 믿어지지 않았다. 그와 그의 부하들은 팔이 묶인 채 통닭구이 신세가 되기만을 기다리는 닭처럼, 소련군을 기다려야 했다. 역사에 남기는커녕 불명예와 수치만이 가득했다. 완전한 실패에 수치심이 몰려왔고, 총을 한 발도 쏴 보지도 못했기에 더더욱 원통했다.

잠시 후 밀폐된 체육관에서 천둥소리가 울려 퍼졌다. 두 발의 총성이 연달아 울렸다. 보초 하나가 매트에서 앞으로 고꾸라졌다. 나머지 하나도 앞으로 쓰러졌다. 둘 다 뒤에서 총에 맞았다. 체육관에 들어온 고레치가 팔을 뒤로 묶인 동료들을 보자마자 말없이 이란인 보초 2명을 차례로 쏜 것이었다. 그는 세 번째가 어디에서 나타날지 몰라 여전히 한 손으로 발터 PPK를 겨누고 있었다.

"빨리 날 풀어줘! 여기서 나가야 한다. 소련군이 언제 올지 몰라." 홀텐-플루크가 명령했다.

6명의 남자들과 그들의 무기를 실은 트럭이 서둘러 스포츠 클럽을 떠났다. 홀텐-플루크는 이제야 방금 전에 일어난 일들이 실감 나기 시작했다. 레슬러들의 배신에 분노가 치밀었지만 지금은 그럴 때가 아니었다. 생각을 집중한 그는 곧바로 암울한 결론에 도달했다. 더 이상 원래의 작전을 진행할 수 없었다. 그들이 대사관 구내에 도착하는 순간 파티는 이미 끝났을 것이다. 목표물을 어떻게 찾아야 하는가? 그들은 대사관 건물들의 위층 구조를 알지 못했다. 전략을 다시 세울 필요가 있었다. 그들은 아직 붙잡히지 않았고 개면 폭탄을 가지고 있다. 아직 공격은 가능하다. 하지만 우선은 밤을 보낼 안전한 곳이 필요했다. 그곳에서 상황을 다시 짚어 봐야 한다.

"생각나는 곳이 있습니다." 고레치가 말했다.

고레치는 특공대를 태운 트럭을 경찰서로 몰았다. 시내를 가로지르는 내내, 홀텐-플루크는 소련 군인들이 스포츠 클럽에 왔다가 자신들의 뒤를 따라오고 있지는 않은지 계속 초조하게 주위를 둘러보았다. 남자들은 스텐 총을 꽉 쥐고 있었다. 손가락을 방아쇠울에 붙이고 적이 따라오고 있다는 사실이 확인되는 순간 발사할 준비를 했다. 그들의 날카로운 눈이 달빛 아래의 어둑한 그늘을 훑었다.

계획이 갑자기 무너지고 수치스럽게도 탐욕스러운 이란인 근육질 패거리에 잡혔지만 지금 그들은 또 다른 기회를 준비하고 있다. 허망한 패배를 겪고도 기적적으로 다시 일어난 것이다. 그들은 여전히 무장한 위험한 존재이고 여전히 빅3를 암살하고자 한다. 그들에겐 의지가 있고, 그들의 목표물이 아직 테헤란에 있다. 전열을 가다듬고 대안을 찾아 만회해야만 했다.

그래서 고레치가 하룻밤 동안 안전하게 머물 만한 장소를 알고 있다고 말했을 때 홀텐-플루크는 귀를 기울였다. 저속한 배신으로 역사를 새로 쓸 기회를 포기하지 않은, 칭송을 갈망하는 고레치에게 감사한 마음도 들었다. 이란인 고레치는 그가 친나치 성향의 민족주의 시위에서 함께 행진하던 어린 시절부터 오랜 친구라는 사드라크 모바카르에 대해 이야기했다. 모바카르는 히틀러 샤의 열렬한 숭배자이니 위험을 무릅쓰는 데 대한 대가만 지불한다면 분명 그들을 받아 줄 것이라고 했다. 하지만 꼭 알아야 할 주의점이 하나 있는데, 모바카르는 알바시 거리에 있는 경찰서의 부서장이고 야간 근무 담당자였다.

그 말을 듣자마자 홀텐-플루크는 경계 태세를 갖추었다. 이란인 패거리에게 배신당한 것에 대한 분노와 의심이 즉각적으로 치밀어 올랐다. 하지만 그는 균형 감각을 이내 되찾았다. 적의 영토에서 실행하는 임무는 믿을 수 없는 위험과 아슬아슬한 도박의 연속이었다. 늦은 시간인데다 이전의 계획이 엉망진창이 된 상태이니 누구든 내미는 손을 잡을 수밖에 없었다. 이상한 낌새가 보이는 순간 총을 쏴서 빠져나갈 수 있도록 주의를 소홀히 하지 않으면 된다. 임무의 성공에 대한 흔들리지 않는 믿음이 홀텐-플루크에게 힘을 북돋워 주었다. 그는 경찰서로 가자는 말에 동의했다.

도착한 후에는 빠르게 거래가 이루어졌다. 부서장에게 5,000파운드, 근무 중인 경찰 2명에게 각각 1,000파운드씩 주는 대가로 6명의 특공대원들은 빈 감방에서 밤을 보낼 수 있었다. 가격은 상관없었다.

어차피 위조지폐였다. 홀텐-플루크는 속으로 히죽 웃었다. 하지만 새로운 구세주의 충성도 거짓일까 봐 두려웠다. 그는 부하들에게 무기를 준비하고 교대로 잠을 자라고 명령했다. 만약 부서장과 그의 동료들이 수상한 낌새를 보인다면 이번에 갑자기 당하는 쪽은 그쪽이 될 것이다.

다행히 그날 밤은 무사히 지나갔다. 홀텐-플루크는 홀로 감방에 앉아서 계획의 시작점을 결정했다. 절충안이고 결함이 있는 전략이지만 그래도 성공할 수 있다고 확신했다. 계획이 좀 더 완전한 형태가 되려면 꼭 필요한 정보가 있었지만 이는 부서장이 제공해 줄 수 있을 것이다. 물론 충분한 보상을 해 줘야겠지만.

모바카르가 감방으로 들어온 것은 동이 튼 직후였다. 그는 다음 교대 근무를 맡은 경찰들이 곧 출근할 시간이므로, 이곳을 떠나야 한다고 했다. 특공대원들은 불안해졌다. 그들은 낙하산으로 이란에 들어온 뒤로 줄곧 도망 생활을 하고 있었다. 다들 지휘관을 바라보았다. 홀텐-플루크는 허를 찔린 기분이었다. 어떻게 새로운 은신처를 찾는단 말인가? 그들은 어디로 갈 수 있을까? 그는 팀원들과 테헤란에서 좀 더 버텨야 했다. 딱 하루만 더 버티면 그들은 역사를 만들 수 있었다.

테헤란에 더 머물러야 한다는 갑작스러운 소식을 들은 마이크는 악의 가득한 저주를 받은 기분이었다. 뻔히 보이는 모습으로 위장하고 먼지떨이로 조심스럽게 먼지를 터는 덩치들의 행렬과 지하 터널을 이용해 접근할 수 있는 울창한 정원이 있는 이 소련 대사관을 떠날 생각에 얼마나 기뻐하고 있었던가. 이란의 험난한 산악 지대를 지나 수천 킬로미터를 날아서 마침내 보스를 나치 특공대와 떨어뜨려 놓는 순간을 얼마나 고대했던가. 그런데 탈출이 연기되었다. 보스는 금요일에야 카이로로 떠날 것이다. 대통령이 6명의 나치들과 이틀 더 테헤란에 있어야 한다는 생각은 마이크의 의심에 또다시 불을 붙였다.

하지만 운명은 금세 또 바뀌었다. 그날 아침 10시 30분에 테헤란 서쪽의 날씨에 변화가 생겼다. 한랭전선이 카이로를 지나고 있었다. 하지만 그 바람을 타고 나쁜 소식만 전해진 것은 아니었다. 육군 기상학자는 이 변덕스러운 날씨가 곧 동쪽으로 이동하고 폭풍이 이란의 산맥을 지나갈 것이라고 예고했다. 그러면 금요일에 뜨는 대통령의 비행기는 짙은 구름과 난기류를 피해 6,000피트 이상으로 올라가야 할 텐데 루스벨트의 신중한 주치의 매킨타이어 제독이 절대로 허락하지 않을 터였다. 그래서 다음 날인 목요일 아침 일찍 테헤란을 떠나기로 결정되었다.

마이크는 기뻤다. 동시에 그는 연속으로 따고 있는 도박꾼처럼 내기 돈을 두 배로 올렸다. 오늘 회의가 끝나면 소련 대사관에서 더 있어야 할 이유가 하나도 없는 반면 곧바로 떠나야 할 이유는 수없이 많다고 대통령 참모들에게 열정적인 주장을 펼쳤다.

"6명의 나치 특공대가 붙잡히기 전까지는 위협도 계속된다는 것을 아셔야 합니다." 그는 거의 간청하듯 말했다. 참모들도 그의 우려에 동감했다. 덕택에 오늘 회의가 끝나면 차량을 이용해 대통령의 거처를 아미라바드에 있는 미군 기지로 옮기기로 했다. 엘부르즈산맥 기슭에 위치하는 그곳은 공항에서 20분 거리였다. 경계심 가득한 마이크에게 가장 큰 장점은 그곳에 약 3,000명의 미군 병사들이 살고 있다는 것이었다. 그 정도면 6명의 나치를 위협하기에 충분한 숫자였다.

한편 이란인 경찰 부서장은 홀텐-플루크의 문제를 해결해 주었다. 물론 이번에도 수고비를 챙겼다. 그는 특공대를 자기 집으로 데려갔다. 하루 2,000파운드를 받는 조건이었다.

홀텐-플루크는 경찰관의 집에 피신해 있는 동안 부하들에게 새로운 계획을 이야기했다. 그들의 능력이 약해진 점을 고려해서 나온 계획이라는 것도 인정했다. 대사관을 습격하거나 음식에 독을 넣거나 안으로 몰래 들어가는 것은 안 된다. 임시변통만 가능해진 지금 그런 빈틈없는 방법들은 너무 거창하고 너무 많은 준비가 필요하니까. 소령은 한때 베를린에서 의견이 나왔다가 곧바로 기각된 계획을 추진할 수밖에 없다고 설명했다.

공항으로 향하는 공식 자동차 행렬에서 빅3를 매복 공격할 것이다.

셸렌베르크는 세 지도자를 모두 죽일 가능성이 크게 줄어든다는 이유로 이 방법을 퇴짜 놓았다. 하지만 홀텐-플루크는 그동안 겪은 모든 좌절과 현재의 위태로움을 인정하며 체념 섞인 관점으로 상황을 바라보게 되었다. 지금처럼 궁지에 몰린 상황에서는 하나만 죽여도 제3제국에 엄청난 승리가 될 것이다. 하지만 3명 모두를 암살하는 가능성에 대한 굳건한 희망도 완전히 버리지는 못했기에 그에 따라 작전을 세웠다. 자신의 운명에 대한 그의 믿음은 여전히 확고했다.

그들은 6명이고 연합군 지도자는 3명이니 계산은 간단했다. 2인

1조로 나뉘어 목표물을 하나씩 노릴 것이다. 홀텐-플루크는 가장 큰 상을 자신의 몫으로 남겨 두었다. 그가 고레치와 한 조가 되어 미국 대통령을 죽일 것이다.

정보에 관한 중요한 질문이 있었다. 지도자들이 언제 공항으로 떠날지, 자동차 행렬이 어느 경로로 이동할지 어떻게 알 수 있는가? 홀텐-플루크는 부하들에게 이미 부서장과 그 문제를 논의했다고 말했다. 빅3가 테헤란에 도착했을 때와 마찬가지로 그들이 떠날 때도 이란 경찰은 인파를 통제하는 일을 담당한다. 그에 따라 경찰은 연합국 지도자들이 공항으로 떠나는 시간과 저지선을 쳐야 하는 거리에 대한 정보를 미리 받는다. 부서장이 열성적으로 팔려는 정보가 바로 이것이었다.

실제로 이루어질 공격은 모든 특공대원에게 군인의 용기를 시험하는 시험대와 같았다. 그들이 살아가는 기준이자 기꺼이 목숨을 바칠 수 있는 신념. 그들에게는 대대적인 파괴를 일으킬 수 있는 개면 폭탄이 한 상자 있다. 하나만 잘 던져도 차량과 그 안에 탄 사람들을 전부 죽일 수 있을 테지만, 확실히 죽이려면 대원들이 자살 폭파범이 되어야 할지도 모른다. 국가 원수가 탄 차에 몸을 던지자마자 폭탄의 핀을 당길 준비를 해야 할 것이다. 그들에게는 조국과 자신의 대의를 위해 죽을 수 있다는 사실을 영광으로 여기는 고귀한 목적의식이 필요했다.

물론 한 사람도 빠짐없이 이 도전을 받아들였다.

소련 대사관에서의 마지막 날 일정이 예상보다 너무 질질 끌자 마이크는 점점 암울한 분위기로 변했다. 보스는 언제 끝날까? 오늘 출발할 수는 있을까? 우선 회의가 온종일 끝없이 계속되었다. 게다가 대통령은 즉흥적으로 처칠과 스탈린을 위해 고별 만찬을 열겠다고 주장했다. 축제 같았던 간밤의 떠들썩한 파티와 비교해 다행히 일찍 끝났지만, 정상들의 논의가 다시 시작되었다. 마이크는 고통스러운 좌절감을 느꼈다. 그날 밤 대사관을 떠날 수 있을지 자체가 의심스러워졌다.

특공대도 난관에 부딪혔다. 우려 사항이 제기되자마자 홀텐-플루크는 현명하고도 중대한 사안이라는 것을 깨달았다. 그가 고려했어야 하는 부분이었다. 그는 곧바로 미처 생각하지 못했음을 형제의 솔직함으로 부하들에게 인정했다.

다름 아니라 부하 하나가 부서장으로부터 받을 정보의 큰 구멍을 지적했다. 모바카르는 경찰에 의해 차단되는 지역 정보만 제공해 줄 수 있을 뿐이었다. 자동차 행렬이 지나갈 거리는 연합국이 공유하지 않았다. 분명히 그들은 인파 속에서 몸을 숨길 수 있을 테지만 불확실한 문제가 남아 있다. 과연 적절한 타이밍에 적절한 장소에 있을 수 있도록 그들이 신호를 받을 수 있을까? 정확한 차량으로 다가가 폭탄을 —혹은 자신을— 던질 수 있을까? 운이 크게 좌우하는 일임을 홀텐-플루크도 알고 있었다. 만약 인원이 더 많았다면 비교적 단순한 작전일 것이다. 이를테면 2명이 정찰병으로 나서서 자동차 행렬이 방향을 트는 곳을 신호로 보내줄 수 있다. 그러면 적절한 자리를 잡아서 준비하고 폭탄의 퓨즈를 작동시킬 시간이 있다. 이런 정보가 있으면 아무 문제 없이 매복 작전을 진행할 수 있겠지만, 현재로서는 일이 어떻게 진행될지 알기 어렵다.

특공대는 이 문제에 대해 의논했지만 달리 방법이 없으니 운에 기댈 수밖에 없다는 체념 어린 결론에 도달했다. 제대로 된 이동 경로를 찾아 서둘러 준비하고 퓨즈를 작동시킬 시간이 있기를 바라는 수밖에.

그때 고레치가 의견을 냈다. 작전에 정찰병들이 필요하다면 모을 방법이 있다고. 레슬러 에브테하지에게는 과거에 국가보안본부와 프란츠 마이어를 위해 온갖 더러운 일을 다 맡아 준 연락망이 있다. 적당한 가격만 쳐 준다면 사람도 죽이는 마당에, 차량 행렬의 방향을 알려 주는 것쯤이야 편하기 그지없는 돈벌이였다.

홀텐-플루크는 분노했다. 그는 그 레슬러를 믿었지만 결국 정신을 잃고 몸이 묶인 채로 소련에 넘겨질 뻔했다. 그자와 다시 일하자는 말을 어찌할 수 있는가? 하지만 고레치는 에브테하지가 특공대를 공격한 패거리에 끼어 있지 않았다는 사실을 지휘관에게 지적했다. 에브테하지는 그의 믿음을 배신하지 않았고 제3제국에 대한 충성심이 그대로이며 명예를 중요시하는 남자라고.

홀텐-플루크는 그 말을 믿을 수 없었다. 에브테하지를 다시 끌어들이는 것은 무모하기 짝이 없는 짓이라는 생각이 들었다. 하지만 부하들을 도와줄 정찰병 없이는 공격 작전이 실패할 가능성이 컸다. 그다지 내키지 않는 두 가지 대안 사이에서 결단을 내려야만 했다. 자격 없는 사람을 신뢰하거나 임무에 실패하거나.

마침내 홀텐-플루크는 결단을 내렸다. 그의 마음을 움직인 것은 작전의 실용성도 고레치의 주장에 담긴 설득력도 아니었다. 가장 중요한 것은 오직 한 가지뿐이었다. 역사에 이름을 남길 기회가 아직 있다는 것. 여기까지 와서 막판에 겁쟁이처럼 굴 것인가?

"에브테하지를 데려와." 그가 명령했다.

홀텐-플루크와 에브테하지의 재회는 야심과 탐욕의 완벽한 결합이었다. 나치 소령은 그의 계획과 정찰병들이 해 주어야 할 역할을 신중하게 편집한 버전으로 전달했다. 그것이 자살 임무로 바뀔 수 있다거나 정찰병들이 폭발에 휩쓸릴 수도 있다는 사실을 드러내지 않으려고 조심했다. 레슬러가 계획을 들은 뒤 협상이 시작되었다. 협상은 에브테하지가 꽤 유리하다고 생각한 조건으로 이루어졌다. 총 4,000파운드에 정찰병 6명을 제공하기로 했다. 절반은 그날 밤늦게 그가 부하들을 데리고 오면 받고 나머지는 일이 끝난 후에 받기로 했다.

레슬러가 거의 문밖으로 나갔을 때 홀텐-플루크는 부글부글 끓어오르는 분노를 더 이상 참지 못하고 속에 있는 말을 내뱉었다. 지난번에 그는 에브테하지를 믿었지만 배신당했다. 그는 제3제국의 지지자라고 주장하는 남자들을 믿었지만 그들은 연합국이 제시한 막대한 포상금에 눈멀어서 충성심을 저버렸다. 만약 그런 일이 또 일어난다면 배신자들은 목숨으로 대가를 치러야 할 것이다.

"지금 나를 비난하는 거요?" 에브테하지가 쏘아붙였다. "나는 그 패거리에 있지 않았어. 물론 나는 당신의 머리에 걸린 돈이 얼만지 알고 있었소. 테헤란에서 모르는 이가 없지. 거금이야. 하지만 난 거래한 상대를 배신하지 않아."

"그냥 하는 말이 아니라는 것만 알아둬." 홀텐-플루크가 말했다. "당신 부하들에게 전해. 만약 배신했다간 이게 그들이 하는 마지막 일이 될 거라고. 포상금을 쓸 일 따위도 없을 거야. 그 전에 내 손에 죽을 테니까."

밖으로 나간 에브테하지는 부하들에게 새로운 일거리가 생겼다는 사실을 알리기 위해 카페로 향했다. 가는 동안 그는 나치 소령이 한 말을 곰곰이 생각해 보았다. '우리가 배신한다고? 배신은 그 소령이 하고 있지. 정찰병들이 위험해질 수도 있다는 얘기를 안 했잖아. 폭발하면 뼈도 못 추릴 텐데 말이야. 게다가 나는 어쩌고? 연합군이 언제 나를 찾아낼지 몰라. 나를 경찰서장으로 만들어 준다는 약속은 다 거짓말이겠지. 나치는 이 전쟁에서 절대로 이길 수 없어. 그건 분명해. 그들은 날 바보 취급하면서 이용하고 있는 거야. 그리고 만약 소령과 부하들이 붙잡히기라도 하면 나머지 돈은 누가 주는데? 그들이 죽기라도 하면? 둘 다 가능성이 커. 거래는 양쪽으로 통한다는 걸 알아야지. 상대가 거짓말을

하면 그 계약은 무효가 되는 거야.'

그는 연합군이 6명의 나치에게 내건 포상금을 떠올렸다. 확실히 거금이었다. 독일인 소령이 제안한 돈보다 다섯 배나 많았다. 게다가 부하들과 나눌 필요도 없고 일시금으로 받을 테니 더 좋았다.

에브테하지는 카페에 가지 않기로 했다. 대신 그는 시루스 거리의 집으로 향했다.

아미라바드 캠프는 몹시 추웠다. 산에서 쓸리듯 내려온 차가운 밤바람이 채찍처럼 마이크의 얼굴을 때렸다. 하지만 마이크는 불평하지 않았다. 거의 밤 11시가 다 된 시각, 그는 보스를 대령의 막사에 자리 잡게 하고 오는 길이었다. 소련 대사관에서 나온 지 고작 30분밖에 되지 않았다. 그래도 마침내 불청객이 들어오지 못하도록 수천 명의 미군이 지키는 우호적인 영토에 있게 되니 좋았다. 다음 날 아침 9시에 공항으로 갈 것이다. 무사히 고비를 넘겼다는 사실이 거의 확실해지자 환하게 빛나는 자신감이 마음을 편하게 해 주었다.

그가 숙소로 갔을 때 전화벨이 울렸다. 아르카디예프 장군이 할 말이 있다고 했다.

소련군의 지프차 뒤에서 웅크린 마이크는 기다란 마을 아래쪽에 있는 사암으로 지은 단층집을 주시했다. 아르카디예프 장군은 쌍안경을 눈으로 가져갔다. 마이크는 아르카디예프에게 6명의 나치가 숨어 있는 곳을 알아냈다는 말을 듣자마자 육군 기지의 운전병을 소환해 최대한 빨리 이곳으로 달려왔다. 새벽 1시쯤이었을 것이다. 도시는 공동묘지처럼 고요했다. 하지만 머지않아 적막이 깨질 것이다.

좀 전에 마이크는 소련 장교—그의 생각으로는 엔카베데인 것 같았다—가 건장한 이란인 레슬러에게 명령을 내리는 것을 보았다. "나치 소령이 당신을 기다리고 있다. 맞나?" 장교가 물었다. 레슬러는 그날 밤 그의 수하 6명을 데려가기로 약속했다는 말을 되풀이했다. "좋다. 다들 어디 있느냐고 물으면 창밖을 보라고 해라." 장교가 말했다.

마이크는 나치 소령이 보게 될 광경을 둘러보았다. 집 쪽으로 겨냥한 무기를 들고 길에 쫙 깔린 소련 군인들. 지붕에도 있었다. 집을 완전히 에워쌌다. 만약 발포가 시작된다면 단 1명도 살아서 나갈 수 없을 것이다. 안에 있는 남자들은 지금껏 정말로 아무런 소리도 듣지 못했을까? 마이크는 초조했다. 그러나 집 안에서는 아무런 움직임도 감지되지 않았다.

소련 장교는 레슬러의 까만 눈을 똑바로 바라보며 말을 이었다. "나치 지휘관에게 하나를 선택하라고 말해라. 무기를 내려놓고 손들고 나오든 우리가 발포하든. 알아들었나?"

에브테하지는 그 질문을 무시했다. "내 돈은요?" 그가 물었다.

"받을 거다. 우리가 6명의 나치를 잡는 즉시." 장교가 약속했다.

레슬러가 길을 건너갔다. 마이크는 굳이 그럴 필요도 없는데 38구경 권총을 손에 들고 있었다. 만약 총격전이 벌어져도 소련군이 알아서 할 터였다. 숫자로도 거뜬했다.

문득 마이크는 도시가 산보다 춥지 않다는 생각이 들었다. 그의 눈이 레슬러를 좇았다. 그가 자갈을 밟고 걸어가는 소리가 들렸다. 서두르지 않는 느린 걸음걸이였다. 레슬러가 문을 두드리는 소리가 들렸을 때 마이크는 본능적으로 총의 잠금장치를 풀었다.

문이 열리는 순간 한 줄기 빛이 거리를 비추었다. 그러나 문이 곧바로 닫혔다. 문이 닫히는 소리가 너무 커서 마이크는 순간 총성인 줄 알았다. 그다음에는 어둠 속의 긴장된 고요함만이 있었다. 마이크가 테헤란에 도착한 이후 줄곧 기대했던 순간이 왔다. 그는 루스벨트와 처칠, 스탈린을 죽이려고 온 자들을 붙잡을 준비가 되어 있었다. 그렇게 바랐던 기회가 거의 코앞으로 다가왔다.

그는 머릿속으로 집 안에서 펼쳐지고 있을 장면을 상상해 보았다. 레슬러는 오늘 밤 그의 부하들이 오지 않을 것이라고 말할 것이다. 앞으로도. 나치 소령의 분노가 폭발하는 소리가 들리는 듯했다. 그가 어떻게 할까? 레슬러에게 총을 겨눌까? 마이크가 힐끔 보고 판단한 결과 에브테하지는 쉽게 당황하지 않는 냉정한 자 같았다. 그는 소령에게 창밖을 보라고, 그 집이 포위되었다고 말했을 것이다.

마이크는 창문 커튼이 펄럭이는 것을 보았다. 하지만 머릿속이 너무 정신없이 돌아가고 있어서 상상에 불과한 것인지도 몰랐다.

레슬러가 소련 장교의 최후통첩을 전하리라는 것은 확실했다. 6명의 나치가 손들고 나오지 않으면 전부 다 죽임을 당할 것이라고.

마이크는 나치 소령의 처지에서 생각해 보았다. 몇 달 동안의 계획과 훈련을 거쳐 온갖 장애물을 극복하고 그와 그의 부하들을 테헤란에 있는 저 꾀죄죄한 작은 집으로 데려온 한결같은 목표. 그는 위험천만한 임무를 수행하는 동안 소령의 마음속에서 활활 타올랐을 야망의 불길을 이해해 보고자 했다. 마이크는 무엇이 그를 움직였는지 궁금했다. 증오였을까, 아니면 단순한 의무감? 아니면 더 심오한 무언가? 그리고 마이크는 전사의 꿈이 순순한 항복이나 부하들의 전멸로 끝났음을 깨달았을 때 나치 소령이 어떻게 할 것인지 추측해 보았다.

순간 쾅 하고 귀청이 찢어질 듯 큰소리가 났다. 수 킬로미터 떨어진 곳까지도 밤하늘을 밝힐 만큼 강렬한 하얀 빛이 터져 나왔다. 그와 동시에 집이 쓰러져서 연기 더미가 되었다.

잠 못 이루는 분주한 밤을 보낸 다음 날 아침 9시 30분, 마이크는 대통령이 C-54기의 좌석에서 안전벨트를 하는 것을 지켜보았다. 폭발 이후 마이크와 아르카디예프는 어떻게 된 일인지 추측했다. 나치가 항복이 아니라 자신들의 운명을 스스로 결정하기로 했다고 생각할 수밖에 없었다. 현장에서 개면 폭탄의 잔해가 발견되었고 천둥 같은 폭발음이 들린 것으로 판단할 때, 적어도 대여섯 개의 폭탄이 동시에 터진 게 틀림없었다. 생존자는 없었다.

마이크는 C-54기의 뒤쪽에 있는 그의 자리로 돌아가서 힘껏 기지개를 켰다. 비행기 이동 중에는 거의 잠을 자지 않는 것이 그의 규칙 중 하나였다. 보스에게 그가 필요할 때를 대비해 항상 깨어 있곤 했다. 그러나 비행기가 갈레 모르게 공항에서 이륙해 카이로를 향해 서쪽으로 날아갈 때 마이크는 웬일로 눈을 감았다. 그는 마침내 암살자들의 기나긴 밤이 끝났다고 확신하며 곧바로 잠이 들었다.

에필로그

백악관 대통령 집무실에서 기자들이 빽빽하게 반원 모양으로 모여서 프랭클린 D. 루스벨트를 마주 보고 있었다. 대통령은 한때 허버트 후버의 것이었던 커다란 호두나무 합판 책상 앞에 앉았다. 마이크는 대통령 기자 회견 중에는 항상 그렇듯 보스의 오른쪽, 여닫이 창문 근처에 서 있었다. 바깥의 날씨는 무척이나 나빴다. 1943년 12월 17일이었다. 기자들이 카이로와 테헤란에서 열린 회담에 대해 듣기 위해 모였다.

이윽고 대통령이 여행 도중에 생긴 보안 문제에 관해 이야기하기 시작했다. "테헤란 같은 곳에는 수백 명의 독일 스파이가 있습니다. 도처에 있겠지요. 만약 우리 셋이 거리를 지나간다면 그들로서는 꽤 좋은 수확의 기회일 겁니다."

"세세한 부분까지 다 말하는 것은 의미가 없고요." 대통령이 이렇게 덧붙이며 웃었다. 진심이 느껴지는 웃음이었다. 기자들도 따라서 웃었다.

그러나 마이크의 얼굴은 시종일관 돌처럼 굳어 있었다.

기자들은 후속 질문을 던지지 않았고 대통령도 중국에 대한 이야기로 빠르게 화제를 돌렸다.

그 후 전쟁이 계속되는 가운데 며칠 몇 달이 흐르면서 테헤란에서의 사건들은 공식적인 기억에서 사라졌고, 그 비밀을 알고 있던 사람들은 계속 비밀을 지켰다. 격동의 시기였으므로 그들은 다사다난한 삶을 계속 살아갔다.

이란에서 활동하던 아프베어의 스파이 베르톨트 슐체-홀투스는 더 이상 나스르 칸의 환대를 받을 수 없게 되었다. 카슈카이 부족은 그를 영국에 넘겼다. 1945년 1월, 그는 연합군과 독일의 포로 교환을 통해 베를린으로 돌아갔다. 이후 미군이 티롤을 장악했을 때 벼랑 위에 자리 잡은 성채에서 상쾌한 공기를 즐기고 있는 그를 발견하고 체포했다.

국가보안본부의 이란 잔류 스파이이자 릴리 산자리의 시간제 연인이었던 프란츠 마이어는 영국군에 잡혀 있다가 1946년에 탈출하여 이집트에 숨었다. 결국은 위조된 영국 여권으로 스위스에서 새로운 삶을 살게 되었다.

소련의 이중 스파이 로만 가모사는 여전히 미스터리의 망토에 가려져 있다. 믿을 만한 보고에 따르면 1952년 1월 28일에 소련 군사 재판소에서 총살형을 선고받았다고 한다. 하지만 권위 있는 또 다른 소식통은 그를 이집트에 보내서 파타Fatah[팔레스타인 민족해방운동-역주] 테러리스트들의 훈련을 맡겼다고도 전한다.

코드명 시서로의 엘리사 바즈나는 이스탄불로 건너갔다. 그는 기밀문서를 빼돌려 국가보안본부로부터 받은 대가로 은퇴 생활을 즐기려는 희망을 품었다. 하지만 그가 받은 영국 지폐가 위조품이라는 사실을 알게 되었다. 그는 도둑의 독선적인 분노로 전후의 서독 정부를 고소했지만, 비웃음과 함께 법정에서 기각되었다.

경기병대와 함께 테헤란의 거리를 질주하던 소년 게보르크 바르다니안은 모스크바 센터의 요원이 되어 풋풋한 야망을 이루었다. 그는 수년간 비밀리에 봉사한 대가로 적기 훈장과 적성 훈장을 받았다. 2010년 1월에 치러진 그의 장례식에서 러시아 대통령 드미트리 메드베데프는 '전설적인 정보 요원'을 위해 추도사를 읽었다.

마지막 순간에 롱 점프 작전에서 빠져나간 '유럽에서 가장 위험한 사나이' 오토 스코르체니는 연합국의 전범 재판에서 유죄 판결을 면했다. 동시에 이스라엘 정보기관인 모사드Mossad가 전직 나치들을 추적하기 위해 스코르체니를 고용했다는 사실이 이스라엘 언론에 보도되었다.

롱 점프 작전의 주모자 발터 셸렌베르크는 그의 라이벌이자 친구인 빌헬름 카나리스 제독을 노련하게 압도하는 데 성공했다. 카나리스가 체포되어 강제수용소에 갇히고 이어서 처형당하기까지 전부 다 셸렌베르크가 주관했다. 아프베어의 통제권도 넘겨받았다. 전쟁이 끝난 뒤에는 연합국의 전범 재판에서 6년 형을 선고받았다. 그는 전쟁 때 세운 비밀스러운 계획의 전모가 드러난 증거에 관해서 이렇게 적었다. "나는 내 부서의 가장 중요한 문서를 전부 마이크로필름으로 촬영해서 가지고 있었다. 그 필름은 서류 가방에 넣을 수 있을 정도로 작은 강철 소재의 상자 2개에 보관되었다. 추가적인 예방책으로 상자에 폭발물 장치를 설치해 두었다. 비밀번호를 모르는 사람이 억지로 상자를 열려고 하면 내용물이 폭발하도록. 결국은 2개의 상자 모두 파괴되었다."

마이크 라일리는 루스벨트 대통령과 함께 얄타에도 갔고, 대통령이 1945년 4월 12일 조지아주 웜 스프링스에서 뇌졸중으로 쓰러져 사망했을 때도 곁에 있었다. 그는 친구이기도 한 보스를 위해 기도했고 만약을 위해 보스가 남긴 아침 식사를 화학자에게 보내 분석을 요청했다. 암살자가 대통령을 노린 것은 아닌지 마지막으로 확인하고 싶었기 때문인데, 특이사항은 발견되지 않았다.

스탈린은 테헤란 회담 이후에 모스크바로 돌아가 루스벨트에게 메시지를 보냈다. "테헤란에서 당신에게 서비스를 제공할 기회를 가진 것을 기쁘게 생각합니다."

스탈린의 저 말은 무슨 뜻이었을까? 역사가들은 수십 년 동안 의아해했다. 그가 루스벨트 대통령에게 제공할 만한 서비스가 뭐가 있단 말인가? 그 답은 실패한 드라마가 담긴 각국의 비밀 저장고에 깊숙이 숨겨진 채로 남아 있었다. 지금까지는 그랬다.

출처에 대하여

2003년 11월 18일, 러시아 대외정보국 SVR은 새 책의 출판 소식을 발표하기 위해 기자 회견을 열었다. 유리 쿠즈네츠Yuri Kuznets가 쓴 《테헤란 43: 롱 점프 작전Tehran 43: Operation Long Jump》이었다. 이 책은 테헤란 회담에서 루스벨트와 처칠, 스탈린을 암살하려고 했던 나치의 음모를 상세하게 담고 있는데, 여기서 중요한 것은 최고 수준이라고 할 수 있는 첩보 출처가 그 책에 토대를 제공했다는 점이다.

이전에는 기밀로 분류되었던 러시아의 보고서, 엔카베데 분석 문서, 암호 해독 메시지 등이 그것이다. 심지어 책의 진실성을 뒷받침하기 위해, 모스크바 센터의 롱 점프 작전 파일 아카이브 자료에 대한 접근 권한을 가지고 있었던 전 KGB 제1총국 부총재 블라디미르 키르피첸코 Vladimir Kirpichenko가 나섰다.

그는 쿠즈네츠의 책을 '엄격한 다큐멘터리'라고 칭찬했고, 나아가 그 책이 전하는 나치 작전의 계획과 실행, 궁극적인 실패에 대한 놀라운 이야기가 사실임을 확인해 주었다. 이제는 은퇴한 비밀 요원이자 경기병대의 소년 영웅 게르보크 바르타니안도 지원 사격에 나섰고 실제 목격자로서 그 책을 인정했다.

나는 그 책의 출판에 자극받아 롱 점프 작전에 관한 러시아어 자료를 추가로 찾아 나섰고, 새로 공개된 파일에서 영감을 얻은 다음과 같은 다른 저작들을 발견할 수 있었다.

- Alexander Lukin, "Operation Long Jump," Ogonek, no. 33 (1990), August 15, 1965, 25, and no. 34 (1991), August 22, 1965, 25–27
- Victor Yegorov, The Plot Against "Eureka": The Lost Portfolio (Moscow: Sovetskaya Rossiya, 1968)
- Nikolai Dolgopolov, "How the Lion and the Bear Were Saved," Rossiiskaya Gazetta, November 29, 2007
- "Triple Jeopardy: The Nazi Plan to Kill WWII Leaders in Tehran," RIA Nowosti vol. 4 (January 2007)
- "Tehran-43: Wrecking the Plan to Kill Stalin, Roosevelt, and Churchill," Russian News and Information Agency Novosti, October 16, 2007
- Pavel Sudoplatov and Anatoli Sudoplatov, Special Tasks: The Memoirs of an Unwanted Witness—a Soviet Spymaster, with Jerrold L. and Leona P. Schecter (Boston: Little, Brown, 1984)
- Christopher Andrew and Vasili Mitrokhin, The Mitrokhin Archive and the Secret History of the KGB (New York: Basic Books, 2001)

반갑게도 좀 더 뒤져 본 결과, 서구에서도 롱 점프 작전에 대한 이야기를 전하는 책과 논문을 많이 발견했다. 여기에는 저명한 역사가들의 저작도 포함되어 있다.

- Richard Deacon, A History of the Russian Secret Service (London: Frederick Muller, 1972)
- Nigel West, Historical Dictionary of World War II Intelligence (Lanham, MD: Scarecrow Press, 2008)
- John Erickson, The Road to Berlin: Stalin's War with Germany (London: Weidenfeld and Nicolson, 1983)
- Miron Rezun, The Iranian Crisis of 1941 (Cologne: Bohlau, 1982)
- Warren Kimball, Churchill and Roosevelt: The Complete Correspondence (Princeton, NJ: Princeton University Press, 1987)

그리고 다음과 같이 엄격함이 덜한(가명, 부정확성 및 추측으로 인한 결함 등) 책과 언론 기사들도 있었다.

- Laslo Havas, Hitler's Plot to Kill the Big Three (New York: Bantam Books, 1971)
- Bill Yenne, Operation Long Jump (Washington, DC: Regnery Publishing, 2015)
- Kyril Tidmarsh, "How Russians Foiled Nazi Plot to Kill Tehran Big Three," in the Times of London, December 20, 1968

그리고 논픽션으로 출판되었지만 분류가 의심스러운 출판물도 있었다. 카이로와 테헤란 정상회담 당시 독일의 비밀 작전을 기록한 것들인데, 저자들이 글로 쓴 것보다 틀림없이 더 많은 것을 알고 있으리라고 짐작되는 것들이다.

- Stanley Lovell, the former head of Research and Development of the OSS, Of Spies and Stratagems (New York: Pocket Books, 1964)
- Walter H. Thompson, the police detective at Churchill's side in Tehran, Assignment: Churchill (Toronto: McLeod, 1955) and Beside the Bulldog (London: Apollo, 2003)

이 산더미 같은 증거와 연구에 용기를 얻으면서도, 나는 반대론자들에게도 주의를 기울여야만 했다. 예를 들어 독일 국방군의 아카이브에서 직접 연구를 한 에이드리언 오설리번Adrian O'Sullivan이 그의 저서 《점령된 페르시아에서의 나치 비밀 전쟁Nazi Secret Warfare in Occupied Persia (Iran)》에서 지적한 우려는 귀 기울일 필요가 있었다. 그는 롱 점프 작전이 소련의 '허위 정보'이며, 스탈린주의 신화의 선동자들이 주장하는 신파시스트 또는 반파시스트 역사 문학과 관련된 이야기라고 일축했다. 하지만 그는 과장되고 정치적인 태도에서 한 걸음 물러나 의아함을 표시하기도 했다. "명확함이 덜한 것은 왜 푸틴 시대 정보국이 전시 페르시아를 배경으로 한 근거 없고 모호한 스탈린주의 신화를 부활시키고 널리 알리는 것이 편리하다고 생각하는가이다." 그리고 게리 컨Gary Kern은 미 중앙정보국CIA의 기밀 해제된 저널 〈Studies in Intelligence〉에 실린 에세이 "엉클 조는 어떻게 루스벨트를 도청했는가How 'Uncle Joe' Bugged FDR"에서 한 발을 오설리번의 진영에 단단히 두고 다른 발은 조심스럽게 그 밖에 둔다. "나치가 테헤란 회담에서 연합국 지도자들에 대한 공격을 계획했다는 것은 완전히 불가능한 일은 아니다"라고 그는 인정한다. 하지만 또한 그는 소련이 루스벨트에 전달한 구체적인 위협은 그를 도청 장치가 있는 소련 대사관에 묵도록 하려는 계획에 불과했다고 강력하게 주장한다. (반면 뒤이어서 나온 〈CIA Center for the Study of Intelligence〉에 실린 워런 킴벌의 에세이 "테헤란에서의 루스벨트에 대한 다른 시각A Different Take on FDR at Tehran"은 그 관점을 반박했다. 킴벌은 대통령이 별다른 이유 없이 다 알고도 '자발적으로' 감시의 덫에 걸려들 정도로 순진했을 것이라는 데 의심을 표한다.)

분명히 역사적인 전선이 그어져 있었다. 더 명확한 것은 내가 롱 점프 이야기를 쓰면서 몇 가지 상반되는 버전의 이야기를 저울질할 수밖에 없었다는 것이다. 이것은 익숙한 영역이었다. 예를 들어 나는《적의 집Enemy's House》에서 러시아 암호 해독이 KGB 스파이 조직의 체포로 이어진 이야기를 조사할 때도 이와 비슷한 정치화된 지뢰밭에 발을 들여놓았다. 나는 줄리어스 로젠버그Julius Rosenberg가 함정에 빠졌고 혐의가 거짓이며 베노나가 FBI의 날조를 해독했다고 주장하는 과장된 주장들을 다루어야만 했다. 실제로 나는 이런 종류의 서술적 장애물이 모든 스파이 이야기를 쓰는 작업에 내재한다고 믿게 되었다. 비밀에 의해 정의되는 세상, 공공 아카이브에서 확인할 수 있는 것이 매우 적고 심지어 기록에서는 더욱더 적게 명시된 세계에서는 진실에 도달하는 것이 언제나 난제일 수밖에 없다. 마찬가지로 빤히 쳐다보고 있는 진실을 알 아차리는 것조차도 쉽지 않다. 이런 현실의 추리소설에서는 잘못을 책 임지는 자가 드러나지 않는 경우가 대부분이다. 그래서 CIA의 전설적 인 방첩 센터 책임자 제임스 앵글턴James Angleton은 T. S. 엘리엇에게서 빌린 그 유명한 말을 남기기도 했다. 이곳은 여러 개의 해석, 여러 개의 해결책, 여러 개의 진실이 있는 세상, '거울의 황야'라고.

예를 들어 이 책의 단역으로 등장하는 암호명 시서로라는 스파이 를 생각해 보자. 그가 연합군의 값진 정보를 독일에 넘긴 스파이였다는 것은 확실해 보인다. 하지만 말콤 글래드웰Malcolm Gladwell은 〈뉴요커〉 에 실린 예리한 통찰력이 돋보이는 에세이("판도라의 서류가방Pandora's Briefcase")에서 시서로에게 국가 기밀을 약탈당한 영국 스파이마스터 스 튜어트 멘지스Stewart Menzies가 죽기 직전 인터뷰에서 한 말을 살핀다. 멘지스는 "물론 시서로는 우리의 통제하에 있었습니다"라고 말했다. 이 에 대해 글래드웰은 심사숙고한다. "만약 당신이 전시에 M.I.6 국장이 었고 세상을 떠나기 직전에 인터뷰를 한다면, 당신은 시서로가 당신의 사람이었다고 거짓을 말할 수도 있다. 그런가 하면 죽기 직전에 행해진 인터뷰이니 마침내 자유롭게 진실을 말할 수도 있을 것이다. 어느 쪽 인지 누가 알겠는가?"

정말 누가 알겠는가? 모든 스파이 이야기에서의 진실에 대한 의문 은 근본적으로 정치 드라마라는 점에서 더욱더 난제가 된다. 편견은 자랑스럽게도 노골적이다. 한 사람에게는 소련군의 대담한 행동에 관한 이야기가 다른 사람에게는 스탈린주의에 관한 이야기가 된다. 모든 이야기에는 (우선적으로) 두 가지 측면이 있고 대개 당신이 보는 면은 피란델로의 각본에서 곧바로 튀어나온 것이나 다름없다. 당신이 그렇다면 그런 것이 된다.

처음에 롱 점프 작전에 관한 이야기를 쓰기로 마음먹었을 때, 나는 서사에 관하여 몇 가지 야망을 품었다. 나는 긴장과 절망으로 가득한 시대에 휘말려 조국을 위해 의무를 다하고 명예에 대한 욕망도 채우기 위해 용기와 교활함을 찾을 필요가 있었던 사람들의 이야기, 영웅과 악당의 박진감 넘치는 캐릭터 중심의 이야기를 쓰고 싶었다. 또한 그것을 사실적인 이야기로 만들기로 결심했다. 역사이면서 모험 이야기이고 싶었다. 하지만 그와 동시에 의도적으로 학문적인 연구가 아닌 이야기를 담고 싶었다. 나는 장황한 설명과 경고, '이 출처에서는 이렇게 말하지만 다른 출처에서는 이렇게 말했다'라는 끊임없는 후렴구로 책의 흐름을 방해하고 싶지 않았다. 그리고 가장 근본적으로 나는 실화를 쓰고 싶었다.

이것이 또 다른 불가능한 임무일지 걱정스러웠지만, 그래도 나는 롱 점프 작전에 대한 모든 기록을 연구하기로 결심하고 뛰어들었다. 그래서 앞서 말한 최근 기밀 해제된 소련 정보 문서와 엔카베데 기록 외에도, OSS와 CIA 파일, 영국 정보국 보고서, 미국 국무부 기록, 프랭클린 D. 루스벨트 대통령 도서관 아카이브의 맵 룸 서류Map Room Papers, 미국 대통령 비서 파일President's Secretary File, FDR 라이브러리 컬렉션의 비밀 경호국 문서와 외교 문서들을 연구했다. 또한 이 이야기에 등장하는 캐릭터들에게 절실히 필요한 직접성에 도움을 준 몇몇 회고록들이 있다. 여기에는 마이크 라일리의 《백악관의 라일리Reilly of the White House》, 발터 셸렌베르크의 《히틀러의 스파이마스터의 회고록The Memoirs of Hitler's Spymaster》도 포함된다. 그 외 제2차 세계대전, 이란에서의 전시 활동과 테헤란 회담을 상세하게 설명해 주는 자료들도 모았다.

모든 조사가 끝났을 때 몇 가지 결정을 내려야 했다. 각각의 이야기에서 정확한 부분이 무엇인지 결정을 내려야 했다. 과거의 어떤 버전이 가장 신뢰할 수 있고 가장 타당한지에 대한 판단이 필요했다. 또 서로 이질적인 조각들을 꿰맞추어야 했다. 예를 들어 아직 그 흔적이 아직 생생했던 1950년대에 그 임무의 참가자들과 특별한 인터뷰를 했던 라슬로 하바스Laslo Havas는 프란츠 마이어를 위해 일한 익명의 여성 스파이에 대한 이야기를 제공했었다. 하지만 최근에 기밀 해제된 영국과 미국의 정보 보고서를 읽고서, 나는 다소 가공된 부분이 있긴 하지만 그가 릴리 산자리에 대해 적었다는 것을 분명히 알 수 있었다. 적어도 이야기 일부분을 잠금 해제할 수 있는 열쇠가 생겼다. 작업을 계속하면서 수십 개 이야기의 더 많은 개별적인 조각들이 합쳐지기 시작했고, 완성된 퍼즐이 페이지에 형태를 갖추었다.

내가 따른 규칙은 다음과 같다. 인용문에 나오는 대화는 이 이야기에 나오는 인물이 직접적으로 한 말이라고 볼 수 있다. 그 당사자의 저작—책, 편지, 일기—이나 동시대의 신문 기사에서 가져왔다. 예를 들어 발터 셸렌베르크가 윈저 공작의 납치에 대해 리벤트로프와 나눈 대화는 셸렌베르크의 회고록에서 가져온 것이다.

이 책에서 누군가가 생각하거나 느끼는 것을 묘사할 때 그 생각과 감정은 우선 당사자가 직접 공유했거나 공식 정보 보고서에 나타나거나 그 감정에 대해 알고 있었던 사람들의 인터뷰 기록 자료에서 골라 모은 것이다. 예를 들어 테헤란에 도착했을 때 마이크 라일리의 치솟는 불안감은 그의 수다스럽고 솔직한 회고록《백악관의 라일리Reilly of the White House》에서 드러나 있다.

위치나 사건이 설명되는 부분에서 세부 사항은 내 연구에 기반을 둔다. 예를 들어 프란츠 팀의 한 멤버가 테헤란으로 갈 때, 나는 독일 국방군의 정보 파일과 영국 심문 보고서(성실 근면한 조사 역사학자 에이드리언 오설리번이 인용하고 번역한 내용이 많다)를 이용해 그럴듯하게 풀어낼 수 있었다. 그리고 테헤란 카페 장면을 재현할 때는 S. H. I. 모에이니S. H. I. Moeini 외의《테헤란의 도시문화Urban Culture in Tehran》속 "음료수 의식과 대안 문화의 의미론: 테헤란 카페The Beverage Drinking Rituals and the Semantics of Alternative Culture: Tehran Cafes"에서 많은 도움을 받았다. 전쟁 이전과 전쟁 당시 도시에서의 삶에 대한 느낌은 존 건터John Gunther의《아시아 속으로Inside Asia》덕분에 풍요로워졌다. 그리고 〈라이프〉지에 실린 포레스트 데이비스Forrest Davis의 "테헤란에서 실제로 무슨 일이 있었는가What Really Happened at Tehran"는 회담에 대한 목격자의 친밀한 이야기를 제공한다(신중하게 검열된 보고서였다. 역사학자들에 따르면 그 기사들은 공개 전에 루스벨트 대통령의 편집과 승인을 거쳤다).

그러므로 이것은 실화를 반복한 것이다. 칼 포퍼의 말을 빌리자면 스파이 이야기의 진실을 찾는 것은 언제나 최선의 가설을 찾는 일이다. 스파이 드라마는 본질적으로 항상 진행 중인 장르다. 국가들은 홍수가 아니라 물방울로 내부 비밀을 드러낸다. 예를 들어 오늘날 우리는 영국이 나치 암호를 해독한 전시의 극비 프로그램 '울트라'의 존재를 보호하기 위해 어떤 대가를 치렀는지 얼마나 알고 있는가? 케네디 암살 사건에 대한 미국 정부의 그렇게 많은 양의 문서가 기밀 해제되었지만 모든 이야기가 다 밝혀졌다고 생각하는 사람이 과연 있는가?

예전에 CIA 본부에서 유명한 그곳 관계자와 대화 중에 그 질문들에 대한 대답 비슷한 것을 받았다. 내가 실화를 쓰고 있다고 말했을 때 그는 큰소리로 웃으며 비밀 첩보 업무는 그 누구도 모든 진실을 알지 못한다고 말했다. 언제나 숨겨진 파일이 하나 더 있으니까.

다시 롱 점프 작전으로 돌아온다. 2003년에 롱 점프 작전 문서의 기밀 해제를 발표하는 전례 없는 SVR 기자 회견에서 한 기자가 물었다. "테헤란 회담에 대해서 남은 비밀이 있습니까? 그리고 아카이브에 아직 비밀이 있다면 언제 공개될 예정인가요?"

KGB의 전직 제1총국장 블라디미르 키르피첸코는 그 질문을 받고 한동안 생각에 잠겼다가 대답했다. "나는 세계의 그 어떤 정보기관도 마지막 문서까지는 공개하지 않으리라고 생각합니다."

마지막 문서가 공개될 때까지 이 책은 롱 점프 작전에 대한 결정적인 이야기다.

감사의 말

작가의 삶에 대한 제임스 조이스 박사의 처방은 '침묵, 유배, 교활함'이다. 울창한 숲과 식민지 시대의 들판과 과수원, 탁한 연못으로 둘러싸인 언덕 꼭대기의 내 은신처로 피신하면 '침묵'과 '유배'는 거의 가능해진다. 까다로운 부분은 바로 '교활함'이다. 그래서 나는 책을 쓰는 작업에 도전하는 동안 현명하고 관대한 많은 친구들의 도움에 의지했는데, 그 사람들은 다음과 같다.

린 네스빗은 내가 거의 처음 글을 쓰기 시작했을 때부터 내 에이전트를 맡아 주었다. 13권의 책을 함께한 후 나는 그녀의 지혜와 우정에 크게 의지하게 되었다. 미나 하메디는 이 책의 타이밍과 딱 맞춰서 린 네스빗의 사무실에서 일하기 시작한 신입이지만 많은 친절을 베풀어 준 그녀가 고맙다.

나는 가장 최근에 4권의 책을 함께한 출판사 하퍼콜린스 관계자들을 존경하고 좋아한다. 출판 업계에서 항상 그런 행운을 만날 수 있는 것은 아니다(다른 모든 일도 마찬가지지만). 조너선 번햄은 친절한 친구이자 자신이 출판하는 책을 실제로 읽는(그것도 통찰력을 가지고!) 출판 관계자다. 조너선 자오는 내가 언제나 꿈꿔 왔던 이상적인 편집자다. 그는 나의 맥스웰 퍼킨스[헤밍웨이, F. 스콧 피츠제럴드 등을 발굴한 미국의 전설적인 편집자-역자]이며 당연히 더 유머러스하다. 사라 하우겐은 지성과 관심으로 일을 진전시켜 준다.

밥 북맨은 발성 영화가 나오기 전부터(그만큼 오래된 것처럼 느껴진다는 뜻이다) 할리우드에서 내 작품의 대리인이 되어 주었다. 그는 박식하고 언제나 지혜와 우정을 나눠 준다. 제이슨 리치맨은 이 책을 쓰는 동안 합류했는데 나이에 비해 정말 똑똑하고 지혜롭다. 그의 조언은 믿을 수 있다.

그레이든 카터는 예전에 나에게 〈배니티 페어〉를 위해 글을 쓸 기회를 주었고 이제는 그의 새로운 인터넷 출판매체 〈에어 메일〉에 글을 싣게 해 준다. 감사한 마음이다.

그리고 내가 힘들 때 의지하는 친구들이 있다. 여동생 마시는 성공한 사업체를 관리하느라 바쁜 와중에도 필요할 때 항상 곁에 있어 준다. 최고다. 그리고 수잔과 데이비드 리치, 아이린과 필 베르베르, 존 레벤탈, 브루스 타우브, 벳시와 렌 래포포트, 사라와 빌 라우치, 팻, 밥, 마크 러스트하우스, 켄 리퍼, 클라우디와 앤드루 스콘카, 닉 재레키, 스콧 실버, 데스틴 콜먼, 데이지 밀러, 베스 드우디, 레이시 베르니에, 알라인 맨, 밥 캐츠, 새라 콜튼도 있다.

나의 세 아이, 토니, 애나, 대니는 세상으로 나가 제 나름대로 흔적을 남기며 이 늙은 아버지를 자랑스럽게 해 주고 있다. 아이들이 이루어 낸 모든 일은 나에게 언제나 큰 즐거움이다.

마지막으로 소중한 이바나에게 감사를 전한다.

**Night
of the
Assassins**

암살자의 밤

1판 1쇄 인쇄 2024년 1월 16일
1판 1쇄 발행 2024년 1월 22일

지은이 하워드 블룸
옮긴이 정지현

발행인 황민호
본부장 박정훈
기획편집 강경양 김사라
마케팅 조안나 이유진 이나경
국제판권 이주은 한진아
제작 최택순

발행처 대원씨아이㈜
주소 서울특별시 용산구 한강대로15길 9-12
전화 (02)2071-2017
팩스 (02)749-2105
등록 제3-563호
등록일자 1992년 5월 11일

ISBN 979-11-7172-352-2   03900